Phänomen-Verlag

Paul Blok

Der Sprung in den Zwischenraum

Eine Pilgerreise nach innen

Bibliografische Information Der Deutschen Bibliothek: Die Deutsche Bibliothek verzeichnet diese Publikation in der Deutschen Nationalbibliografie; detaillierte bibliografische Daten sind im Internet über http://dnb.ddb.de abrufbar.

EAN 9788412630961

übersetzt von Ana Flor (www.anaflor.de)

Aus Gründen der leichteren Lesbarkeit wurde die männliche Sprachform verwendet. Dies bedeutet jedoch keine Benachteiligung des weiblichen oder dritten Geschlechts, sondern soll im Sinne der sprachlichen Vereinfachung als geschlechtsneutral zu verstehen sein.

Von diesem Autor sind bereits folgende Bücher erschienen:
Er stroomt een Jordaan door mij. Kok Verlag, Kampen, Niederlande. 2002.
De teenslippers van God. Phoebe Verlag, Leuvenheim, Niederlande. 2004.
Welkom in Satsang. Altamira-Becht Verlag, Niederlande. 2006.
Co-Autor einer Lehrmethode für Weltreligionen und religiöse Orientierung für die Sekundarstufe I: *Perspektief, deel 1 – 3.* Verlag Thieme-Meulenhof. 2001–2008.
De Sprong in de tussenruimte. VanWarven Verlag, Kampen, Niederlande, 2001
www.pablo.guide
pablo@ewe.net

Phänomen-Verlag
Web: www.phaenomen-verlag.de
E-Mail: kontakt@phaenomen-verlag.de

Liebe Mieke, Marja, Ana und Ko,
danke für Eure Inspiration und Unterstützung.

Sei die Dattel,
die stetig süßer wird,
auch wenn der Boden, der sie nährt,
steinhart und rau ist.
– denn sonst verbitterst du –

LEICHT

Was bedeutet leicht,
fragte der Elefant
den Schmetterling.

Leicht ist, was uns beflügelt,
antwortete er
und flatterte davon
in die Abendsonne.

Der Elefant hatte verstanden,
wandte sich zum Licht
und schritt leichtfüßig
hinaus in die Weite
der Savanne.

Ana Flor[1]

---

1. In: „*Innehalten. Ode an die Pause*". S. 94, 2020

INHALT

TEIL I

EINLEITUNG

Was meine Geschichte, die Sie jetzt lesen werden, auszeichnet und von anderen Büchern über Spiritualität unterscheidet, ist, dass ich einerseits die Prozesse in unseren Köpfen aufgrund der täglichen Hektik sehr klar und schrittweise analysiere und in diesem Zusammenhang konkrete Lösungen und Übungen mit an die Hand gebe. Andererseits finden Sie hier eine andere, ergänzende Herangehensweise an unsere Situation, nämlich aus dem Herzen, anhand inspirierender Prosatexte und manchmal auch Poesie. Diese einander ergänzende Kombination aus Kopf und Herz macht das Buch, was Form und Inhalt betrifft, zu einem recht abgerundeten Ganzen, und ich hoffe, dass diese Wahl Sie als Leser faszinieren und Ihnen auf Ihrem spirituellen Weg weiterhelfen wird.

Der Weg, den der spirituelle Sucher beschreitet, ist der Weg der Befreiung. Er möchte sich von dem befreien, was nicht mehr wirklich zu ihm gehört, was losgelassen werden kann. Dies ist ein fortlaufender Prozess.

Zum besseren Verständnis und zur konkreten Anwendbarkeit dieses Befreiungsprozesses, nehme ich unsere tägliche Praxis zum Ausgangspunkt.

Es können in diesem Zusammenhang eine Reihe von Hauptthemen unterschieden werden, die sich gegenseitig verstärken.

FÜNF THEMEN

1. Der Zwischenraum

Das erste Thema, das in allen Schritten auftaucht, ist der sogenannte Zwischenraum.

Dieser Zwischenraum wird in jeder Anwendung symbolisch dargestellt. Die Idee dahinter ist, dass wir auf diese Weise einen besseren Einblick in die flüchtigen und dadurch oft schwer fassbaren Prozesse gewinnen, die in unserem Kopf und in unseren Gefühlen stattfinden. Im Zwischenraum können wir etwas von der Freiheit erleben, die sich allmählich bis ins

Unendliche ausdehnen darf. Die unten stehende Abbildung kann dabei auch als Anschauungsobjekt zur Meditation dienen.

2. Inneres Licht

Das nächste Hauptthema nimmt als Ausgangspunkt, dass in uns allen ein inneres Licht strahlt, aber dass dieses Licht durch unsere säkularisierte und dem Konsum verfallene Gesellschaft, die an ihre äußersten Grenzen stößt, verschleiert wurde. Dieses Licht ist göttlich, ewig und erhellt alle unsere Gedanken, Gefühle und Handlungen. Der Weg der Befreiung ist der Weg der Enthüllung dieses verschleierten Lichts. Denn wenn unser Licht wieder frei strahlt, finden wir hierin unser Glück, unsere Erfüllung und unseren Frieden.

3. Wer bin ich?

Das dritte Thema beschäftigt sich mit unserer spirituellen Suche nach uns selbst, in der es letztlich um diese eine Kernfrage geht, nämlich: Wer bin ich? Und dabei geht es darum herauszufiltern, wer wir *wirklich* sind, in unserer Essenz, wenn wir uns von allen Identifikationen, unseren Konsumzwängen, Rollen und Überzeugungen befreien. Um hierauf eine Antwort zu finden, werden auch hier die verbildlichten Zwischenräume in unserem täglichen Verhalten genutzt, um die dort vorhandene Freiheit sicht- und erfahrbar zu machen. Die Kernfrage, wer wir wirklich sind, hängt mit dem Prozess der Befreiung unseres inneren Lichts zusammen. Der Kontakt zu einem lebenden Lehrer kann dabei sehr hilfreich sein bzw. kann diesen Prozess enorm unterstützen.

4. Empfänglichkeit

Das vierte Hauptthema befasst sich mit der richtigen Grundeinstellung, um unser inneres Licht zu erfahren. Das Schlüsselwort hierbei lautet *Empfänglichkeit.* Um eine Haltung der Empfänglichkeit zu erreichen, müssen wir zuerst unseren Kopf beruhigen, damit er sich entspannen kann. Das ermöglicht uns, zu unserem wartenden und verschlossenen Herzen hinabzusteigen, das sich nun öffnen darf und kann. Es öffnet sich dem heiligen Zustrom des göttlichen Lichts, das uns erfüllt und heilt. Unsere unterbrochene Verbindung wird durch diese Haltung der Empfänglichkeit allmählich geheilt, es findet ein Heilungsprozess statt.

5. Verbindung unterbrochen

Dies führt uns zum letzten Hauptthema, nämlich dem der unterbrochenen Verbindung. Wir haben uns zutiefst von unserer Verbindung mit uns selbst, dem Gegenüber, der Natur und dem Göttlichen entfremdet. Jene Entfremdung wird in diesem Buch als eine der Hauptursachen für die vielschichtige Krise angesehen, in der wir uns jetzt befinden.

Dieses Buch nähert sich dem Menschen als Ganzes, seinem Kopf, seinem Herzen und seinen Händen. Denn auf eine Zeit der Einkehr, um uns selbst kennenzulernen, folgt die Wiedervereinigung mit unserem innewohnenden göttlichen Licht, aus der automatisch die Verantwortung für die gesamte Schöpfung folgt. Dieses Buch möchte zu einer erneuerten Spiritualität für den neuen Menschen beitragen, der in Verbindung ist mit allem, was lebt.

Das Buch ruft uns aus einer tiefen Verbundenheit heraus zur Heilung unserer unterbrochenen Verbindung auf und gibt hierfür viele Übungen und Ratschläge.

Dieser neue Mensch wird in Harmonie mit sich selbst und damit mit seinem Gegenüber, der Erde und den himmlischen Sphären leben. Dass wir aus der globalen, zerstörerischen Krise herauskommen können, liegt hauptsächlich daran, dass wir dies nicht alleine tun müssen. Denn in dieser Übergangszeit, in der wir jetzt leben, steht das Himmelstor weit offen. Die himmlischen Helfer arbeiten bereits unaufhörlich mit allen empfänglichen, offenen Herzen. Siehst du – es wird bereits heller!

SCHRITT 1

DER ABSTIEG

Sternenstaub – der Zwischenraum – Der Urton Om – Weißes Licht wird in sieben Farben gebrochen – Vorgeburtliche Eindrücke – Einblicke – Die Seele ist reines Licht – Das vollkommene Leben – Die innere Pilgerreise

LICHT-ER-INNERUNG

Während die Sonne langsam über dem vom Tau befeuchteten Land aufgeht, blickt ein Bauer zum Morgenhimmel, um festzustellen, woher der Wind kommt, um dann ruhig den Samen aus seiner Hand in die offene, stille, wartende Erde fallen zu lassen. Noch einmal schaut die fallende Saat das Licht, und während der Bauer die Erde mit seinen Händen bedeckt und sie abdunkelt, nimmt der Same diese Erinnerung an das Licht in sich auf.

So, wie die Erinnerung an das Licht dem Samen die Kraft zum Keimen gibt, um sich tief verwurzelt in der Erde einen Weg zurück zum Licht zu suchen, damit er sich entwickeln, erblühen, duften und hundertfach Früchte tragen kann, so tragen auch wir eine Licht-er-innerung in uns. Und so ist auch in uns der Wunsch, all unsere Gaben und Talente zu entwickeln und ein Licht für uns selbst und für unsere Umgebung zu sein.

Die Abwärtslinie bezeichnet die Bewegung des fallenden Samens aus der Hand des Sämanns, des Bauern.

Der Raum dazwischen ist die Inkubationszeit – ein Rätsel, das sich dort im Dunkeln, in aller Seelenruhe und in Abgeschiedenheit ereignet. Denn wir wissen, dass die Schale um den Keim unter dem Einfluss der Sonnenwärme und der Feuchtigkeit in der Erde aufweicht. Aber wenn die Hülle abgestreift ist, was veranlasst dann den Keim, sich durch die dunkle Erde einen Weg zum Licht zu bohren, um zu wachsen, in allen Farben zu erblühen und zu duften? Dieses Mysterium, dieses Wachstum bezeichnet die aufsteigende Linie.

Aus mystischer Sicht wage ich zu behaupten, dass es die Erinnerung während des Falls aus der Hand des Bauern auf die Erde ist. Es ist die Erinnerung an das Licht, die den Keim dazu veranlasst, sich einen Weg durch das Dunkel zum Licht zu bahnen. Und um in der mystischen Interpretation zu bleiben, möchte ich diesen Wachstumsprozess die Pilgerreise des Samens von der Dunkelheit zum Licht nennen.

Das Wort Er-inner-ung bezieht sich auch auf unser Inner-es. In der englischsprachigen Spiritualität ist ‚self-rememberance' (Selbsterinnerung) ein Schlüsselbegriff, um wieder in Kontakt zu kommen mit unserem inneren Licht, unserer Essenz, unserem innewohnenden Stern.

Loslassen

Der Bauer muss den Samen loslassen, damit er in den Boden fallen kann, und dann muss der Samen in dieser dunklen Isolation seine Schutzhülle loslassen, um zu keimen.

Und während der Bauer sein gesätes Feld überblickt und auf das Beste hofft, geduldig wartet und Stoßgebete zum Himmel sendet, vollzieht sich in diesem Zwischenraum in der dunklen Abgeschiedenheit der Erde im Samen ein Wunder. Dieses Wunder werden wir in allen folgenden Schritten weiter verfolgen.

Aber dieser Zwischenraum ist auch eine gefährliche Zeit, da Vögel den Samen aus dem Boden picken können, und zu viel oder zu wenig Wasser oder Sonne können den Samen sterben lassen.

Also ist es wichtig, dass sowohl für den keimenden Samen als auch für unsere spirituelle Entfaltung optimale Bedingungen herrschen. Einerseits können wir viel dazu beitragen, andererseits sind wir auch Umständen ausgeliefert, auf die wir keinen Einfluss haben. Im Falle des Samens sind dies die Wetterbedingungen. In den verschiedenen Schritten komme ich auf die optimalen Bedingungen für uns zurück.

STERNENSTAUB

Das obige Beispiel können wir nun damit vergleichen, dass ein Stern in unseren stofflichen Körper fällt, herabsteigt und tief in ihm Wurzeln treibt, um sich durch das Stoffliche auszudrücken. So wie eine Melodie nach einem Instrument sucht, um sich erklingen zu lassen, und wie eine Vision nach einer malenden Hand sucht, um sich auszudrücken, so sucht ein Stern unseren Körper.

Da schwebte ein Stern, und da war der wartende stoffliche Körper, sagen wir mal Staub, denn letztlich werden wir alle zu Staub. Der Stern suchte nach Stofflichem/Staub (Stern *und* Staub), dann stieg der Stern hinab in das Stoffliche, (Stern *im* Staub), und zusammen wurden sie zu einem „verstofflichten" Stern – sie wurden zu Sternenstaub.

Und aus dieser Erinnerung sind alle Weltreligionen bzw. Weltanschauungen hervorgegangen. Auch in der Kunst, der Musik und der Literatur finden wir, wenn auch verschleiert, Hinweise auf diese oft verlorengegangene Erinnerung. Es ist diese Erinnerung, die sich in uns als Intuition und Inspiration bemerkbar macht, und es ist auch diese Erinnerung, die uns suchend und unruhig macht und unerfüllt lässt, solange wir uns nicht mit unserem Stern wiedervereinigen. In diesem Buch geht es darum, wie wir diese Wiedervereinigung in uns selbst stattfinden lassen können.

DER PROZESS DER VERSCHLEIERUNG

So wie der Kern des Samens durch die Schale geschützt ist, so schützt unser stofflicher Körper den Stern und der Stern unseren physischen Körper. Fürsorgliche Hände behüten das neugeborene Wesen, und in den Eltern lebt die stille Hoffnung, dass der Stern, der herabgestiegen ist, seinen Weg findet und lernt, sich auf seine eigene Art und Weise durch Empathie, Erkenntnis, Liebe, Authentizität, Ganzheitlichkeit, Altruismus und Nächstenliebe auszudrücken.

Und während die schwangere Frau ihren prallen Bauch reibt, das Beste hofft, geduldig wartet und ein Stoßgebet gen Himmel schickt, entfaltet sich während dieses vierzigwöchigen Zwischenraumes in der dunklen Isolation ein Wunder. Und auch sie versucht, während ihrer Schwangerschaft optimale Bedingungen herzustellen.

Überall um uns herum sind die sanften, pflegenden Hände unserer Eltern, die uns vor Stürzen und heißen Öfen, stechenden Insekten und den Gefahren des Verkehrs beschützen wollen. Aber nicht alles kann verhindert werden. Und manchmal ist es auch gut, vom Fahrrad zu fallen und sich Schrammen zu holen, um nach dem Trösten wieder mutig aufs Fahrrad zu steigen. Und manchmal fällt man von einem Baum und lernt daraus, welche Äste brechen können. Manchmal erfahren wir Ablehnung von jemandem, den wir lieb haben, und dies ereignet sich manchmal bereits präverbal.

Wie viele Schleier wirft das Leben über diesen neu gewebten Menschen, und wird er sich noch an das Licht erinnern können? Wie lange wird dieser neu gewebte Mensch für das Licht empfänglich bleiben? Und welche Rüstung wird sich als notwendig erweisen und für wie lange? Denn unnötige Schleier können auch wieder abgestreift werden: Dies ist unser *Entschleierungsprozess.*

Wird der neu gewebte Mensch die Eingebungen des inneren Lichts wahrnehmen und auf sie hören oder wird das Licht abnehmen und seine Stimme verstummen, wenn es mit einem gepanzerten Körper kollidiert? Denn ein Stern kann verglühen.

Jeder von uns macht mehr oder weniger schmerzhafte und manchmal sogar traumatische Erfahrungen in seinem Leben. Das ist fast unvermeidlich. Diese schmerzhaften Erfahrungen sind wie ein Schleier, der über unser inneres Licht geworfen wird. In meinem Ansatz nenne ich diese Erfahrungen unseren *Verschleierungsprozess.* Denn unsere ursprüngliche Aufgeschlossenheit und Empfänglichkeit wird bei jeder schmerzhaften Erfahrung ein bisschen mehr abnehmen.

Eines der Themen, denen wir auf unserer inneren Pilgerreise zu unserem eigenen inneren Licht begegnen werden, ist die Frage, wie tief der Stern durch den Staub wandern muss, und wie viele Schleier entfernt werden können und dürfen, um als strahlend freier und glücklicher Mensch zu leben.

Wir können uns den Abstieg symbolisch so vorstellen:

Die absteigende Linie bezeichnet die Bewegung des Lichts zum Dunkel, vom Ewigen zum Zeitlichen, vom Grenzenlosen zur Begrenzung und von der Ewigkeit zur Sterblichkeit.

Dies ist der Abstieg des Sterns in das Stoffliche.

Die Abwärtslinie bezeichnet des Weiteren die Bewegung von der Erleuchtung zur Verdichtung, unserer Inkarnation.

Die aufsteigende Linie symbolisiert die innere Pilgerreise auf dem Weg zur Befreiung, vom Zeitlichen zum Ewigen, von der Begrenzung zum Grenzenlosen, von der Sterblichkeit zur Ewigkeit und von der Dunkelheit zum inneren Licht.

Die aufsteigende Linie zeigt die Bewegung von Verdichtung zur Erleuchtung unserer Exkarnation.

Der Raum dazwischen repräsentiert die Momente, in denen wir uns an den befreiten Zustand erinnern und ihn verwirklichen. In diesem Zwischenraum sind wir offen und empfänglich für Inspirationen und Einsichten und können uns wundern, wie ruhig und leer es hier ist. Wenn wir uns in diesem Zwischenraum befinden, sind wir selbst auch oft still, für uns und zurückgezogen, so wie der Samen im Boden.

Es ist der Weg von der *In*karnation zur *Ex*karnation und es ist der Weg des Einen Weißen Lichts, das gebrochen wird in die sieben Spektralfarben. Es ist der Weg des Urtones Om, der sich in die sieben Töne der Musik aufspaltet. Es ist diese Aufspaltung, die geheilt werden möchte, die sich nach dem Zustand zurücksehnt, in dem sie die Einheit in der Vielfalt und die Vielfalt in der Einheit erleben kann. Denn alles entstammt ein und derselben Quelle. Diese Quelle ist das Göttliche, und unser inneres Licht ist ein Abglanz, ein Schimmer davon, ein Lichtstrahl, ein göttlicher Lichtstrahl, in dir, in mir und in uns allen, auch in den Tieren und Pflanzen. Alles entspringt aus ein und derselben Quelle. Es ist dieses Licht, durch das wir mit jedem Wesen und mit Allem verbunden sind.

Weißes Licht zerfällt in sieben Farben – 1

Als sich das Licht mit dem Stofflichen unseres Körpers verband, teilte es sich in die sieben Spektralfarben auf, die wir auch als die sieben *Chakren* kennen und die sich so schön im Regenbogen widerspiegeln. Dies sind auch die Chakrafarben, unten beginnend mit rot, gefolgt von orange, gelb, grün, hellblau, dunkelblau und violett.

Der Regenbogen wird in einem Winkel von ca. vierzig Grad zur Sonne sichtbar. Vielleicht werden ja unsere sieben Chakren auch vom göttlichen Licht in einem Winkel von etwa vierzig Grad beleuchtet?

Die sieben Farben zeigen sich aber auch im Herbst, wenn morgens im aufsteigenden Septemberlicht Tautropfen in einem Spinnennetz funkeln.

Weniger bekannt ist, dass sich diese sieben Farben auch im offenem Feuer finden lassen: Von einem glühenden, schwelenden Rot bis einschließlich Violett sind alle Farben in den Flammen vorhanden.

Offenes Feuer ist ein uraltes und beliebtes Beobachtungsobjekt und eignet sich natürlich ausgezeichnet zur Meditation.

Offenes Feuer scheint uns tief zu entspannen und dies kommt auch unserer Nachtruhe zugute, wahrscheinlich, weil es für Zehntausende von Jahren das Einzige war, was wir sahen, bevor das elektrische Licht und irgendwann der Fernseher, Computer und das Smartphone erfunden wurden.

Weißes Licht zerfällt in sieben Farben – 2

Wir finden die Aufteilung in sieben Farben in unseren sieben Hauptdrüsen wieder, die in der Esoterik als unsere sieben Chakren bekannt sind. Sie sind wie die sieben Fäden einer Schnur, ein siebenfacher energetischer Strang. Dieser ist unsere ätherische, leuchtende Nabelschnur, durch die wir mit unserem Ursprung, untereinander, aber auch mit den Tieren und der Natur verbunden sind, denn im Grunde sind wir Eins!

So gibt es sieben Säulen in uns, die alle in dieses eine, reinweiße Licht münden, so wie auch die sieben Weltreligionen bzw. Weltanschauungen alle auf dieses eine Licht zurückgeführt werden können.

In ihrer Ausstrahlung unterscheiden sie sich farbenfroh voneinander, in Kern und Ursprung sind sie eins – ein weißes Licht, das lebt und pulsiert und das uns ermutigt, trägt und inspiriert.

Rituale

In den alten, beinahe verschwundenen Naturreligionen war es üblich, dass ein angehender Schüler durch einen unterirdischen Tunnel bis zu einem dunklen Raum kroch, wo er manchmal für mehrere Tage verweilte, um dann, wenn die Prüfung bestanden war, zur Öffnung zu klettern und am Ende des Tunnels zu triumphieren. Als Kind kroch er nach unten, um als Mann, als Krieger wieder nach oben zu kriechen.

Die absteigende Linie ist der Abstieg durch den Tunnel zu einer unterirdischen Höhle. Der Raum dazwischen ist der manchmal einige Tage dauernde dortige Aufenthalt. Hierher kommen alle Dämonen, aber auch alle Helfer, und bei den Schamanen erscheint auch das Krafttier, um dem Jüngling fortan ein Leben lang zu helfen, ihn zu beschützen und zu führen. Dort, tief in der dunklen Erde, im Zwischenraum mit all seinen verletzlichen Momenten, findet das echte, aber auch das unvorhersagbare Wunder statt.

Die aufsteigende Linie ist die Geburt des jungen Mannes, des werdenden Kriegers. Er hat das Kind abgelegt, und diese Geburt feiert das ganze Dorf.

Jetzt ist es für ihn auch an der Zeit, eine Lebenspartnerin unter all den schönen, singenden und tanzenden Mädchen zu finden.[2]

Allgemein ist zu beklagen, dass es in unserer modernen Konsumgesellschaft keine Übergangsriten mehr gibt. Wie schön wäre es, Jungen und Mädchen mit neuen Ritualen zu ihrer neuen Identität zu führen. Dies würde die Gemeinschaft stärken, statt die jungen Menschen ihrem eigenen Los zu überlassen.

Dieser Aufenthalt tief unter der Erde, verbunden mit Mutter Erde, ähnelt auch einer Schwangerschaft, in der das Kind nach vierzig Wochen im Dunkel des Mutterleibes ebenfalls durch einen Tunnel, den Geburtskanal, zum Licht geführt wird.

---

2. In verschiedenen Kulturen gibt es natürlich auch vergleichbare Einweihungsrituale für den Übergang vom Mädchen zur Frau.

Und ist nicht das sofortige Tasten des Neugeborenen nach der Brust seiner Mutter die Geburt des Werdens? Gefüttert zu werden, getröstet zu werden, erwachsen zu werden, kräftiger zu werden, die Geburt des ‚Ichs', das zu etwas werden möchte? Wie lange wird sein inneres Licht dem standhalten können?

Wie kommt es, dass so viele Menschen unerfüllt sind? Hat es vielleicht mit der Tatsache zu tun, dass wir vergessen haben, dass wir Sterne sind, gehüllt in einen stofflichen Körper, um unser inneres leuchtendes Licht hier auf der Erde durch uns strahlen zu lassen?

Denn wir sind mehr als nur ein Verbraucher, Kollege, Partner oder Erzieher: Wir sind Sternenstaub.

In diesem Buch gebe ich eine Reihe von Tipps und Techniken, um diese unterbrochene Beziehung Schritt für Schritt wiederherzustellen, denn dies ist möglich.

Die absteigende Linie steht für das Eintreten ins Leben durch den Geburtskanal unserer Mutter, der Zwischenraum kennzeichnet unser Leben und die Aufwärtslinie unseren Tod.

Alle drei Phasen sind ein Mysterium und gleichzeitig eine alltägliche Selbstverständlichkeit, denn jeden Tag werden Tausende von Kindern geboren, während Tausende Menschen sterben.

Aber niemand weiß, wie dieses Leben im Mutterleib gewoben wird, niemand weiß, wie sich dieses neue Leben entfalten und in welchem Maße es gedeihen oder Widrigkeiten erfahren, ob ihm ein kurzes oder langes Leben vergönnt sein wird, und niemand weiß, was nach dem Tod kommt.

EINBLICKE

Unschuldig lebenslang gefangen, nein, das gönnt man Niemandem! Und doch ist dies das Urteil, das wir über unser inneres Lichts fällen, wenn wir es nicht in diesem Leben befreien. Denn bis dahin wird es lebenslang hinter den Gittern unserer tief verwurzelten Überzeugungen, Meinungen und Muster gefangen bleiben, die sich zudem nur allzu oft zu einem Panzer auswachsen.

Und bis dahin kann nur ab und zu ein kleiner Lichtstrahl unser Bewusstsein in den Momenten erreichen, in denen wir still, leer und offen sind. Aber meistens merken wir es nicht einmal, es entgeht uns. Unglücklicherweise. Der allzeit gegenwärtige göttliche Zustrom entgeht uns regelmäßig.

Deshalb ist der Weg zur Befreiung ein Weg, sich unseres inneren Lichts bewusst zu werden und sich immer mehr mit ihm zu vereinen.

Diese Einblicke können uns an unsere Verbindung mit unserem tiefsten Wesen erinnern. Durch diese Verbindung entsteht allmählich eine Verbindung mit allem, was lebt, mit allen Tieren, allen Pflanzen und allen Menschen, weil alles ein und derselben Quelle entstammt. Sobald diese Erkenntnis einmal fest in uns verankert ist, wird alles heilig, wird alles zum Altar. Dann werden wir sogar den Menschen vergeben können, die unser Vertrauen verraten haben.

Die Seele will leuchten, sich ausdehnen und sich reflektieren, das ist ihre Natur. Lasse dein inneres Licht leuchten, es wird dir gut tun, und es wird dich erfüllen.

DIE SEELE IST REINES LICHT

Wenn wir der aus dem Himmel herabgefallene ewig reine Samen sind,
der einzieht in einen uns so fremden, so begrenzten Körper,
so, wie der blütenweiße Schnee nieder rieselt auf den blutigen Körper eines unbekannten Soldaten,
wie kann daraus Gutes entstehen?
Ja, sicher ist das möglich, hieraus kann wunderschöne Musik entstehen,
aber auch Marschmusik.

Und wenn das Ewige Licht in unseren vorübergehenden,
dunklen Körper einzieht,
wo sich das Vollkommene mit dem Unvollkommenen verbindet,
wie kann dann daraus Gutes werden?

Das ist mit Sicherheit möglich,
daraus kann sehr schöne Poesie entstehen,
aber auch Hassmails.

Aber das Licht kriecht in die Dunkelheit,
und der ewige Frieden steigt unweigerlich hinab in den ewigen Krieg.
Wie nun kann daraus etwas Gutes werden?
Nun, und ob das möglich ist,
schaue dir ein Gemälde in einem Museum an
oder erfreue dich an spielenden Kindern in einem Park,
doch Spiel kann auch in einem Streit enden.

Wenn die ewige Ruhe in die stetige Unruhe absteigt
und aus ewiger Leere stetige Gier wird,
wie soll dann daraus Gutes entstehen können?
Nun, dies kann zu verliebten Paaren führen,
aber auch zu Scheidungen.

Aber ewige Stille wird zu stetigem Lärm, und ewige Wahrheit wird ewige Lüge, und ewige Liebe wird ewige Rache.
Was kann daraus an Gutem erwachsen?
Dies kann zu brüderlicher Liebe führen, aber auch zu Bruderhass und visionären Friedensstiftern,
und auch zu Kämpfern, die ihre Messer ziehen.
Aber ist es nicht die Liebe, die letztendlich alles überwindet?
Und ist die Seele nicht reines Licht und Liebe?

Was ist Erleuchtung?

Erleuchtung ist Bewusstsein, das sich seiner selbst bewusst wird, oder anders ausgedrückt: Das persönliche Bewusstsein wird sich der Quelle des unpersönlichen Bewusstseins bewusst.

Diese Begegnung zwischen dem persönlichen und dem unpersönlichen

Bewusstsein ist eine heilige Begegnung, weil etwas von unserem Abgetrennt-sein, eine zerbrochene Beziehung, geheilt wird.

Es ist vor allem eine heilige Begegnung, für die wir jedoch nur die Vorbereitungen treffen können; alles andere haben wir nicht in der Hand – es ist wie eine Berührung, die wir einfach nur zulassen müssen. In dieser Begegnung sind wir das Gegenteil von ‚müssen'. Wir sind in der Hingabe, in der Absorption, in der Liebe.

Wir betreten unser eigenes inneres heiliges Land. Wir erleben unser Wesen, unsere Quelle, das vollkommene Leben, und hier gilt die Regel: Tue, was du tun kannst, und empfange, was du empfangen kannst.

Das vollkommene Leben

Schon so lange versuchen wir, diese Erfahrung des vollkommenen Lebens unbewusst durch Konsum, Wettbewerb und Materialismus zu finden, um jedoch immer wieder unzufrieden und unerfüllt zurückzubleiben.

Aus Unwissenheit haben wir in die falsche Richtung geschaut, uns an der Außenwelt mit all ihren Versuchungen orientiert, statt nach innen zu schauen. Es ist eine subtile, fast unsichtbare Bewegung der Umkehrung, Bekehrung, eine *Metanoia* (grundlegende Änderung der eigenen Lebenseinstellung).

Die Einkehr in und damit das Zurückkehren zu uns selbst lässt uns eine Erfahrung machen, und wie bei allen Erfahrungen gilt auch hier: Sie tauchen auf und verschwinden wieder. Aber sie hinterlassen Eindrücke, eine Spur, zu der wir zurückkehren können, um uns zu erinnern. Damit haben wir auch einen ersten Kontaktpunkt in uns selbst gefunden.

Das Wort wieder-er-innern ist in diesem Zusammenhang auch schön, da wir uns durch ver-inner-lichen mit der Er-inner-ung an unser höheres Selbst beschäftigen.

Die Pilgerreise nach innen

Der Ort, den wir in uns selbst betreten, hat viele Beschreibungen; *Licht*,

Liebe, *Leere*, *Raum*, *Offenheit*, *Stille*, *Freude*, *Gott*.

In der alten Mystik wird er auch als ‚spirituelle Hochzeit' oder *Unio Mystica* bezeichnet. Damit ist die Vereinigung unseres persönlichen Bewusstseins mit der Quelle des Bewusstseins gemeint, die keine Personifizierung kennt.

Um diese innere Pilgerreise geht es. Im Grunde ist jede Pilgerreise, die wir in der Außenwelt unternehmen, gleichzeitig auch eine innere Pilgerreise. Denn mit jedem Schritt, den der Pilger auf dem Weg zu seinem endgültigen Ziel unternimmt, bewegt er sich auch allmählich nach innen. Äußerlich geht der Pilger vorwärts, innerlich geht er rückwärts – sozusagen ein Verkehr in zwei Richtungen.

Symbolisch wird diese innere Pilgerreise auch als rückwärts gehend dargestellt, da wir uns auf den Weg machen zu unserer Quelle. Und um bei dem Vergleich zu bleiben: Es ist auf unserer inneren Pilgerreise notwendig, nach und nach so viel Gepäck wie möglich abzulegen, es loszulassen. Denn unser Rucksack – nichts anderes als ein Symbol für unsere Verschleierungen –, ist voller Glaubenssätze, Konditionierungen, Überzeugungen, unterdrückter und verdrängter Gefühle und Gedanken, von denen viele alt und nicht mehr wichtig sind und die einen stagnierenden Einfluss auf unser Leben und das offene Strahlen unseres inneren Lichts haben.

Jedes Mal, wenn unser Prozess der Verinnerlichung mit der Quelle des Bewusstseins zusammentrifft, wird Licht freigesetzt. Das Licht beleuchtet unseren Rucksack, unsere Verschleierungen, sodass wir klar erkennen können, was noch verschleiert, nicht befreit, verkrampft, alt und gefühllos ist. Genau dieses Licht macht alles sichtbar, bringt alles sprichwörtlich ‚ans Licht'.

Das Licht erleuchtet unsere Dunkelheit. Und je leerer der Rucksack ist – oder anders ausgedrückt – je mehr Schleier gelichtet werden, desto heller strahlt das Licht. Aber auch die *Liebe*, *Leere*, *Raum*, *Offenheit*, *Stille*, *Freude* und *Gott* nehmen in uns zu, alles bekommt mehr Raum.

Jeder hat seinen eigenen Zugang, seine eigene Pforte, seine eigenen Worte für diese Erfahrung.

Welches ist dein Tor, dein Zugang zu dir?

– Licht
– Liebe
– Leere
– Raum
– Offenheit
– Stille
– Freude
– Quelle
– oder noch etwas anders, nämlich?

SCHRITT 2

Der erste Atemzug und der erste Schleier – Atmung – Das Atemholen als Tor zum Zwischenraum – Licht atmen – Schmerzhafte Schleier – Drei Gesetzmäßigkeiten innerhalb des Verschleierungsprozesses – Die Lokalisierung abgespaltener Orte – Verwunderung – Gelüftete Schleier – Den Wind seine Arbeit machen lassen – Gabe und Aufgabe – Schichten

DER ERSTE SCHLEIER

Gewöhnlich denken wir nicht über unsere Atmung nach, dabei ist sie ein sehr feines Instrument, das unmittelbar auf jede Veränderung reagiert. Wir alle kennen die Erfahrung, dass uns der Atem stockt, wenn wir uns erschrecken, als natürliche Reaktion auf eine Gefahr oder Bedrohung.

Ebenso natürlich ist es, dass die Atmung danach wieder in ihre fließende Bewegung von Ein– und Ausatmen zurückkehrt, so wie Wellen, die auf dem Strand auslaufen, um dann wieder in das Meer zurückzuströmen.

Unseren ersten Atemzug taten wir in dem Moment, als unsere Nabelschnur durchtrennt wurde, und laut Meinung der meisten Experten ist dies eine traumatische Erfahrung.

Früher geschah dies zu schnell, inzwischen wissen wir, dass es besser ist, mit dem Durchtrennen der Nabelschnur zu warten, bis das Baby von selbst zu atmen beginnt.

Einige Wissenschaftler sind davon überzeugt, dass die Ängste, die wir während unserer Geburt durchleben, richtungsgebend sind für die gesamte Weiterentwicklung unseres Lebens. Sämtliche Verspannungen – einschließlich des Atems –, Ängste, Neigungen, aber auch das Maß an Vertrauen und das Vermögen, Intimität zuzulassen, lassen sich nach Ansicht einiger Psychotherapeuten auf diese erste, präverbale Erfahrung zurückführen.

Diese erste traumatische Erfahrung können wir als den ersten Schleier oder den ersten Staub bezeichnen, der sich auf unseren Stern legt bzw. auf ihn herabrieselt. Und doch beobachten wir, dass das Neugeborene trotz dieser Erfahrung ruhig und friedlich schläft und sich die Atmung nach dieser traumatischen Urerfahrung erholt.

Hier zeigt sich sehr deutlich die Kraft unseres autonomen Regenerationsvermögens; wir werden dieser Kraft an verschiedenen Stellen wieder begegnen.

Eine ähnliche Reaktion sehen wir bei Tieren, die nach einer Schrecksituation solange zittern, bis der Schreck aus ihrem System gelöscht wurde; danach grasen und leben sie einfach weiter. Dies könnten wir von den Tieren lernen – einfach weiter zu leben, weiter zu grasen. Folglich kennen Tiere auch keine Trauma–Therapie.

Als Kind haben wir uns alle vor etwas erschreckt: Sei es vor der Dunkelheit, einem Hund, einem Streit oder dem Gefühl des Verlassenseins. Unser Atem hat darauf sofort reagiert. Die fließende Bewegung von Ein- und Ausatmen wechselte augenblicklich zu einem verkrampften Luftholen oder uns stockte sogar der Atem. Gewöhnlich erholt sich die Atmung jedoch wieder, wie bereits oben erwähnt.

Und doch verändert sich bei den allermeisten von uns die Atmung von einer offenen, sanften und vollkommenen allmählich zu einer flachen, oberflächlichen Atmung.

Dies liegt daran, dass in unserem Kopf und um uns herum fast nie Stille herrscht. Wir sind beinahe permanent einem Bombardement von Eindrücken ausgeliefert. So gut wie nie ist in unserem Kopf gar nichts, selten ist es ganz still. Dadurch haben wir uns mehr und mehr von dem entfremdet, was unser System so dringend braucht, um sich zu regenerieren.

Aber es gibt noch einen weiteren Grund dafür, warum so viele Menschen eine flache Atmung haben. Dieser Grund hat mit Verdrängung zu tun. Wenn wir oberflächlich atmen, fühlen wir nicht so viel. Dabei geht es vor allem um die Vermeidung von Schmerz. Wir haben unseren Schmerz verschleiert. Diese Verschleierung als Folge einer schmerzhaften Erfahrung führt jedoch zu einer verminderten Unbefangenheit und Empfänglichkeit.

Atmung

Es gibt Atemtherapeuten, die übrigens lieber von Atmung anstatt von Atem holen sprechen, weil im Wort ‚Atem holen' die Aktivität im Vordergrund steht (‚etwas holen'). Das Wort Atmung dagegen suggeriert eher einen natürlicheren Vorgang.

Es gibt doch zu denken, dass wir bereits bei so etwas Natürlichem wie der Atmung merken, dass da etwas ‚nicht richtig' ist. Hieran lässt sich erkennen, wie sehr die Entfremdung von unserem natürlichen Zustand fortgeschritten ist. Die gute Nachricht ist, dass ich zu diesem Thema und allen nachfolgenden Schritten Übungen angebe, die unseren Heilungsprozess unterstützen können.

In unserer heutigen schnelllebigen Zeit ist eine flache Atmung mehr zur Regel als zur Ausnahme geworden, und dies kann zu vielerlei körperlichen Beschwerden führen. Hinzu kommt, dass wir permanent einer unnatürlich hohen elektromagnetischen Strahlung ausgesetzt sind. Hochsensitive Menschen erleben dies so, als würde ihr Brustkasten zusammengedrückt, (oder haben andere Symptome) was nicht gerade förderlich ist für eine entspannte Atmung.

Die Atmung als Tor zum Zwischenraum

Unsere Atmung ist ein System, dass uns immer und überall zur Verfügung steht. Anhand folgender Übung haben wir die Möglichkeit, für uns selbst, inmitten des uns umgebenden, ständigen Bombardements, mit unserem Atem eine Unterbrechung zu kreieren.

Unsere Atmung besteht aus zwei Teilen, der Ein- und Ausatmung. Aber es gibt noch ein drittes Element, dessen wir uns normalerweise nicht bewusst sind, und das ist der Zwischenraum, der entsteht, wenn wir ausgeatmet haben. In diesem Moment entsteht eine kleine, natürliche Unterbrechung, bevor wir wieder einatmen. Dies ist ein sehr subtiler Vorgang.

Wenn du dich in einer entspannten Position hinsetzt, am besten aufrecht, und aufmerksam und ruhig ein- und ausatmest, kannst du deine Aufmerksamkeit nach einigen Atemzügen langsam in Richtung Zwerchfell, das sich bei jedem Atemzug mitbewegt, verlagern.

Nun kannst du deine Aufmerksamkeit auf die Ausatmung und dann auf den Moment dieser kurzen, natürlichen Unterbrechung richten. Erzwinge nichts, sondern beobachte, ohne einzugreifen.

Auf diese Weise kannst du die Erfahrung des ‚Nichts', der ‚Leere' im positiven Sinn machen, während dein Gedankenfluss auf natürliche Weise unterbrochen wird.

Wenn du diese Übung verinnerlicht hast, spürst du, wie du in diesem stillen Moment für einen Augenblick aus deinem Gedankenmuster herausfällst und wie dadurch eine absolute und tiefe Entspannung eintritt. Diesen Zwischenraum kannst du als Tor zu deinem inneren Licht nutzen. In dem Moment, wo du dich in diese Leere hineinfallen lässt, bist du im Hier und Jetzt, außerhalb von Zeit und Raum. In einem weiteren Schritt kannst du diesen Zwischenraum ausweiten und verlängern, indem du das Einatmen einen Augenblick hinauszögerst. Um diesem Schritt geht es: Um den subtilen Moment zwischen Ein- und Ausatmen.

Symbolisch sieht die Übung so aus wie in der Zeichnung unten. Sie anzuschauen kann dich während der Praxis unterstützen.

CHI, RUACH, PRANA

Aber mit dem Atem hat es noch etwas anderes auf sich. Wir atmen nämlich nicht nur Sauerstoff ein, sondern auch noch etwas anderes, das vielleicht noch viel essentieller ist für unser körperliches und geistiges Wohlbefinden: Wir atmen auch Licht.

In Indien nennt man es *Prana*, in Japan und China *Chi* oder *Ki*, im Hebräischen *Ruach*, und im Christentum *Heiliger Geist.*

Wir können wochenlang ohne Nahrung, aber nur drei Tage ohne Wasser und nur wenige Minuten ohne Sauerstoff überleben. Atem ist Leben.

Wenn wir während der Meditation im Licht verweilen, erleben wir, wie unsere Atmung von selbst in seine ursprüngliche, natürliche Bewegung zurückfindet und unsere Thymusdrüse unser Immunsystem stimuliert. Ihr Sitz korrespondiert mit dem sogenannten ‚vierten Chakra', wie sie in der Esoterik genannt wird. In der Mystik nennt man diesen Sitz unser ‚mystisches Herz'. Es ist eben dieses ‚mystische Herz', aus dem unser göttliches inneres Licht strahlt.

In Asien gibt es Meister, die sich auf diese Lichtatmung verlegt und damit ihr Immunsystem derart gestärkt haben, dass sie auch in hohem Lebensalter noch sehr vital und laut einiger Aussagen sogar älter als einhundertzwanzig Jahre alt (geworden) sind!

Das Licht, das wir in unserem Inneren suchen, ist natürlich nicht nur in unserem ‚mystischen Herz' zu finden. Es ist sowohl in unserem gesamten Körper als auch in allem, was uns umgibt, anwesend, und es ist zudem sowohl das Zentrum als auch der stärkste Zugang. Somit ist es auch ein fester Anker. Auf dem Altar unseres ‚mystischen Herzens' können wir all unsere alten Schmerzen opfern.

Das Licht strebt danach, unbegrenzt zu strahlen. Das genau ist ja die Eigenschaft des Lichts – es strahlt nach allen Seiten.

Während seiner Ausdehnung verbindet es sich mit dem bereits vorhandenen spirituellen Licht in uns und um uns herum. Es war schon immer da, doch aufgrund unserer Entfremdung sind wir blind und unempfänglich dafür geworden. So wie auch Prana, Ki oder Ruach überall anwesend sind. Durch Übung, z. B. durch Konzentration auf den Zwischenraum in der Atmung, können wir wieder heilen und uns der Anwesenheit des Lichts stets bewusster werden.

Prana können wir mit Hilfe einer entspannten Ausrichtung auf die Atmung zu uns nehmen. Diese Übung wird im folgenden Schritt, in dem es um die Aufmerksamkeit geht, thematisiert werden.

Wenn du diese ‚Lichtatmungs-Übung' ausführst, wird sich das Licht in deinem Körper ausbreiten, und abgespaltene, abgetrennte und blockierte Bereiche in deinem System beleuchten.

Dies kann eine Schreckreaktion und das Stocken deines Atems auslösen. Atme dann einfach sanft und entspannt durch diesen Schrecken hindurch, ohne etwas zu forcieren.

Diese ‚Lichtatmung' ist deshalb so wichtig, weil es darum geht, unsere betäubten Regionen in unserem Energiekörper zu beleben, denn durch das Licht werden sie aus ihrer Betäubung erweckt.

Ein spirituelles Gesetz lautet: Alles, was nicht ans Licht kommt, wird sein Werk weiter in der Dunkelheit verrichten.

Das hierin enthaltene Versprechen lautet, dass sich unser feinfühliger Aktionsradius wie von selbst bis zu seiner natürlichen Größe ausdehnen wird, und diese Ausdehnung ist von Natur aus unbegrenzt.

Denn dein Körper ist ein Tempel, schöner und größer als der Taj Mahal in Indien, und in ihm ist dein ‚mystisches Herz' dein Altar.

Drei Gesetzmäßigkeiten des Verschleierungsprozesses

Es gibt ein paar Gesetzmäßigkeiten oder Grundprinzipien innerhalb des Prozesses von *Ver*schleierung zur *Ent*schleierung.

Das erste Grundprinzip lautet, dass das Licht umso heller strahlt je mehr Schleier wir entfernen, ganz einfach, weil es weniger Schleier zu durchdringen hat.

Eine zweite Gesetzmäßigkeit ist, dass wir durch das stetig heller erstrahlende Licht auf unserem Weg der Befreiung früher oder später unseren ersten Schleier wahrnehmen können.

Im *Sanskrit* nennt man den ersten Schleier den Urknoten, die *Mula Maya*. Sie ist die Wurzel, aus der alle weiteren Illusionen entstehen. In dieser heiligen, jahrtausendealten Sprache wurden die Veden, die heiligen Bücher des Hinduismus, weit vor unserer Zeitrechnung zunächst mündlich und später schriftlich festgehalten.

Wie bereits erwähnt, geht man in spirituellen, aber auch in vielen psychologischen Strömungen davon aus, dass unser erster Eindruck häufig Angst ist, die während des Geburtsvorgangs entsteht.

Hieraus folgt das dritte Grundprinzip: Die ersten Schleier werden die letzten sein.

Dies erklärt auch, warum wir bei unserer inneren Pilgerreise in der Zeit rückwärts wandern, wobei wir unseren jeweils aufeinanderfolgenden Schleiern begegnen und gegenübertreten, bis hin zum letzten Schleier.

Die ersten Schleier werden die letzten sein

Die ersten Schleier, denen wir in unserem Leben begegnet sind, werden die letzten sein, die wir anschauen, und die letzten Schleier wiederum die ersten, die wir befreien.

Der erste Schleier, dem wir in unserer Meditation begegnen, ist der letzte Schleier, den wir über unser inneres Licht geworfen haben bzw. der, auf den sich unsere momentane Aufmerksamkeit richtet.

Der letzte Schleier, den wir lüften ist der, den wir als erstes über unser inneres Licht geworfen haben, und damit sind wir bei unserem Urknoten angekommen. Dieser Urknoten, diese *Mula Maya*, stammt zumeist aus unserer präverbalen Phase.

Die Frage, die sich hier stellt ist, ob sich präverbale Verwundungen durch Worte heilen lassen oder ob symbolische Handlungen und Rituale hierfür besser geeignet sind, so wie sie z.B. aus dem Schamanismus bekannt sind. Aber auch sanfte und subtile Körperarbeit, die ebenfalls auf nonverbaler Ebene arbeitet, kann heilend sein.

Wenn das Licht zu groß und der Schmerz zu stark wird

Ein schönes Phänomen, aber keine Gesetzmäßigkeit, ist außerdem, dass du zu dem Zeitpunkt, an dem du bei deinem Urknoten angekommen bist, aller Wahrscheinlichkeit nach bereit bist für diese Konfrontation.

Denn durch das zunehmende innere Licht bist du soweit geläutert und gestärkt, dass du diesen Urknoten ohne Angst und ohne Bewertung in seinem vollen Umfang sein lassen kannst. Und doch ist dies auf dem Weg der Befreiung leider nicht bei jedem Menschen der Fall. Denn manchmal ist das Licht zu stark und der Schmerz zu groß, um ihn zu ertragen. Dann stockt der Atem, und es kommt zur Dissoziation.

HIMMLISCHE HELFER

Aber auch das ist nicht schlimm. Vielleicht gelingt es dir, wenn die erste schmerzhafte Verwundung ein wenig ruhen darf – du andere Dinge tust, dich ein wenig ablenkst oder einen Therapeuten zurate ziehst. Es kann zudem tröstlich sein zu wissen, dass unser Prozess der Entschleierung nicht nur von unserem eigenen Einsatz abhängt. Wir sind nämlich umgeben von ‚himmlischen Helfern'. In dem Moment, wo du dir dessen bewusst wirst, wird dir auffallen, dass Situationen wie von sanfter Hand geleitet werden und unter allen nötigen Vorsichtsmaßnahmen entstehen, in denen du deine Wunde anschauen kannst. Dann sprechen wir von Gnade.

Du darfst darauf vertrauen, dass ‚himmlische Helfer' solch passende Momente für dich erschaffen. Dies ist ein weiteres Grundprinzip, und das Erkennen solcher Fügungen wird dein Leben bereichern. Für deinen Prozess ist es weiterhin unterstützend, wenn du um Hilfe bittest, Affirmationen anwendest oder meditierst. In den folgenden Schritten komme ich hierauf noch ausführlicher zurück.

Und da ist noch etwas: Wir leben in einem Übergangszeitalter, das durch das Wegbrechen alter Denkmuster und Handlungen gekennzeichnet ist, um Platz zu machen für ein neues Denken und Handeln. Und in solchen Übergangszeitaltern, so zeigt es die Erfahrung in vielen spirituellen Ausrichtungen im Laufe der Geschichte, steht der Himmel sperrangelweit offen! Als würden unsere ‚himmlischen Helfer' all unsere Verschleierungen aufdecken, denn es weht in der Tat ein anderer Wind.

Mit anderen Worten: Auch wenn diese Zeit hektisch erscheint, sie stellt auch ungeahnte Chancen und Möglichkeiten bereit, um an deiner Befreiung zu arbeiten. Und so, wie wir es anhand der Verletzbarkeit des Samens im Boden sehen konnten, spielt auch in unserer Übergangszeit diese Verletzlichkeit eine Rolle. Auf allen Ebenen unseres Lebens gibt es Veränderungen, die für chaotische Zustände sorgen und auch viel Widerstand wecken.

Denn ein Übergangszeitalter ist der Zwischenraum, in dem sich das alte Zeitalter auflöst und das neue geboren wird.

Die absteigende Linie steht für das sich auflösende Zeitalter. Der Zwischenraum ist die chaotische Zeit, in der wir uns nun mittendrin befinden. Die aufsteigende Linie stellt die neue Zeit dar, in der der neue Mensch leben wird. Dazu später mehr. Eine der deutlich sichtbaren Veränderungen ist, dass wir uns im Übergang befinden von ‚Ego-ismus' zum ‚Öko-ismus' aber auch von Kriegssprache hin zu Diplomatie, und das auf globaler Ebene. Diese Erscheinung ist mit Blick auf die Gesamtgeschichte der Menschheit neu. Man nehme allein die vielen Versammlungen zur Kenntnis, auf denen die Führenden dieser Welt zusammenkommen, um sich über unsere gemeinsame Erde auszutauschen. Und man betrachte all die globalen Organisationen wie die WHO, die UNO, den WWF, die Weltbank, den IWF, G8 und G20, den Internationalen Gerichtshof in Den Haag, die NATO, die internationale Atombehörde, das Rote Kreuz, den Weltkirchenrat und natürlich die EU, in denen wir nun nach Tausenden von Jahren (mehr oder weniger erfolgreich, wie es sich gerade im Ukraine-Konflikt zeigt) der Kriegsführung zusammenarbeiten!

Empfindsamkeit wurde nach und nach abgespalten

Wahrscheinlich waren wir als Kind alle sehr feinfühlige Wesen und konnten die Atmosphäre unserer Umgebung haarfein erspüren.

Die meisten von uns haben Liebe und Wärme erfahren, aber manchmal vielleicht auch Einsamkeit und Hunger.

Wir konnten diese Eindrücke noch nicht zuordnen, nur erfahren, da wir der Sprache noch nicht mächtig waren, und so setzten sich diese Erfahrungen irgendwo im Körper fest.

Um zu überleben, haben wir einen Teil unserer Empfindsamkeit abgespalten, sodass wir die unvermeidlichen Angriffe auf unser Gefühlssystem abfedern konnten.

Dies waren die ersten Schleier, die sich über unser inneres Licht legten. So entstanden mit unserem Heranwachsen betäubte und dadurch abgespaltene Regionen in unserem System.

Die ursprüngliche Offenheit und Unbefangenheit unseres feinfühligen Systems mussten wir notgedrungen verschleiern, um weniger zu fühlen, was wahrscheinlich nötig war, um funktionieren zu können.

Die meisten Menschen können damit leben, doch für spirituell Suchende, die sich entschlossen haben, den Weg des Erwachens zu betreten, bedeutet dies, dass sie ihren Schleiern früher oder später begegnen werden. Das zunehmende Licht strebt danach, die Verschleierungen zu erhellen und zu durchleuchten.

Licht erweckt und schenkt Leben, es ist lebendiges Licht, das aus der göttlichen Quelle fließt. Und dieser Erhellungsprozess kann manchmal sehr schnell gehen.

Die Lokalisierung abgespaltener Regionen

Wir alle kennen das Gefühl, wenn unser Bein eingeschlafen ist. Es fühlt sich taub an, und wenn wir es bewegen, kribbelt es, und das Leben kehrt wieder zurück.

Auch in der Meditation können wir auf einem bestimmten energetischen Niveau diesen abgespaltenen Anteilen begegnen. Sie können wie Ringe aussehen, abgetrennte Ringe, deren Aufgabe es war, unsere Feinfühligkeit gegen ein für den gegebenen Moment unerträgliches Bombardement an Bedrohung oder Reizen zu beschützen.

Wie können wir diese Areale in unserem Körper lokalisieren? Bekannte Stellen sind der Nacken, die Schultern und unser Magen. Dafür kennen wir auch Sprichwörter: „Etwas sitzt mir im Nacken“ und „Jemand hat sich zu viel auf seine Schultern geladen“ oder „Etwas ist einem auf den Magen geschlagen“.

Die Stelle kann also bei jedem unterschiedlich sein. Wenn wir herausgefunden haben, wo bei uns solch eine Verspannung sitzt, können wir üben, entspannt in diesen Ort hinein zu atmen.

Sowohl Ort als auch Form, in diesem Fall abgetrennte Ringe, geben uns einen Anhaltspunkt, auf den wir unsere Aufmerksamkeit richten können. Indem wir in diese abgetrennten Stellen hinein atmen, wecken wir sie aus ihrer Betäubung. Diese betäubten Stellen sind eine energetische Reaktion auf Momente der Einschränkung und Erstarrung, sodass der Lebensstrom stagnierte.

Benennen oder Staunen

Woher rührt nur diese Faszination, alles benennen zu wollen, allem ein Label zu verpassen, als ob dann alles geklärt wäre? Als ob unser Gehirn nur aus einer Gehirnhälfte bestünde, nämlich der linken, die zuständig ist für die Analyse, wodurch die rechte Gehirnhälfte, die uns staunen lässt, vernachlässigt und so bereits in jungen Jahren ein Ungleichgewicht geschaffen wird. Der untersuchende Geist will begreifen, analysieren, erklären, nur, um letztlich doch wieder über den Umweg des Begreifen-Wollens ins Staunen zu geraten. Was Begreifen für unseren Verstand ist, ist Staunen für unsere Seele, unser ‚mystisches Herz'. Wenn das Staunen seinen Platz neben der Analyse behält, sind wir in der Balance. Sind wir nur damit beschäftigt, alles zu untersuchen, um es benennen zu können, werden wir zu reinen Verstandesmenschen. Wir glauben, darin unser Glück zu finden und dass alles gesagt ist, indem wir allem einen Namen geben. Dadurch wird jedoch das Mysterium des Lebens verneint.

Der Neigung, alles zu benennen, wohnt auch die Neigung inne, alles kontrollieren und beherrschen zu wollen, indem alles kategorisiert wird, aus dem Verlangen heraus nach Übersicht und Ordnung. Dem liegt ein Angstmechanismus zu Grunde, der dem des Staunens diametral gegenübersteht.

Definition des Staunens

In unserer Erziehung liegt der Fokus beinahe ausschließlich auf der Entwicklung des begreifenden Verstandes. Für soziale Interaktion ist ein entsprechender ‚Begriffsapparat' tatsächlich eine notwendige Voraussetzung.

Doch wir sind nicht nur soziale, sondern auch spirituelle Wesen. Aber was bedeutet eigentlich Staunen? Jetzt muss auch ich mich einer Erklärung bedienen und benennen.

Staunen oder Wundern meint das spontane Aufgehen in Ehrfurcht, vorbei am Denken. Oder anders ausgedrückt: Unpersönliche Wahrnehmung. Ein offenes Wahrnehmen, ohne zu interpretieren, ohne Ego, ohne verstehen zu wollen. Letztgenannte Arten der Wahrnehmung sind persönlich, im Moment des Staunens (oder Wunderns) ist die Person jedoch abwesend. Man könnte es auch einen kurzen Moment der Erfahrung von Erleuchtung oder Befreiung nennen.

Der ganze Weg der Befreiung zielt darauf ab, diese kurzen Momente zu einer heiligen Schnur aneinanderzureihen, wie eine Art energetischer Strang, der dich mit dem inneren Licht verbindet, sodass sich jegliches Erklären erübrigt.

Das Staunen spielt sich im Zwischenraum ab, wo die denkende Person still und für einen Moment abwesend ist.

Die absteigende Linie ist die denkende Person, die aus sich herausrückt. Der Zwischenraum bezeichnet die Erfahrung des Staunens, das Aufgehen in der Erfahrung. Die aufsteigende Linie ist die Freude, die nach dem Staunen freigesetzt wird. Sie gibt uns eine neue Art subtiler Energie, die zunimmt, je öfter wir staunen.

Unsere soziale Identität, die sich am Verbalen orientiert, kann unserer spirituellen Identität im Weg stehen, wenn wir uns in die Stille begeben, oder noch schöner ausgedrückt, wenn wir still sein möchten. Der durchschnittliche, westlich orientierte Mensch hat Tausende von Gedanken pro Tag im Kopf, somit kann das Erreichen von Stille zu einer Aufgabe werden. Und doch ist es möglich, still zu werden, zu bleiben und letztlich Stille zu sein. Dann erleben wir alles im Staunen wie einen Altar. Und wenn alles zum Altar wird, wirst du mit Sicherheit barfuß laufen.

Gabe und Aufgabe

Es ist eine Aufgabe, lichtdurchlässig zu bleiben in einer Welt, in der Lügen herausgeschrieen und Wahrheiten geflüstert werden. Es ist eine Aufgabe in einer Welt, in der es hauptsächlich darum geht, in Konkurrenz zueinander möglichst viel zu konsumieren. Es ist eine Aufgabe in einer Welt, in der religiöse Führer in Dogmen gefangen zu sein scheinen und ängstlich wegsehen bei den Worten Spiritualität und Mystik.

Aber es ist auch eine Gabe, weil das Licht so nahe ist. Es ist *in* uns, nicht weit weg. Es ist eine Gabe, weil das innere Licht zentriert in ausnahmslos jedem Menschen wohnt. Es ist für uns alle fühl-, erfahr- und erreichbar, wenn wir uns die Mühe machen, uns für ein halbes Stündchen auf eine Bank im Park zu setzen und einfach in uns hinein zu spüren, es zuzulassen, es einzuladen.

Eine Gabe, weil dieses eine weiße ‚Urlicht' einfach strahlt und weil der eine ‚Urton' einfach klingt und das in und durch uns. Und es ist eine Gabe, weil wir diese Aufgabe nicht alleine tun müssen: Jeder Mensch hat einen Schutzengel, und es gibt viele wunderbare Bücher mit inspirierenden Weisheiten und glücklicherweise viele spirituelle Lehrer. Denn wir leben in einem freien Land, was keine Selbstverständlichkeit ist. Und nicht zu vergessen: Wenn wir einen Schritt auf Gott zugehen, geht er hundert Schritte auf uns zu. Haben wir erst einmal seine ‚Fußspuren' kennengelernt, werden wir zu ruhelosen Spurensuchern. Und bleiben so lange ruhelos, bis wir geheilt zu uns nach Hause kommen.

Du darfst darauf vertrauen, dass seine ‚Fußspuren' überall zu finden sind. Wer Ohren hat, der kann sie hören, und wer Augen hat, der kann seine Abdrücke überall erkennen. Dies ist eine weitere Gesetzmäßigkeit.

Lass' den Wind seine Arbeit machen

Manchmal löst sich alles auf wie Schleier vor dem Wind,
die Schleier des Denkens,
und die Schleier des Verlangens,
der Vergangenheit und deiner Schmerzen.

Was erstrahlt, ist dein Selbst,
dein Wesen.
Unverschleiert.
Du bist das Licht.
Ohne Anstrengung.
Ohne Grund.
Ohne Anleitung.
So wie es nur der Wind könnte.
Es sind nur Schleier,
die dich gefangen halten,
es sind nur Schleier, die dich aufscheuchen.
Lass' einfach den Wind seine Arbeit tun.
Hast du dir jemals überlegt, dass dein Panzer
aus winddurchfluteten Schleiern besteht?
Hast du jemals gedacht, dass die Mauer, die dich umgibt,
sich auflösen könnte?
Wer könnte dich davon überzeugen, dass es so mühelos geht,
wie von selbst, ganz ohne dein Zutun,
wenn du nur den Wind seine Arbeit tun lässt?
Irgendwo entlang des ausgefransten Randes eines gelüfteten Schleiers
sucht dein Verstand einen Grund,
eine Erklärung hierfür.
Vergebens.
Da ist niemand, der darauf reagieren könnte,
um dem beizustimmen.
Denn das bist du selbst,
Du unbegrenztes lichtdurchflutetes Wesen
in der windstillen, erleuchteten, befreiten, leeren Mitte,
die du selber bist,
warst
und immer sein wirst.

SCHRITT 3

DIE AUFMERKSAMKEIT

Aufmerksamkeit und Atmung – Das Hamsterrad – „The monkey on your back“ (das Äffchen auf deinem Rücken) – Fünf Werkzeuge – Der einzige berechtigte Heilige Krieg – Das Gesetz der kosmischen Resonanz – Der Weihnachtsmann & der Apostel Petrus – Drei Momente der Beobachtung aufkommender Gedanken und Gefühle – Jünger und Disziplin – Die himmlischen Schleusen – Selbstverleugnung – Die innere Pilgerreise – Es gibt keine Kontinuität – Wir sind Wurzeln und Flügel zugleich!

Unsere Aufmerksamkeit ist eng verbunden mit unserer Atmung. Wenn wir uns auf etwas konzentrieren, merken wir, wie sich unser Atem zu einer minimalen Bewegung im oberen Brustraum verflacht. Sucht unsere Aufmerksamkeit angespannt ein Detail, sucht sie den Mittelpunkt, und unsere Atmung folgt dieser Verengung. Beim Starren auf ein Handy ist diese Verengung wegen des kleinen Bildschirms noch stärker.

Sind wir jedoch in einer Haltung der entspannten Empfänglichkeit und in unserem Licht gefestigt, bewegt sich unser Atem in einer sanften Wellenbewegung bis tief hinunter in unseren Bauch – wie die Wellen in der Brandung oder gleich einer Schwalbe, die im Sommer mühelos durch die warme Abendluft schwebt oder wie ein Schmetterling auf einer sommerlichen Brise – leicht, sanft und vollkommen natürlich, ohne Stockung.

Du kannst selbst bei dir beobachten, wie dein Atem auf deine Aufmerksamkeit reagiert. Als Hilfsmittel kannst du hierbei die beiden unten abgebildeten Spiralen als Objektmeditation verwenden. Folge hierbei der Pfeilrichtung.

Ist deine Aufmerksamkeit offen und weit, den Mittelpunkt weitend, so ist deine Atmung ebenfalls weit und offen.

In diesem Fall fließt dein Atem von der Mitte nach außen, in die Ausdehnung. Sucht deine Aufmerksamkeit jedoch den Mittelpunkt, dann folgt auch deine Atmung dieser Bewegung und verengt sich. In diesem Fall fließt dein Atem mit der Aufmerksamkeit von außen ins Zentrum.

Wenn du mit deiner Aufmerksamkeit die Spirale Richtung Zentrum entlangwanderst, kannst du merken, wie sich auch dein Atem verengt und flacher wird.

Das äußere Hamsterrad

In unserem ‚normalen' Leben sind wir Teil eines Hamsterrades: Terminkalender, Computer, Einkäufe, Verabredungen, Handy, Druck, und daraus resultierend noch mehr Stress. Alle diese Ablenkungen und Verpflichtungen können sich verschleiernd auf unser inneres Licht auswirken.

Natürlich können sich umgekehrt eine Begegnung von Herz zu Herz, ein liebes Wort, eine gute Tat inmitten dieses Stresses auch sehr entschleiernd auswirken.

Dieses Hamsterrad hat eine ganze Reihe an negativen Folgen für unser System. Ich erwähne hier vor allem unsere Augen, denn sie haben besonders darunter zu leiden.

Wir müssen kein Optiker sein, um zu verstehen, dass stundenlanges Schauen auf Computer-, Handy- oder Fernsehbildschirme schlecht ist für unsere Augen.

Wenn wir ausschließlich auf äußere Reize ausgerichtet sind, kann es zu einer fixierten Stellung unserer Augen kommen. Geschieht dies über einen längeren Zeitraum, kann dies sogar zu einem starren, fixierten Blick führen, wodurch in der Meditation wiederum unsere besondere Aufmerksamkeit gefordert ist, um diesen Teil von uns zu entspannen.

Das innere Hamsterrad

Das äußere Hamsterrad erschafft als Folge ein zweites Hamsterrad, nämlich das innere Hamsterrad in unserem Kopf.

Tag und Nacht gehen Tausende von Gedanken und Gefühle durch uns hindurch, auf die wir nur bedingt Einfluss haben und wodurch Chaos entsteht. Unsere Aufmerksamkeit folgt gefügig wie ein Sklave oder Hündchen allen auftauchenden Gedanken und Gefühlen. Diese Kombination aus zwei Hamsterrädern verursacht viele körperliche und seelische Beschwerden wie Burnout, Depression, Schlaflosigkeit und Stress. Laut Meinung vieler spiritueller Lehrer, darunter Osho, verbrauchen wir für diesen Prozess mehr als 70 % unserer täglichen Energie.

Die Ausrichtung auf alle Reize, die uns umgeben und sich in unserem Kopf ereignen, ist eine einseitige, auf den Mittelpunkt ausgerichtete Bewegung. Wir suchen stets den Punkt, der unsere Aufmerksamkeit anzieht. Diese einseitig fixierte Bewegung wurde durch das explosionsartige Aufkommen der Handys noch enorm gesteigert.

Ihr gegenüber steht die nach außen gerichtete Bewegung, die wir erleben, sobald wir uns entspannen und all die Ablenkungen und Verpflichtungen loslassen, z. B., wenn wir die Wolken beobachten, wie sie am endlos weiten, blauen Himmel mit dem sanften Wind vorüberziehen. So kann auch der Wind all unsere Schleier mühelos aufdecken und das befreite Licht in uns erstrahlen lassen, sodass es heilsam auf unser gesamtes System wirkt, wenn wir es denn zulassen können. Und auf diesem Vermögen basiert die gesamte spirituelle Tradition.

Multitasking

Sprechen, schreiben und lesen lernen sind Fähigkeiten, die zunächst unsere volle Aufmerksamkeit fordern, um danach in unser System integriert zu werden, wo sie dann wie eine Art Autopilot arbeiten. So ist das später auch mit den Fahrstunden. Erst liegt der konzentrierte Fokus auf jeder einzelnen Handlung, aber mit der Zeit kann man Radio hören, können wir uns mit unseren Mitreisenden unterhalten und mit unseren Gedanken ganz woanders sein als bei den in der Fahrstunde erlernten Handlungen.

Wir nennen das Multitasking.

Dieses Thema erfordert in der Spiritualität unsere besondere Aufmerksamkeit. Im vorigen Kapitel konnten wir bereits sehen, wie wir unsere Aufmerksamkeit auf die natürliche Unterbrechung nach dem Ausatmen und vor dem Einatmen richten. Auch hier gilt, dass dies nach einiger Zeit des Übens stets einfacher wird.

In der Meditation ist jedoch unsere Aufmerksamkeit selbst das Objekt der Erforschung. Wir erforschen quasi mit Hilfe unserer Aufmerksamkeit unsere Aufmerksamkeit. Dass dies möglich ist, grenzt an sich bereits an ein Wunder. Dieses Phänomen ist eines der kennzeichnenden Merkmale des Menschseins.

„The monkey on your back" – 1

Vor allem im industrialisierten Westen ist etwas mit unserer Aufmerksamkeit geschehen. In Indien wird dies ‚The monkey on your back' genannt. Es ist ein harter Brocken, dieses Äffchen zu zähmen, es beherrschen zu lernen und zu dressieren.

In der Bibel taucht einige Male die Frage Gottes an den Menschen auf: „Mensch, wo bist du?"

Und dabei geht es nicht darum, dass der Mensch sich irgendwo versteckt hat, sondern darum, wo der Mensch mit seiner Aufmerksamkeit ist.

Und in der Tat ist dies die Kernfrage, sowohl auf dem Weg der Spiritualität als auch bei der Befreiung unseres inneren Lichts. Darum folgt jetzt eine Kernübung mit der Frage an dich: Wo bist du jetzt in diesem Moment mit deiner Aufmerksamkeit?

Da du gerade diese Zeilen liest, wird die Antwort lauten: „Bei diesem Buch". Aber versuche dir selbst mehrmals am Tag immer wieder die Frage zu stellen: „Wo bin ich gerade mit meiner Aufmerksamkeit?" Wenn du z. B. auf den Zug wartest, im Wartezimmer sitzt, eine Pause machst oder unterwegs bist. Hier gilt der äußerst praktische Rat aus dem tibetischen Buddhismus: Viele Male für kurze Zeit!

Auch wenn dein Kopf einem ständigen Jahrmarktstrubel an Stimmen, Gefühlen, Eindrücken, Gedanken und Ablenkungen gleicht, bei näherem Hinsehen lassen sich in diesem Forschungsfeld auch Zwischenräume entdecken. Hier ist der Rat, unter idealen Bedingungen zu beginnen, um schließlich in allen Lagen diese Zwischenräume zu entdecken. Ideale Bedingungen zur Erforschung deiner Aufmerksamkeit finden sich in einer reizarmen, stillen Umgebung.

Die Abwärtslinie bezeichnet unseren Entspannungsprozess von angespannter Alarmbereitschaft zur entspannten Aufmerksamkeit.

Im Zwischenraum kann sich unsere Alarmbereitschaft entspannen und dadurch eine Ausweitung unserer Aufmerksamkeit von einer auf den Mittelpunkt gerichteten (zentripetal) hin zu einer den Mittelpunkt fliehenden Haltung (zentrifugal) stattfinden.

Die Aufwärtslinie steht für den durch das erweiterte Bewusstsein frischen Blick auf die Wirklichkeit.

Hier im Zwischenraum vollzieht sich das Wunder, dass du jederzeit und überall zu dir zurückkehren und die Verbindung zu deinem Wesenskern aufnehmen bzw. in Verbindung mit deinem Wesenskern treten kannst. Auch jetzt und hier, dafür brauchst du nicht nach Indien zu reisen.

Versklavtes Äffchen

Du kannst natürlich auch eine imaginäre Beziehung zu deinem Äffchen aufbauen, in der du mit ihm sprichst wie ein Dompteur. In diesem Sinne erzählst du deinem Äffchen, was du ab jetzt mit ihm in eurem beiderseitigen Interesse vorhast, denn Feindschaft mit sich herumzutragen ist nie eine gute Lösung. Zudem kann ein verängstigtes Äffchen übel zubeißen. Nähere dich ihm freundschaftlich, denn du hast es hier mit einer sehr subtilen Form von Sucht zu tun. Und Suchtkranke können sehr aggressiv reagieren, wenn sie ihre tägliche Dosis nicht bekommen.

Dein Äffchen hast du selbst kreiert, deshalb kann es nie stärker sein als du; das ist die gute Nachricht. Doch um dein Äffchen besser kennenzulernen, ist die Kenntnis folgender Gesetzmäßigkeit wichtig:

Alles, was lebt, besitzt eine eingebaute Überlebensstrategie. Dies gilt auch für Schöpfungen wie das Äffchen in deinem Kopf.

Dies bedeutet, dass das Äffchen in deinem Kopf nicht ohne weiteres auf sein Gebiet verzichten wird, vergleichbar mit den Vögeln in deinem Garten, die um ihr Revier streiten.

Das Äffchen in dir ist mit allen Verzweigungen in deinem Kopf vertraut und kann dort nach Lust und Laune munter hin– und herspringen. Wenn du es nun darin beschränkst, wird es zunächst protestieren und in Panik geraten. Doch du bist der Chef, und das macht den Unterschied. So, wie häufig, gilt auch hier, dass das Äffchen ein guter Diener, aber ein schlechter Meister ist.

Sehr intelligente Äffchen

Sehr intelligente Äffchen wissen z. B. genau, wann du müde bist und keinen Widerstand leisten kannst. Sie warten genau auf einen solchen Moment, und dann schlagen sie zu. Noch intelligentere Äffchen vermögen sogar eine Situation zu erschaffen, die dich ermüdet, um dann zuzuschlagen.

Die Überlebensstrategie deines Äffchens besteht darin, deine Schwachpunkte und deine schwachen Momente zu erkennen oder sogar selbst zu kreieren.

Was dich unterstützt, ist ein stiller und ruhiger Moment, in dem du dich bewusst auf deine Ein- und Ausatmung konzentrierst. Hilfreich ist weiterhin, alles, was in dir hochkommt, zu benennen und es dann mit einem bewussten Atemzug loszulassen.

Denn sobald du dich mit den Gedankensprüngen deines Äffchens identifizierst, zieht es dir Energie ab. Dein Äffchen kann nur vom Hundertsten ins Tausendste, vom „Höcksken aufs Stöcksken“ kommen, solange du dich mit seinen Gedanken identifizierst. Deine Identifikation ist sozusagen sein Treibstoff, seine Nahrung.

Seine Strategie ist, dafür zu sorgen, dass du dich mit dem Äffchen identifizierst, denn sobald du dir dessen bewusst wirst, entziehst du ihm die Energiezufuhr. Im Grunde betäubt das Äffchen dein Bewusstsein, sodass du dir seines Energieraubes nicht bewusst bist – eine sehr raffinierte Art von Schmarotzertum.

Ab dem Zeitpunkt, wo du jedoch in der *Nichtidentifikation* geübt bist, wird es faul und träge werden, immer häufiger ein Mittagsschläfchen halten, allmählich lustlos vor sich hinstarren und dich uninteressant finden.

In Schritt 4 gehe ich umfassend auf den Prozess der Nichtidentifikation ein.

Indem du deine Aufmerksamkeit mit deinem Atem verbindest, ziehst du deine Aufmerksamkeit mit sanfter Hand von der Identifizierung zurück. Deinen Atem kannst du spüren und erfahren, was dir deine Meditation erleichtert. Im Grunde ist dies eine Konzentrationsübung zur Vorbereitung auf deine eigentliche Meditation.

Jedes Mal, wenn du merkst, dass du doch wieder abgeschweift bist, holst du dich einfach mit einer fließenden Bewegung zurück zu deiner Atmung. Gerade so lange, bis es spürbar ruhiger in dir ist. Du wirst diesen Effekt nicht nur spüren, wenn du durchhältst, sondern auch merken, wie schön das ist. Denn was gibt es Schöneres als einen leeren Kopf und ein erleuchtetes Herz, das vor Liebe überfließt.

„The monkey on your back" – 2

Der Gesetzmäßigkeit, dass allem, was lebt, eine Überlebensstrategie innewohnt, ist noch ein weiteres Grundprinzip hinzuzufügen: Zur Sicherung des eigenen Fortbestandes verfügt alles Lebendige obendrein über einen Mechanismus, der auf die Ausweitung des eigenen Territoriums abzielt. Dies bedeutet somit für das Äffchen, das sich in unserem Kopf eingenistet hat, dass es wahrscheinlich schon seit Dutzenden von Jahren sein Territorium ungestört hat ausweiten können. Solange wir uns seiner Anwesenheit nicht bewusst sind, wird es damit bis an unser Lebensende weitermachen. Deshalb wäre es nicht klug, jetzt, wo du davon weißt, deine Selbstentdeckung auf die lange Bank zu schieben. Zudem lautet ein schönes Sprichwort: „Stillstand bedeutet Rückschritt" bzw. „Verschiebe nicht auf morgen, was du heute kannst besorgen".

Wo du nun auch die dem Äffchen inhärenten Überlebensstrategien kennst, darfst du davon ausgehen, dass es alles daransetzen wird, dass du dein Vorhaben aufschiebst. Aber da du dir dessen bewusst bist, wirst du sein Vorhaben als solches erkennen. Das Hin- und Herspringen vom Hundertsten zum Tausendsten des Äffchens stört nicht nur deinen inneren Frieden, es verschleiert auch dein inneres Licht. Du wirst im Laufe deines Befreiungsprozesses auch merken, wie dein inneres Licht an Strahlkraft zunimmt. Und während sich das Äffchen in all seiner Angespanntheit das Licht anschauen darf, wird es sich in einen guten Knecht verwandeln, der sich durch ein intuitives und inspirierendes Denkvermögen auszeichnet.

Die absteigende Linie bezeichnet die zunehmende Faulheit des Äffchens. Der Zwischenraum steht für die erlebte Stille, den Raum und die hiermit verbundene Klarheit in deinem Kopf. Die aufsteigende Linie deutet die ersten Anzeichen der Geburt des neuen Menschen an, der aus seinem Herzen und Kopf heraus lebt und aus seiner Intuition, Inspiration und seiner Intelligenz heraus handelt.

Fünf Werkzeuge

Ort – Form – Inhalt – Häufigkeit – Intensität.

Um besser zu verstehen, was sich alles in unserem Kopf abspielt, stelle ich hier einige konkrete Werkzeuge vor, mit denen du üben kannst. Du kannst sehr einfach feststellen, dass deine Gedanken ihren Sitz in deinem Kopf haben; das ist der Ort.

Jetzt, wo du den Sitz deiner Gedanken kennst, ist es dir möglich, die Form eines Gedankens abzutasten. Denn alles Erschaffene hat eine Form. Dies ist in der materiellen Welt deutlich zu sehen, aber es gilt ebenso für die immaterielle Welt, der deines Verstandes.

Wenn du dich nun auf den Ort und die Form konzentrierst, kannst du die Botschaft des Gedankens hören; dies ist der Inhalt.

Stell dir vor, du sitzt im Wartezimmer beim Zahnarzt, und in dir steigen allerlei unangenehme Gedanken und Gefühle auf, je näher die Behandlung rückt.

Nun, wo du Ort, Form und Inhalt kennst, kannst du deren Häufigkeit untersuchen. Denn während du vorige Woche vielleicht ein paar Mal an diesen Zahnarzttermin gedacht hast, spukte er heute Morgen immer häufiger in deinem Kopf herum. Die Häufigkeit nahm zu.

Mit der Zunahme der Häufigkeit nimmt auch etwas anderes zu, nämlich die Intensität, denn nun kannst du jeden Moment aufgerufen werden.

Zusammenfassend lässt sich folgende Gesetzmäßigkeit aufstellen: Unsere Gedanken und Gefühle besitzen einen messbaren Ort, eine Form, einen Inhalt, eine gewisse Häufigkeit und Intensität.

Unsere Gefühle können sich an verschiedenen Orten unseres Körpers zeigen. Wenn wir das Beispiel des Zahnarztes aufgreifen, so kann dies z. B. der sich zusammenziehende Magen sein. Unsere Gedanken und Gefühle beeinflussen sich gegenseitig.

Der Wechsel von unbewusster Identifizierung zu bewusster Beobachtung

Ein ‚Shift' ist eine Verschiebung in deinem Kopf, in deinem Gefühl oder eine Kombination aus beidem. Hier geht es um die Verschiebung von Verengung hin zur Ausdehnung, so als ob der Wind unvermittelt deine Verschleierungen lüften würde.

Um mit den fünf Werkzeugen beginnen zu können, kannst du dir als Beispiel das Gefühl von Unsicherheit vorstellen, das aufkommt, wenn du dich in Gesellschaft befindest oder etwas, das zu deiner Situation passt.

Diese Übung kann zu einer Verschiebung deines Erlebens von Unsicherheit hin zu einem Gefühl von Sicherheit führen.

Unbewusste Identifikation ist eine Bewegung aus der Gefangenschaft, bewusste Beobachtung hingegen ist eine Bewegung in die Freiheit. Dieser ‚Shift' ist unmittelbar mit deiner Heilung und deinem Zugang zu deiner Lichtessenz verbunden.

Es geht darum, zu erkennen und zu fühlen, wo du dir selbst die Schrauben angelegt hast. Die Welt des Bauens lehrt uns, dass eine Schraube rechts herum fest- und links herum losgedreht wird. Es geht um diese Bewegung, sie ist der Zugang. Symbolisch kannst du dir diese Übung wie eine Pilgerreise vorstellen, die rückwärts verläuft, spiralförmig zurück zum Anfang. Man könnte es den ‚Ur-Sprung' zurück zum Ursprung nennen, an allen Verschleierungen vorbei.

‚Identifixierung'

Weiterhin kann dir noch zum Verständnis dienen, dass sich die Form des von dir beobachteten Gefühls mit dem Vorüberziehen verändert, so wie auch die Wolken ihre Form bei ihrer Reise durch die Luft verändern.

Sobald du dich mit ihr verbindest, dich mit ihr identifizierst, setzt sich die Form fest und hängt sich an deinen physischen und energetischen Körper, sodass eine Fixierung stattfindet. Dies möchte ich ‚Identifixierung' nennen. Haben wir es mit ‚Identifixierung' zu tun, dann haben sich die betreffenden Schleier in eiserne Vorhänge verwandelt.

Eine weitere Einsicht ist, dass das Gefühl der Beobachtung eine bestimmte Erscheinungsfrequenz aufweist.

Weiterhin kannst du erleben, dass Form und Inhalt – sowohl von einem Gefühl als auch von einem Gedanken – eine bestimmte Intensität aufweisen. Handelt es sich um ein leichtes Gefühl oder ist es düster und bohrend, quengelig, nörgelig? Ist es ein schwacher Gedanke oder ist er überwältigend, fordernd und andauernd? Diese Intensität kennen wir alle als Anhaftung; sie ist ein zentrales Thema, was den Prozess des Loslassens betrifft.

Wenn es sich um sehr alte ‚Identifixierungen' handelt, kannst du sie nicht einfach mit einem Mal loslassen. Du wirst diese Übung dann mehrere Male in bestimmten Momenten und Situationen wiederholen müssen, weil es sich um Schichten handelt.

Der einzige gerechtfertigte Heilige Krieg

Mit Sicherheit ist es hilfreich für dich, das Wirrwarr in deinem Kopf kennenzulernen und zu beherrschen.

Ich übertreibe nicht, wenn ich behaupte, dass sich in unserem Kopf ein

Krieg zwischen allerlei, sich oft widersprechenden Gedanken und Gefühlen abspielt. Darum behaupte ich, dass die Selbstuntersuchung bzw. Einkehr zu sich selbst der einzige gerechtfertigte Krieg ist, denn er wird ohne Opfer geführt. So lautet denn auch eine alte Weisheit: Verbessere die Welt, indem du bei dir selbst beginnst.

Unsere Erde ist getränkt mit Menschenblut und dem Blut der Natur. Der neue Mensch dagegen wird seinen inneren Kampf überwunden haben, als solcher Frieden sein und Frieden bringen. So lasse jeden deiner Schritte einen friedvollen sein.

Der einzige Moment, um damit anzufangen, ist jetzt.

Es ist dies eine Übung in Nicht-Identifikation, wobei du am besten unter idealen Bedingungen beginnen solltest. Im Yoga umgibt man sich mit vielen weichen Kissen, sanfter Musik und Weihrauch, um letztlich unter allen Bedingungen und Umständen still und offen zu sein.

Dies kannst du anhand der fünf konkreten Werkzeuge üben, und was du dadurch empfangen darfst sind Stille und Offenheit außerhalb von Zeit, Raum und Person. Diese Übung musst du nicht alleine machen, denn ‚kosmische Helfer' stehen jederzeit bereit, dich zu inspirieren und zu unterstützen; das ist das Gesetz der kosmischen Resonanz.

Das Gesetz der kosmischen Resonanz

Doch ist mit obenstehender Darstellung noch nicht die ganze Geschichte erzählt, denn es gibt noch eine höhere Stufe in deinem gesamten Denk- und Gefühlsprozess. Alle unsere Gedanken und Gefühle sind nämlich eine Form von Energie, die wir in den Kosmos senden und die dort mit ähnlichen Gedanken- und Gefühlsassoziationen räsonieren. Sie gehen mit ähnlichen Frequenzfeldern in Resonanz. Diese Felder sind bereits so alt wie die Anfänge der Denk- und Gefühlsprozesse der Menschheit und haben über Tausende von Jahren eine enorme Kraft und Macht aufgebaut.

Wir können hieraus schlussfolgern, dass kein einziger Gedanke und kein einziges Gefühl freibleibend und privat ist und sich nur in unserem Kopf abspielt.

Was du aussendest, ziehst du an. Das ist das Gesetz der kosmischen Resonanz. Obendrein und außerdem verfügen all diese uralten Felder an aufgebauten Gedanken und Gefühlen über eine uralte Überlebensstrategie und einen ebenso alten Zuwachs an Territorium.

Was bedeutet das für das, was sich in deinem Kopf abspielt? Dass dcinc Gedanken und Gefühle gleichzeitig, gemäß dem kosmischen Resonanzgesetz, ausgesendet werden zu ähnlichen, sehr alten und damit sehr kräftigen Gedanken- und Gefühlsfeldern. Damit ziehst du sie an, oder besser gesagt: Du lädst sie in deinen Kopf ein.

Dies erklärt auch das Gefühl, keine Kontrolle mehr zu haben über deine Gedanken oder Gefühle, dass sie ihre Scherze mit dir treiben, dass sie stärker zu sein scheinen als du oder noch schlimmer, dass du von ihnen besetzt wirst. Dann haben alte, ähnliche Felder Besitz ergriffen von deiner Einladung. Und fort ist deine Freiheit. Hier kann zu Recht die Frage auftauchen, wo denn unsere Freiheit anfängt und wo sie endet.

Der Weihnachtsmann und der Apostel Petrus

So betrachtet, scheint nichts verloren zu gehen. Jetzt begreifst du vielleicht die schöne Symbolik vom Weihnachtsmann mit seinem dicken Buch, in denen alle Taten der Kinder geschrieben stehen. Diese ist auf eine sehr alte Volksweisheit zurückzuführen, was bekanntermaßen auch für Märchen gilt.

Ein anderes Beispiel ist der Apostel Petrus, der uns nach unserem Ableben an der Himmelspforte erwartet und in seinem wohl sehr dicken Buch nachschaut, was unsere positiven und negativen Gedanken, Worte und Taten waren. Auf dieser Grundlage entscheidet er, wo wir hingehören. In Indien nennt man dieses Feld die *Akasha-Chronik*, und in der modernen Wissenschaft spricht man vom *morphogenetischen Feld*. Die digitale Variante davon ist die ‚Cloud'.

Auch hier lässt sich sehr gut eine weitere Parallele zu dem Gleichnis „wie oben, so unten" erkennen, und wissenschaftlich betrachtet sind wir ein Mikrokosmos im Makrokosmos. So, wie wir Akten und Daten sammeln, so geschieht das Gleiche seit dem ersten Tag, also von Beginn an im Äther!

Denken, sagen, machen

Die Reihe Gedanken, Worte, Taten beinhaltet eine wichtige Entwicklung. Ein Mensch kann positiv oder negativ über einen anderen Menschen oder eine Situation denken, diese Gedanken dann aussprechen und danach in eine Handlung überführen, mit stets weiterreichenden Folgen. Doch die Wurzel liegt in unserem Kopf, in unserer Zunge und in unseren Händen.

Darum sollten wir jeden Gedanken und jeden Schritt einen von Frieden erfüllten sein lassen, um so die positiven Frequenzen anzuziehen, die uns stärken.

Das ist die positive Seite der ganzen Geschichte.

Auch hier gilt wieder der Rat, alles dafür zu tun, was wir tun können und zu empfangen, was wir empfangen können, gemäß des kosmischen Resonanzgesetzes. Dies ist auch als das Wirken von Gnade bekannt. Letztlich ist alles Gnade.

Achte auf Deine Gedanken,
denn sie werden zu Worten.
Achte auf Deine Worte,
denn sie werden zu Handlungen.
Achte auf Deine Handlungen,
denn sie werden zu Gewohnheiten.
Achte auf Deine Gewohnheiten,
denn sie werden Dein Charakter.
Achte auf Deinen Charakter,
denn er wird Dein Schicksal.

Charles Reade (1814–1884). Für diesen Text gibt es jedoch keine klare Urheberschaft, möglicherweise geht es auch auf den Talmud oder ein chinesisches Sprichwort zurück.

Drei Momente bezüglich aufsteigender Gedanken und Gefühle

Alle in uns aufsteigenden Gedanken und Gefühle zeigen sich und verschwinden wieder. Sie lassen sich im Raum unseres inneren Lichts lokalisieren. Dabei verändert sich nicht nur nach und nach ihre Form, sie haben auch einen Inhalt. Form und Inhalt zeigen sich unter gewissen Umständen mit einer bestimmten Häufigkeit und Intensität.

Wir können uns selbst untersuchen und beobachten, uns also selbst zum Untersuchungsobjekt und zum Objekt der Beobachtung machen, weil die Selbstbeobachtung von uns als Objekt auch eine Wahrnehmung ist. Dies wird das ‚Zeugenbewusstsein' genannt und kommt aus der Lehre des *Advaita-Vedanta* der Yoga-Tradition, die auch *Jnana-Yoga* genannt wird. Der Praktizierende dieser höchsten hinduistischen Philosophie–Strömung wird *Jnani* genannt. Hierauf komme ich später noch ausführlich zurück.

Indem Form und Inhalt der Gedanken und Gefühle messbar gemacht werden, hilft dies der Wahrnehmung und kann Halt geben. Das mag zu Beginn vielleicht nicht gelingen, aber so, wie für alles, gilt auch hier, dass es am Ende gelingen wird. Übung macht den Meister!

Bezüglich der Häufigkeit aufsteigender Gedanken und Gefühle muss noch angemerkt werden, dass sie messbar abnehmen, um dann ganz zu verschwinden, sobald einmal etwas erkannt und losgelassen wurde. Dies wirkt sich stimulierend auf den weiteren Prozess der Selbstwahrnehmung und -erkenntnis aus.

Was die Intensität betrifft, so kann es vorkommen, dass die Gedanken und Gefühle noch einmal heftig aufflackern wie ein sterbendes Feuer, kurz bevor sie definitiv loslassen und verschwinden. Dies nur zur Information, denn gut vorbereitet ist halb gewonnen.

Abschließend ist anzumerken, dass wir unsere aufkeimenden Gedanken und Gefühle zu drei verschiedenen Zeitpunkten messen können, nämlich in dem Moment:

– wo sie aufsteigen,
– wo eine Identifizierung mit ihnen stattfindet
– und danach.

Die beste Herangehensweise ist, unsere Gedanken und Gefühle in dem Moment zu messen, wo sie aufsteigen, doch zu Beginn werden wir sie wahrscheinlich hinterher bewerten und uns durch Übung langsam nach vorne tasten bis zu dem Moment, in dem ein Gedanke bzw. Gefühl auftaucht.

Schüler und Disziplin

Auch wenn wir mit unseren Werkzeugen Form, Inhalt, Ort, Häufigkeit und Intensität arbeiten, werden manche Muster weiter bestehen bleiben oder sogar weiterhin beherrschen. Jedenfalls vorläufig, denn auch hier gilt, dass, wer durchhält, gewinnt, denn ein langer Atem führt letztlich zum Erfolg. Dies hängt somit von der Disziplin des Schülers ab. In den romanisch-sprachigen Ländern wird für das Wort ‚disciple'/'discipel' das Wort ‚Schüler' verwendet. Die Wurzel dieser beiden Wörter ist ‚disc', und dies bedeutet rund und heil.

Im Englischen/Niederländischen gibt es nicht umsonst eine große Wortverwandtschaft zwischen – ‚disciple' und ‚discipline'. Der Schüler empfängt, was er an Gnade und Segen empfangen kann und der Grad an Disziplin bestimmt, was und wieviel der Schüler loslassen kann. Hier geht es darum, sich in der Nicht–Identifikation mit den Mustern zu üben, die sich in Kopf oder Gefühl abspielen.

Der Prozess, sich dessen bewusst zu werden, ist sozusagen die Brechstange, mit der die Kette gesprengt wird, die uns an bestimmte Zwangsmuster gefesselt hält. Dies sind die eisernen Vorhänge, die dem neuen Wind nicht weichen wollen und die ich deshalb ‚Identifixierungen' genannt habe.

Wir sollten keinen Wettkampf daraus machen, wer von beiden der Stärkere ist, denn dadurch würden wir eine Zwangsvorstellung erschaffen. Ab und an sollten wir sie einfach zulassen und mit unserer Selbstuntersuchung fortfahren, wenn wir ruhig, konzentriert und fest entschlossen sind. Und wir sollten uns keinesfalls verurteilen, wenn wir zurückfallen – Selbstverurteilung ist ein schlauer Meuchelmörder.

Die himmlischen Schleusen

Der Himmel hat so viel zu geben, und es gibt so wenig Herzen, die offen und empfänglich sind. Er freut sich über jedes offene Herz, denn dic ‚himmlische Energie' oder auch der ‚göttlicher Zufluss' möchte fließen. Das ist ihr/sein Wesen, und dann erleben wir Freude auf einer sehr subtilen Ebene.

Wir fühlen uns glücklich und frei, und das hat einen positiven Einfluss auf uns selbst und unsere Umgebung. Und wenn sich die himmlischen Schleusen einmal geöffnet haben, dann gibt es kein Halten mehr.

Denn die gute Nachricht ist, dass auch der göttliche Zufluss über eine Überlebensstrategie und den Wunsch, sich auszudehnen verfügt, nur, dass diese von anderer Qualität ist als die des Äffchens. Bei Letzterem handelt es sich um Angst, die auf dem Nährboden des Unbewussten gewachsen ist, bei der göttlichen Energie ist es Liebe, die dem Nährboden aus dankbarer Hingabe und Empfänglichkeit entspringt.

Wenn ein kleiner Fluss an Lebensenergie zu fließen beginnt, wird auch der Kosmos seinen Beitrag zu unserer Heilung beisteuern, indem er das Flüsschen seinen eignen Weg finden und sich ausbreiten lässt. So ist es mit allem, was fließt.

Sobald wir spüren, dass der Kosmos uns als Kanal entdeckt hat, können wir uns hierauf in Dankbarkeit einstimmen und auf Empfang schalten. Auch, wenn wir noch mit einer offenen Wunde leben, die wir reflexartig beschützen möchten. Die Lebensenergie will uns nicht verletzen oder noch mehr Wunden zufügen, sie möchte heilen, salben und beweihräuchern. Denn um uns herum sind unzählige heilende Mächte und Kräfte am Wirken. Empfange sie mit einem aufgeschlossenen Verstand, einem offenen Herzen und offenen Händen, am liebsten barfuss.

Denn
wenn alles zum Altar wird,
wirst du mit Sicherheit barfuss gehen,
denn du wirst in Ehrerbietung die Asche sehen,
die du einst warst.

Selbstverleugnung

Wenn sich ein Kind z. B. unter bestimmten Umständen unsicher fühlt, ob Zuhause oder in der Schule, dann beschließt es zu überleben, und dieser Entschluss läuft meistens auf eine dramatische und sehr schmerzhafte Entscheidung hinaus, und das ist Selbstverleugnung.

Selbstverleugnung ist meines Erachtens eine der schmerzhaftesten Verschleierungen, die wir uns selbst antun können.

Um überleben zu können, beschließt ein Kind, seinen angeborenen, ungestümen Energiestrom abzuschneiden, zu töten, zu unterdrücken, zu verdrängen, zu blockieren und tut sich damit Gewalt an. Denn der von ihm amputierte Teil seines vitalen, lebendigen Wesens bleibt in der Entwicklung zurück. Es lebt nur ein Teil des Kindes weiter, doch nur so weiß es sich zu helfen. Das Leben schlägt Löcher in ein autonomes, geschlossenes System. Wenn ein Baum im Sturm einen Ast verliert, kann der Baum aus seiner ihm eigenen Intelligenz (die Intelligenz des Holzes) heraus diese Wunde heilen, indem er sie mit Rinde zuwachsen lässt; die zurückbleibenden Narben werden als sogenannte Augen bezeichnet.

Manchmal sagen wir, dass mit uns alles in Ordnung ist, wenn wir gefragt werden und hätten gerne, dass es auch wirklich so ist. Umso heldenhafter ist es, wenn wir den Mut und die Entschlossenheit aufbringen können, mit unserer Aufmerksamkeit und unserem Atem bei sehr altem Schmerz zu verweilen. „Umarme dein Leiden, statt es zu vermeiden, es kann dich befreien", ist ein sehr passendes Mantra hierzu. Wenn wir uns an unseren Heilungsprozess übergeben, laufen wir nicht davor weg, sondern im Gegenteil: Wir versuchen, durch bewusstes Atmen bei unserem Schmerz zu bleiben.

So gesehen ist es eine un- und widernatürliche Reaktion, gegen den instinktiven Reflex anzugehen und beharrlich mit Atmung und Aufmerksamkeit bei dem Schmerz zu verweilen.

Oder, präziser formuliert, die Aufmerksamkeit nimmt den Atem mit an den Ort des Unheils. Ganz langsam wird wieder ein vorsichtiges Durchströmen von Lebensenergie in Gang gesetzt. Und nach und nach entspannt sich der ausgedehnte tote Krater, was wiederum neues Leben in uns weckt. Als würde eine sanfte Brise die Schleier zart fließend aufbauschen.

Verletzliche Narbe

Manchmal ist nach vielen Jahren der Übung und Therapie eine sehr verletzliche Narbe zurückgeblieben, die bei einem Zuviel an Spannung wieder aufreißen kann.

Dann bleibt uns nur übrig, uns daran anzupassen. Wie ein 60jähriger Bauarbeiter, der sich auch keinen 25kg schweren Zementsack mehr einfach so auf die Schultern hievt.

Wenn zwischen Heilung, spürbarem kosmischem Zufluss und einer verletzlichen Narbe ein Gleichgewicht herrscht, wird diese zu tragen und ertragen sein.

Auch hier gilt: Tue, was du tun kannst und empfange, was du zu empfangen imstande bist.

Sei die Dattel,
die stetig süßer wird,
auch wenn der Boden, der sie nährt
steinhart und rau ist.
(sonst verbitterst du und wirst unbrauchbar
für das Große-Dattel-Verschlingende!)

Tragen, ertragen und tanzen

Wenn Du mir das Süße nicht vergönnen magst,
so vergönne mir das Bittersüße,
und wenn Du mir das Bittersüße nicht vergönnen magst,
so vergönne mir das Bittere,
und ich werde es in meinem Herzen umsorgen,
auf dass mich einst Dein Nektar finden mag.
Wenn Du mir den Tag nicht vergönnen magst,
dann vergönne mir die Nacht.
Wenn Du mir die Sonne nicht vergönnen magst,
dann vergönne mir den Mond,
und ich werde ihn in meinem Herzen tragen,
auf dass einst Dein Licht über mir dämmern mag.

Wenn Du mir die Rose nicht vergönnen magst,
so vergönne mir die Dornen,
und wenn Du mir den Wein nicht vergönnen magst,
dann vergönne mir das Wasser,
und ich werde es in meinem Schoße wiegen,
denn nichts ist unumkehrbar,
nicht einmal der Tod.
Wenn Du mir die Verbundenheit nicht vergönnen magst,
so vergönne mir dann
die Verschlossenheit, wenn du mir kein Obdach vergönnen magst,
dann vergönne mir die
Obdachlosigkeit.
Und ich werde die Sterne mit meiner Hand streicheln
und geduldig auf mein gelobtes Land warten.

Alles werde ich tragen und ertragen bis an das Ende meines Weges,
und nur Du weisst, wie oft und wie lange ich
um Erlösung gebeten habe.

Doch wenn Du mir die Leichtigkeit vergönnen magst
und die Schönheit der Musik,
dann werde ich barfuss auf dem Gras tanzen
und vergessen wie es war.
Und wenn Du mir die Liebe vergönnen magst
und die Freude des Glücks,
dann werde ich die ganze Welt umarmen
und mit allem und alles Erbarmen
haben.

REGENERIEREN

Mit Hilfe unserer Atmung und unserer Aufmerksamkeit können wir uns weiter und tiefer mit unserer Quelle verbinden. Das funktioniert folgendermaßen: Wenn wir unsere Aufmerksamkeit mit unserem Atem verbinden und uns auf die Verbindung mit unserer Quelle ausrichten, findet eine Belebung unserer Quelle statt. Denn diese Art der Atmung ist voller Energie, voll *Prana*. Im Yoga kennen wir es als *Pranayama*, wie es bereits kurz im vorigen Kapitel angeführt wurde. Wenn wir dies beherrschen, erleben wir die Quelle nicht als eine ‚vorübergehende Erfahrung', sondern als etwas, mit dem wir uns verbinden, in das wir uns auflösen und eins mit ihm werden möchten, besser noch: mit dem wir eins bleiben und sein wollen.

Es ist diese Energie, die uns aufweckt, umformt und transformiert hin zum Ursprung unseres Bewusstseins.

Besonders schön in diesem ganzen Prozess ist, dass sich die Quelle des Bewusstseins auf unsere Initiative freut, auf unsere innere Pilgerreise. Denn es handelt sich hier um eine Wiedervereinigung oder, mystisch ausgedrückt, um eine geistige Hochzeit.

Und das macht beide Seiten glücklich. Dies wird sehr schön durch die bereits eher erwähnte mystische Redewendung illustriert: Wenn wir einen Schritt auf Gott zugehen, geht er uns hundert Schritte entgegen.

Es beginnt meistens mit uns, Gott wartet auf unsere Initiative. Meistens, aber nicht immer, denn in der mystischen Geschichte gibt es auch Beispiele von Menschen, die ungebeten und ungefragt von Gott ergriffen werden. Gott ist als Sämann unaufhörlich auf der Suche nach empfänglichem Boden.

Die innere Pilgerreise zu unserem inneren gelobten Land

Für alle Übungen, die wir machen, so wie Yoga und Meditation, aber auch das Lesen spiritueller Bücher und das Aufsuchen spiritueller Lehrer möchte ich das Bild von unserer inneren Pilgerreise zu unserem inneren gelobten Land verwenden.

Diese Pilgerreise bezeichnet im eigentlichen Sinne den Weg von unserem geschäftigen Kopf zu unserem wartenden, verschlossenen, ‚mystischen Herzen'. Unser Kopf möchte entleert und unser verschlossenes ‚mystisches Herz' möchte geöffnet werden.

Dafür gibt es in allen Religionen bzw. Weltanschauungen viele Wege. Besonders in den mystischen Religionen/Weltanschauungen wie Hinduismus und Buddhismus ist dies der zentrale Weg. Im westlich geprägten Christentum wurde dieser immer kritisiert und nur toleriert, wenn er den Pfad der Kirche befolgte, also den bestehender Machtstrukturen.

Mittelalterliche Mystiker mussten demzufolge ihre Erfahrungen sehr vorsichtig beschreiben und immer die heilige Kirche und Jesus Christus, wie sie gemäß der kirchlichen Dogmen verstanden wurden, miteinbeziehen. Der unmittelbare Weg, den jeder auf individuelle Weise gehen kann, also ohne Vermittlung durch die Kirche, wurde nicht akzeptiert. Jeder Mensch, der auch nur in diese Richtung dachte, war schon verdächtig und lief Gefahr, auf dem Scheiterhaufen zu landen. Das Wort un-mittel-bar ist hier ein Schlüsselbegriff, in dem Sinne, dass es keiner Vermittlung in Form einer Kirche, eines Dogmas oder Priesters bedarf.

Die mystische Erfahrung ist in dem Sinne eine un-mittel-bare Erfahrung, als dass sie außerhalb des rational Begreifbaren liegt. Somit geht sie an den bestehenden, fest gefügten kirchlichen Strukturen vorbei, die meistens dem Verstand entsprungen sind und leider selten dem Herzen. Aber auch dies verändert sich glücklicherweise.

Dein Körper ist ein Tempel, schöner und größer als der Petersdom oder das Taj Mahal, und dein ‚mystisches Herz‘ ist dein Altar. Dies ist die intimste Begegnung auf der individuellsten Annäherungsebene. Sie findet tief in dir statt, in Stille, Abgeschlossenheit und vollkommener Hingabe.

Schauen wir deshalb zu unseren fernen Nachbarn im Osten, weil dort die Mystik tief verwurzelt ist in Religion und Kultur? Es ist eine traurige Tatsache, dass die Mystik und damit die religiöse Erfahrung in unserer eigenen christlichen Kultur ein dahinsiechendes Dasein führt.

Via Hinduismus und Buddhismus kann jedoch eine erneuernde Belebung der ursprünglichen Geschichte von Jesus Christus ermöglicht werden. Jedenfalls ist es mir und vielen anderen so ergangen.

Von einem Schleier zu einem eisernen Vorhang hin zu einer Mauer

Wie bereits erwähnt, geht sehr viel Energie an einen anderen Teil in unserem System verloren, nämlich an unsere hochgezogenen Mauern, unserem Verteidigungssystem, das wir einst in bedrohlichen Situationen errichtet haben. Die hieran zugrundeliegende Gesetzmäßigkeit lautet: Was einst als Schleier begann, wuchs sich aus zu einem eisernen Vorhang und verfestigte sich zu einer Mauer.

Unsere Angst flüstert uns ein, dass diese Mauern gepflegt und instand gehalten werden müssten, sonst würden sie zu Ruinen verfallen, sodass wir uns verletzlich und nackt fühlen würden und leichte Beute wären für unsere Feinde.

An diese Unterhaltungsarbeiten verschwenden wir einen Großteil unserer uns täglich zur Verfügung stehenden Energie. Es gibt also allen Grund dazu, dieses Leck zu abzudichten oder auf jeden Fall zu verkleinern.

Diese Energie können wir in unserem Alltag und auf dem Pfad der Befreiung gut gebrauchen. Obendrein stellt sich hier noch die Frage, ob wir wirklich überfallen werden, wenn wir unsere Mauern einreißen.

Sowohl Mauer als auch eiserner Vorhang kennzeichnen sich durch die fünf uns bekannten Merkmale Ort, Form, Inhalt, Häufigkeit und Intensität aus, und damit verfügen wir über das Werkzeug, um sie in aller Ruhe und Sanftheit zu untersuchen. Einmal wird alles Versteinerte wieder zu Schleiern werden und dürfen sich diese mit unserer Ausatmung lüften, damit das innere Licht wieder ungehindert strahlen kann, denn hierin liegt unsere Erfüllung. Es ist ein weiteres Wunder, dass unser Licht ungebrochen ist. Es hat nach all den Jahren hinter Schloss und Riegel nichts von seiner Intensität und Vitalität eingebüßt, darin liegt seine Kraft.

Achtsamkeit und Aufmerksamkeit

So gibt es eine ganze Menge an Feldern, die untersucht und befreit werden wollen. Doch das muss nicht alles auf einmal geschehen, und es geht auch nicht darum, bis zur Erschöpfung zu kämpfen. Im Gegenteil, denn schon die kleinste Befreiung schenkt uns bereits viel Frieden, Freude, Erweiterung und Energie.

Nach und nach werden wir unser Schwert der Unterscheidungskraft stets auf Neue schärfen, um noch schärfer unterscheiden zu können, was sich in uns auf immer subtileren Ebenen meldet und was unsere Aufmerksamkeit in unserer überreizten Gesellschaft fordert (und das ist nicht wenig).

So muss unterschieden werden zwischen einer offenen, unpersönlichen Aufmerksamkeit, die ich hier Achtsamkeit nenne, und einer fokussierten, persönlichen Aufmerksamkeit. Achtsamkeit ist ein offener, entspannter und unpersönlicher Zustand. Innerhalb dieses Zustandes kann eine fokussierte, persönliche Aufmerksamkeit auftauchen und nach einiger Zeit wieder verschwinden. Achtsamkeit dagegen ist ein zeitloser Zustand. Das folgende Beispiel mag dies verdeutlichen:

Stell dir vor, du sitzt auf dem Sofa und bist offen und entspannt; dein Geist ist achtsam, und nichts fordert deine Aufmerksamkeit und veranlasst dich, in den persönlichen, fokussierten Modus überzugehen.

Mit anderen Worten: Du verweilst in einem Zustand der Leere, Stille und Offenheit, in dem du nichts musst oder willst.

Von Objektlosigkeit zur ObjektAusrichtung

Und dann klingelt auf einmal das Telefon. Was genau passiert dann?

Erstens wird durch das klingelnde Telefon deine fokussierte, persönliche Aufmerksamkeit geweckt und gefordert. Zweitens verlässt du hierdurch den objektlosen Zustand der Leere, Stille und Offenheit, da du deine Aufmerksamkeit bündelst und sie auf dein Telefon ausrichtest.

Von dem Moment an, wo dein Telefon klingelte, blitzen allerlei Assoziationen in deinem Kopf auf, wie Neugierde und vielleicht auch Unruhe und Irritation. Hierdurch wurde die Person geweckt und damit auch Zeit und Raum.

Dies alles geschieht während eines bestimmten Zeitraumes in einem erschaffenen Raum.

Mit anderen Worten: Sobald ein auftauchendes Objekt deine Aufmerksamkeit fordert, verlässt du den Zustand der Objektlosigkeit.

So lautet denn auch die sich hieraus ergebende Behauptung: Sobald etwas unsere Aufmerksamkeit einfordert, erblühen Welten und Ideen. Hierdurch werden Zeit, Ort und die Person mit all ihren Interpretationen geboren.

Auch während des Telefongespräches erblühen Welten und Ideen und werden Zeit, Ort und die Person erschaffen.

Wenn das Telefongespräch beendet ist, vollzieht sich der umgekehrte Prozess. Dann fallen Zeit, Raum und du als Person mit all ihren Interpretationen zurück in den Zustand der Objektlosigkeit. Zumindest, wenn du Glück und deinen Geist trainiert hast, in die objektlose, stille Unbegrenztheit zurückzukehren, die wir alle vom Wesen her sind: Der Zustand der Achtsamkeit.

Aus diesem Beispiel lassen sich nun eine ganze Reihe von Schlussfolgerungen ziehen.

Die Achtsamkeit ist immer als Hintergrund anwesend, doch leben wir eigentlich konstant und dadurch meistens erstarrt und betäubt im Vordergrund. Wir identifizieren uns mit unserer Person und dadurch mit Zeit und Raum.

Die Abwärtslinie steht für das Ende des Telefongespräches, und damit fallen Aufmerksamkeit, Zeit, Raum und du als Person mit all ihren Interpretationen weg.

Der Zwischenraum bezeichnet den objektlosen und damit unpersönlichen Zustand.

Die aufsteigende Linie illustriert den früher oder später an dich gerichteten Appel, und damit werden Aufmerksamkeit, Zeit, Raum und du als Person mit all ihren Interpretationen wieder aufs Neue geboren.

Der achtsame Mensch gründet im Zwischenraum, dort, wo das innere Licht frei zu allen Seiten strahlt.

Der achtsame Mensch

Wenn dem so ist, dann können wir Folgendes festhalten:

1. Die Person tritt erst dann in Erscheinung, wenn ein Appel an sie gerichtet wird.

2. Die persönliche Aufmerksamkeit zeigt sich erst, wenn es nötig ist, um externe oder interne Bilder projizieren zu können.

3. Raum und Zeit treten erst in Erscheinung, wenn es notwendig ist, um externe oder interne Bilder projizieren zu können.

4. Die Person mit ihrer Aufmerksamkeit existiert erst dann, wenn ein Appel an sie gerichtet wird. Fehlt der Appel, dann befinden wir uns, sofern wir geübt sind, im Erkennen und Loslassen dessen, im Zustand der Achtsamkeit, in dem Raum und Zeit und damit die Person nicht existieren.

Hieraus lässt sich nur eine Schlussfolgerung ziehen:

5. Es gibt bezüglich der Person, ihrer Aufmerksamkeit, Zeit und des projizierten Raumes keine Kontinuität. Es sind nur Schleier, die kommen und gehen, und solange wir unbewusst sind, werden diese Schleier unser inneres Licht in seiner Strahlungsqualität abschwächen.

Des Weiteren lautet die Schlussfolgerung:

6. Der einzig konstante Faktor hier ist der achtsame Mensch (oder besser gesagt, seine Achtsamkeit, denn die Person ist darin nicht anwesend).

Dieser achtsame Mensch opfert nur allzu gerne alle externen und internen Bilder und Reize auf dem Altar seines ‚mystischen Herzens', wissend, dass sein Tempel ohne Objekte nur so zu leuchten beginnen wird. In seinem unverschleierten Tempel wird immer eine warme, sanfte Brise wehen, die alle Schleier sanft aufbauscht bis an den Grenzbereich des Sichtbaren. Je leerer desto freier. Für diesen Menschen gilt auch das Verbot eines Bildnisses (als Gleichnis für Gott), wie es aus dem Judentum und dem Islam bekannt ist, denn Vorstellungen und Ideen sind auch Bilder, auch Objekte. Je nackter desto besser.

Denn,
wenn alles zum Altar wird,
dann wirst du sicher barfuß gehen

aus Ehrerbietung vor der Asche,
die du einst warst.

Es gibt keine Kontinuität

Wenn es also tatsächlich keine Kontinuität geben sollte (bezogen auf Aufmerksamkeit, Zeit und projizierten Raum und Person), dann stellt sich die Frage, was dann überhaupt Bestand hat, was bleibt? Was existiert wirklich und unabhängig von unserer Existenz? Kurz gesagt: „Wer bin ich? Wer bin ich ohne all meine Verschleierungen?"

Dies ist die zentrale Frage während unserer gesamten spirituellen Suche. Darum wird sie noch einige Male wieder auftauchen, und es wird auch nach Antworten auf diese existentielle Frage gesucht werden.

Wer bin ich?

Bin ich ein Mensch, der einen ihm innewohnenden Stern mit sich herumträgt oder bin ich ein Stern, der einen Körper um sich herum erschaffen hat? Oder bin ich etwas ganz anderes?

Du kannst dich selbst beobachten, wenn du das nächste Mal auf dem Sofa sitzt und plötzlich das Telefon klingelt. Lasse es ein paar Mal klingeln, um dir die Zeit zu nehmen, die Prozesse, die sich in deinem Kopf und in deinem gesamten Körper abspielen, zu beobachten, und überprüfe sie anhand der genannten Schritte.

Dies sind die tiefergehenden Fragen, um die es im Wesentlichen bei unserer spirituellen Suche geht.

Was existiert wirklich unabhängig von unserer Aufmerksamkeit, von Zeit, Raum und Person, und woraus besteht unsere Identität? Was existiert bedingungslos, ist unvergänglich, und wo existiert die Kontinuität? Was übersteigt Zeit, Raum und Person?

Was existiert ohne Ursache? In Abwesenheit von Gedanken und Gefühlen – was bleibt dann übrig?

Lautet die Antwort, dass wir dann in der Leere und in der Stille sind, und ist das nicht der Sitz unseres inneren strahlenden Lichts?

Was bedeutet dies für unseren Befreiungsprozess?

Dies kann bedeuten, dass unser Weltbild nicht so fest ist, wie wir vielleicht dachten und dass wir so einen Zugang zu einer Anzahl neuer Tore erhalten.

Auf dem Pfad der Befreiung wird uns die Einsicht dämmern und wird uns langsam bewusst, dass der einzig beständige Faktor in unserem Dasein unser ewiges inneres strahlendes Licht ist. Alles, an das wir uns bis jetzt geklammert haben, sind nur vorbeiziehende Erscheinungen, Schleier vor dem Hintergrund unseres Wesenslichtes.

Das Schwungrad der Assoziationen

Das Beispiel des klingelnden Telefons kann durch aufsteigende Gedanken und Gefühle in unserem Kopf ersetzt werden.

Das Beispiel von dem klingelnden Telefon macht es uns jedoch etwas einfacher, uns vorzustellen, was sich da in unserem Kopf abspielt.

Es geht auf dem Pfad der Befreiung darum, uns dieser Art von auftauchenden Welten mit all ihren Assoziationen bewusst zu werden. Solange wir unbewusst sind, verschleißen wir unser Leben, indem wir von einer auftauchenden Gedanken- und Gefühlsassoziation zur nächsten flattern. Willst du dein Leben wirklich so weiter verschleißen?

Synchronizität

Während ich den Text zu dem klingelnden Telefon schrieb, geschah etwas Eigenartiges, was mir jedoch öfter beim Schreiben meiner Bücher passiert.

Abends nehme ich immer einen Stapel Bücher aus meinem wohl einige hundert Bücher umfassenden Bücherschrank, um sie zu lesen. Meistens ein paar Sachbücher und einen Roman; so liegen dann schnell mal eben ca. 1000 Seiten Lesestoff neben meinem Sofa. Während des Schreibprozesses halte ich mich immer mit dem Lesen spiritueller Bücher zurück, denn ich möchte so dicht wie möglich bei meinen eigenen Erfahrungen bleiben. Aber eines der Bücher, das ich dann doch in die Hand genommen habe, war eines von Eckhard Tolle mit dem Titel *Eine neue Erde*. Ich schlug eine beliebige Seite auf, und mein Blick fiel auf den folgenden Satz: „Was passiert, wenn das Telefon klingelt?“ Ich habe das Buch zugeschlagen und schnell wieder weggelegt, denn wie bereits erwähnt, möchte ich mich nicht beeinflussen lassen. Danach habe ich noch versucht, die betreffende Buchseite wiederzufinden, aber vergeblich. Es kann mir auch im Buchladen passieren, dass ich ein beliebiges Buch in die Hand nehme und es genau dort aufschlage, womit ich mich buchstäblich gerade beschäftige. C.G. Jung nennt dies Synchronizität.

KINDER

Kinder sind sich der Zwischenräume nicht bewusst und füllen sie mit Freude und Spiel. Bedeutet dies, dass wir wie die Kinder werden müssen, um zugelassen zu werden zu den ewigen Feldern des Lichts?

Das stimmt gewissermaßen, nur mit dem entscheidenden Unterschied, dass es um Bewusstsein geht.

Kinder haben den Vorteil, dass sie in der Tat von alleine in den Zustand der wartenden Leere zurückfallen. Ihre Schleier sind noch so dünn, jung und klein, doch leider sind sie sich dessen noch nicht bewusst.

Wenn wir uns nach dem Telefonat des Auseinanderfallens der Zeit, der Person und des Raumes, kurzum der gesamten Schöpfung, bewusst werden, können wir wieder von ganz allein in die Leere, die Stille, zurückkehren. Und hier lautet der Rat, nichts festzuhalten, was von alleine loslässt.

LASSE SIE VOR ALLEM KINDER BLEIBEN

Wir alle haben fünf Kinder,
das eine will an allem riechen,
ein anderes will alles anfassen,
das dritte steckt sich alles in den Mund
und das vierte hört alles,
und das letzte schaut sich alles neugierig an.

Lasse sie vor allem Kinder bleiben.
Manchmal sehen sie das Ungesehene
und erschauen es,
und manchmal hören sie das Unhörbare
und bleiben kurz stehen.
Manchmal berühren sie das Unberührbare
und tasten es unbefangen ab.
Manchmal riechen sie das Unriechbare
und müssen deswegen lachen und flüstern etwas vor sich hin,
und manchmal kosten sie den himmlischen Nektar
und hören auf einmal auf zu spielen.
Lasse sie vor allem Kinder bleiben.
Denn sie schauen noch das Himmlische, den ewigen Urbaum,
Yggdrasil.[3]
Sie hören noch das Rascheln der goldenen Blätter des himmlischen
ewigen Urbaumes und probieren manchmal noch den herabtropfenden
himmlischen Nektar
der ewigen Paradiesblüte und können
manchmal noch das klebrige Harz der heiligen Baumrinde fühlen,
und sie hören alle himmlischen Wesen, die in der kosmischen Baumkrone
wohnen,
ab und an singen und manchmal riechen sie noch den himmlischen
süßen Weihrauch, der dort ewig brennt.
Lasse sie darum vor allem Kinder bleiben,
am liebsten alle fünf.

MEDITATION

Lasse dich voller Vertrauen und entspannt in die bodenlose Unendlichkeit fallen, wo Fallen in Schweben übergeht und Schweben in Tanzen, und

3. Yggdrasil ist der mythologische Urbaum, die Weltenesche, in der germanischen Mythologie.

umarme den goldenen Stamm des ewigen Baumes und werde eins mit dem Baum.

Dann ist da für einen Moment nichts, das Nichts, und von da taucht aus der stillen Tiefe ein Urlicht auf – dein Ur-Licht!

Und intuitiv weisst du: „Dies ist das Licht, das Urlicht in mir, das ich zu lange vernachlässigt habe." Du nimmst dir vor, es von nun an nie mehr zu verleugnen oder zu verlassen. Es ist noch da und strahlt in seiner Ursprünglichkeit und Vitalität, und es ist unbeschädigt. Still und schweigend erstrahlt es tiefer und tiefer in dir, als ob es auf eine Antwort von dir wartet, auf deine Annahme, dein Anerkennen und die Vereinigung, besser gesagt, die Wiedervereinigung.

Feierlich gelobst du diesem Licht, es nie mehr zu verneinen oder zu verlassen oder zu verleugnen.

Die Offenbarung ist immer größer als du dachtest, zu hoffen wagtest oder erwartet hast, denn Erwartung entsteht aus der Verengung heraus. Und dieses Aufhellen des inneren Urlichtes geschieht in der Grenzenlosigkeit deiner Existenz. Lasse es einfach zu, es sei dir vergönnt, denn es ist deine Essenz!

Ein Tor zur unpersönlichen, zeitlosen, grenzenlosen Offenheit

Nun hat sich herausgestellt, dass all diese aufkommenden Objekte wie Zeit, Raum, fokussierte Aufmerksamkeit und die Person nur dann erscheinen, wenn sie angerufen werden. In diesem Fall bietet sich uns folgende Möglichkeit:

Sobald wir uns bewusst werden, dass in diesem Moment Zeit, Raum, fokussierte Aufmerksamkeit und Person abwesend sind, können wir uns entspannen und uns der anwesenden unpersönlichen, zeitlosen, grenzenlosen Offenheit anvertrauen. Mit dieser ermittelten Diskontinuität haben wir nun einen weiteren Zwischenraum zu unserer Verfügung, mit dessen Hilfe wir aus uns selbst ausbrechen können.

Hinzu kommt, dass wir die aufsteigende Zeit, den Raum, die Aufmerksamkeit und die Person, die wir erschaffen, messen können, da sie einen

Ort, eine Form, einen Inhalt, eine Frequenz und eine Intensität besitzen.

Eine vernünftige Pilgerreise lässt sich nur mit Hilfe guter spiritueller Werkzeuge auf den Weg bringen. Gibt es keinen Anruf, befinden wir uns im Zwischenraum, der uns eine Aussicht bietet auf unsere grenzenlose, unverschleierte Offenheit. Dort, wo wir in Liebe eins sind mit dem pulsierenden Licht. Wo aber ist dann der Staub, und wo sind dann die Schleier? Wer vermisst diese strahlende Grenzenlosigkeit? Niemand, denn da ist niemand, und das braucht es auch gar nicht, denn diese Liebe ist unmessbar und unpersönlich.

Alles ist vorhanden, ohne Anstrengung – bedingungslos. Das ist der pfadlose Pfad, der keinen Prozess kennt, und doch ist er gleichzeitig ein Pfad, der beim Gehen entsteht, ein Pfad, der so alt ist wie die Menschheit und noch immer genauso unberührt ist.

Und doch findet dort eine ganz natürliche Aktivität statt, und das ist das offene, unpersönliche, achtsame Atemholen, *Pranyama.* Es ist diese Bewegung, die uns dauerhaft mit unserem inneren strahlenden Wesen verbindet und diese Verbindung stärkt.

Die absteigende Linie steht für die Erkenntnis, dass es keine Kontinuität zu entdecken gibt in Zeit, Raum, fokussierter Aufmerksamkeit und Person, worauf das radikale Loslassen folgt.

Der Zwischenraum beschreibt die Verwunderung darüber, dass es dich trotzdem noch gibt, und das auch noch in einer solch kräftigen Präsenz wie nie zuvor, und doch ist diese gleichzeitig unpersönlich.

Die Aufwärtslinie symbolisiert dein Dankgebet auf Knien für diese Freude, diese Gnade, die aus deinem empfänglichen, ‚mystischen Herzen' aufsteigt. Du kannst nicht anders, du fühlst dich hierzu gedrängt; mit deinem Körper verleihst du dieser Ehrerbietung Ausdruck.

ZWISCHENDURCH

Hierfür wurde schon einige Male das Wort Zwischenraum erwähnt. Vielleicht solltest du dich nun, wo du dieses Buch liest, einmal in deinem Zimmer umschauen. Wahrscheinlich ist dies dein Wohnzimmer, und du wirst dir dessen gewahr, wie du all die Dinge in diesem Raum angeordnet hast. Und achte vor allem auf die Zwischenräume zwischen den Einrichtungsgegenständen.

Achte nun einmal auf Folgendes: Nimmst du zwischen den entstandenen Zwischenräumen der einzelnen Objekte eine Harmonie wahr?

So ja, lebst du wahrscheinlich in einer harmonisch eingerichteten Umgebung.

Gib in Gedanken den Zwischenräumen mehr Raum, erweitere die Räume zwischen den Dingen.

Solltest du dies genießen, dann schau dir einmal einen japanischen Zen-Garten an. Wenn du eine gewisse Übung entwickelt hast für die Harmonie zwischen den Objekten und den Räumen dazwischen, kannst du dein Herz in einem Zen-Garten erfrischen und erfreuen.

SCHRITT 4

DIE IDENTIFIKATION

Einleitung – Macht und Kraft der Identifikation – Heilige Texte – Die energetische Kraft von Mantras und Gebeten – Kosmische Resonanz – Stigmata – Zwischenräume – Das Gold liegt in den Zwischenräumen – Lichtidentifikation – Unterwegs wie ein Pilger – Verwunderung – Sieben Leitern zu Gott – Energiespiralen – Strahlen unter den Strahlenden – Blumenmeditation – Transformation

Der Reiter folgte seinem Pferd, das Wasser roch
und stromaufwärts ging, bis zur Quelle,
wo es sich vornüberbeugte und trank,
bis der Reiter in blinder Wut
seinem Pferd die Sporen gab
auf der Suche nach dem,
was er Äonen später als seine Quelle bezeichnete
und über die er sich beugte, um aus ihr zu trinken,
und in der Spiegelung des Wassers sah er sein Pferd.

Erfüllt von Zärtlichkeit beobachten wir Kinder, wie sie voller Ernst im Spiel ihre Rollen spielen. Doch selbst sehen wir nicht, mit welchem Ernst wir selbst eine Rolle spielen.

Als Kind lernen wir spielend, uns mit bestimmten Rollen zu identifizieren. In unserem Spiel sind wir ohne Anstrengung ein Feuerwehrmann, Arzt, Schurke oder Monster, und diese Rollen spielen wir ganz und gar, ohne Vorbehalte.

Später, in der Pubertät, wählen wir eine bestimmte Rolle, um zu einer bestimmten Gruppe zu gehören, mit der wir uns identifizieren und vom Rest unterscheiden können.

Als Erwachsene identifizieren wir uns mit unserer Rolle als Partner, Ernährer, Familienmitglied, Kollege, Nachbar. Wenn wir Glück haben, spielen wir letztlich auch die Rolle eines Großelternteiles, und nur die sehr Starken und ganz Glücklichen unter uns können auch noch die Rolle eines Urgroßelternteiles spielen. Auch wenn diesbezüglich nicht mehr die Sprache von Spiel sein kann – oder vielleicht gerade!

Nach und nach nehmen wir in unserem Leben unsere Identifikationen in zunehmendem Maße ernster. Das, was einst als erster Schleier begann, der über unsere Unbefangenheit geworfen wurde, hat sich hier und da zu einem eisernen Vorhang ausgewachsen, den wir mit allen Mitteln verteidigen, als wäre er unser einziger Halt.

Karneval

Aber es liegt dem Prozess der Identifikation auch noch ein anderer Aspekt zugrunde. Durch die Identifikation mit etwas anderem sind wir frei von uns selbst, lösen wir uns von den uns bekannten Identifikationen.

Diese Funktion erfüllt vor allem der Karneval. Denn in jedem von uns ist das Bedürfnis vorhanden, uns ab und zu aus der Zwangsjacke, in der wir unter Strafandrohung, ausgeschlossen zu werden, gefangen sind und uns gegenseitig gefangen halten. Dies ist die Funktion von Karneval und allen anderen Kostümfesten.

So lassen sich viele Beispiele aufzählen, wo wir uns verkleiden, man denke z. B. an Polizisten, Anwälte, Richter, aber auch an die Verurteilten. Die Bürger verkleiden sich, um wie in einer rituellen Handlung in einer Transformation von der einen zur anderen Rolle zu wechseln, mit jeweils anderen Befugnissen und Verpflichtungen. Früher hatte jede Region ihre eigene Tracht, wodurch die eigene Identität sichtbar wurde. Aber auch in vielen Religionen und Weltanschauungen gibt es den Akt der Verkleidung: Man denke an den Priester, den Papst, den Pfarrer, den Imam, den Rabbiner, den buddhistischen Mönch oder den hinduistischen Priester.

Macht und Kraft der Identifikation

Von Kindesbeinen an haben wir unser Vermögen bzw. die Kunst entwickelt, uns spielend mit etwas zu identifizieren.

Doch während des Heranwachsens identifizierten wir uns nicht nur mit Rollen, sondern auch mit Eindrücken und Erfahrungen, wobei diese sowohl positiv als auch negativ sein können. Letztere, wenn wir z. B. abgewiesen wurden oder wenn etwas nicht funktionierte. Dann identifizierten wir uns mit der Idee, dass wir ungeschickt sind. Und so konnte sich auf diesem Nährboden der Keim der Versagensangst einnisten.

Bei dem Prozess der Identifikation handelt es sich also um einen starken Mechanismus, der sich sowohl positiv als auch negativ auswirken kann. Unsere Persönlichkeit leitet ihre Identifikation aus der Summe aller Identifikationen ab.

Es stellt sich jedoch die Frage, ob wir diese Identifikation wirklich sind und ob all diese Identifikationen etwas von unserem Wesen widerspiegeln. Auf dem Pfad der Befreiung unseres inneren Lichts stellen wir uns regelmäßig die Frage: „Wer bin ich?“ Dies erfordert einen transparenten Blick durch alle unsere Identifikationen hindurch. Denn wir gehen hier davon aus, dass all unsere Identifikationen nur Schleier sind, die wir über unsere wahre Identität drapieren, solange, wie die Rolle von uns erwartet wird, z. B. als Maurer, Ernährer oder Bankier. Es ist sehr gut möglich, dass dieser Schleier, diese Rolle uns hilft, das Beste aus uns selbst herauszuholen, dass wir uns in dieser Rolle, mit dem Schleier um uns herum, entwickeln können. Doch wird es gefährlich, wenn wir denken, dass wir diese Rolle *sind* und uns mit dem Schleier identifizieren als wäre er unser Wesenskern, denn dieser ist Licht. Obendrein kann die Frage, wer wir sind, auftauchen, wenn wir unsere Rolle z. B. als Maurer, Ernährer oder Bankier nicht mehr ausüben (können), wie nach einem Unglück oder nach der Verrentung. Dies ist auch der Grund, warum sich einige Menschen dann in einer Identitätskrise wiederfinden.

HEILIGE TEXTE

Dem Prozess der Identifikation liegen noch mehr Aspekte zugrunde, da auf dem Weg der Spiritualität die Identifikation ebenfalls eine wichtige Rolle spielt.

So basieren z. B. Visualisierung und Objektmeditation auf dieser Kraft, da wir uns mit einem Bild oder mit einem heiligen Text identifizieren. Sowohl Bilder als auch heilige Texte können eine enorme Wirkung auf uns ausüben, wenn wir lernen, uns hiermit zu identifizieren.

Heilige Texte wie die *Gayatri Mantra* im Hinduismus, das Vaterunser im Christentum oder das *Allah Akbar* der Muslime werden täglich von vielen Millionen Gläubigen auf der Erde rezitiert. Diese Texte haben in all den Tausenden von Jahren nichts von ihrer Gültigkeit und Kraft eingebüßt. Im Gegenteil, all diese Gebete sind Energien, die sich mit ähnlichen Energien im Kosmos verbinden. Das ist die kosmische Resonanz.

DIE HEILIGE ANRUFUNG

Ein Herzensschrei ist der Versuch, eine emotionale und spirituelle Verbindung zu suchen. Das Suchen einer Verbindung wiederum ist der Versuch, aus einer festgefahrenen, stagnierenden Situation auszubrechen.

Allein die Tatsache des feurigen Verlangens nach Herstellung einer Verbindung öffnet uns für die Verbindung mit dem Transzendenten.

Die heilige Anrufung kann sich an Jesus Christus, Mohammed, Allah, Buddha, Krishna oder einen verehrten Guru richten.

Das Element Feuer im feurigen Verlangen sorgt dafür, dass diese Verbindung pfeilschnell erfolgt, es versengt alle Schleier. Darum gilt es, sehr gut aufzupassen, denn die Verschiebung der abgeschnittenen, stagnierenden Lebensenergie hin zu einer offenen Verbindung mit dem Transzendenten geschieht oft auf sehr subtile Weise, da die Situation des Eingesperrtseins, des in-Stagnation-Verharrens eine schwere, grobe Form von Energie ist. Und die plötzliche ‚Erhörung' des heiligen Anrufes ist von hoher Subtilität und somit nicht immer leicht zu bemerken.

Im besten Fall fühlen wir eine Erleichterung, eine Anhebung unseres schweren Gemütes.

Du kannst komplizierte Gebete auf Tibetisch oder in Sanskrit rezitieren. Der Vorteil dessen ist, dass dein viele Tausend Jahre altes Gebet millionenfach wiederholt wurde und deshalb mit einer gewissen energetischen Intensität aufgeladen ist.

Dein ausgesandtes Gebet räsoniert hiermit. Das Gleiche gilt für das Gebet des Vaterunsers aus dem Christentum, dem aber leider viele Menschen aufgrund der häufig dogmatischen und einseitig mentalen Interpretationen skeptisch gegenüberstehen.

‚HILFE'

Ob jemand nun seine feurige Anrufung auf Pali, Sanskrit, der hebräischen, griechischen, lateinischen Sprache oder auf Arabisch an eine bestimmte Person, einen Propheten oder eine bestimmte Kraft richtet, ist meiner Ansicht nach nicht entscheidend, sondern kann z. B. auch mit dem kurzen Wort ‚Hilfe' (als Beispiel) geschehen.

Dieser Aufschrei des Herzens reicht sehr weit in den Kosmos und akkumuliert dort eine entsprechende Resonanz.

Die einzige Bedingung ist, dass wir das Umschalten von der groben, schweren, abgeschnittenen und stagnierenden Lebensenergie zur einströmenden, transzendierenden kosmischen Energie wirklich machen wollen und können.

Dies ist eine kleine Bewegung mit großen Folgen, vielleicht ist sie sogar die kleinste Bewegung mit den größten Folgen. Wenn wir so mit uns selbst, miteinander, mit den Tieren und der Natur umgingen, wäre der Mensch für sich und seine Umgebung keine Plage mehr, kein Fluch, sondern ein Segen – so, wie es sein sollte.

Die Abwärtslinie bezeichnet die Opferung der erkannten groben, schweren, abgetrennten und stagnierenden Lebensenergie auf dem Altar unseres ‚mystischen Herzens'. Der Zwischenraum steht für das Wunder, das nach unserem Herzensschrei, z. B. ‚Hilfe', geschieht.

In diesem fragilen Moment werden wir erhört, doch ist dies erst der Anfang. Unser empfangendes ‚mystisches Herz' öffnet sich voller Vertrauen und wartet diesen äußerst verletzlichen Moment geduldig ab. Die kosmische Resonanz empfängt das Opfer, versteht den Herzensschrei und räsoniert mit ihm. Nichts darf diesen Moment stören, so wie auch die Saat im Boden ebenso wenig gestört werden darf.

Die aufsteigende Linie bezeichnet den ‚kiss of bliss' (Kuss der Glückseligkeit), die engelhafte Gnade unseres ‚mystischen Herzens', die uns Flügel verleiht.

Doch geschieht noch mehr, denn sobald wir unseren Herzensschrei geäußert haben, verleihen wir unserem tiefsten Verlangen nach Erlösung und Befreiung Gehör. Hiermit durchbrechen wir in diesem Moment sofort die Gefangenschaft der Sackgasse, der Isolation, des Leidens und des Unglaubens. Als würden wir noch einmal, bevor wir ertrinken, unsere Arme aus dem Wasser strecken, auf dass uns jemand oder etwas sieht oder hört und uns rettet (auf dass, nicht sodass!). Der ‚Hilfe'-Ruf steigt auf in unserem Herzen. Das Wort ‚aufsteigen' hat hier auch eine schöne etymologische Bedeutung, nämlich die einer Quelle, die emporsteigt, sprudelt und zum Kochen gebracht wird, bis Dampf aufsteigt.

Die energetische Kraft von Mantras und Gebeten

Bereits seit Tausenden von Jahren beten morgens auf der ganzen Erde die Gläubigen. Hindus rezitieren ihr Gayatri Mantra:

„*Om bhur bhuvash svah – tat savitur varenyam – bhargo devasya dhimahi – dhiyo yo nah – prachodayat!*" (Om, wir meditieren über den Glanz des verehrungswürdigen Göttlichen, den Urgrund der drei Welten, Erde, Luftraum und himmlische Regionen. Möge das Höchste Göttliche uns erleuchten, auf dass wir die höchste Wahrheit erkennen. Aus: Wikipedia, 28.6.2022).

Juden beten: „Höre Israel, der Herr ist unser Gott, der Herr ist ein einiger Gott!"

Christen beten das Vaterunser:

Im Aramäischen klingt das in der Übersetzung von Bram Moerland so:

Quelle des Seins, der ich dort begegne, wo mich etwas berührt,
ich gebe dir einen Namen, auf dass ich dir einen Platz in meinem Leben zuweisen kann.
Bündle dein Licht in mir – mache mich nützlich.
Festige nun dein Reich des Einen.
So handelt Dein einziges Verlangen im Einklang mit dem unseren.
Nähre uns täglich mit Brot und Einsicht.
Löse die Stricke der Irrtümer, die uns an das Vergangene binden,
auf dass wir auch anderen ihre Fehltritte vergeben können.
Lasse oberflächliche Dinge uns nicht verleiten.
Aus Dir wird geboren:
Der allwirksame Wille,
die lebendige Kraft zu handeln,
das Lied, das alles verschönert und sich von Zeitalter
zu Zeitalter erneuert.

Aramäisch war die Sprache von Jesus Christus.

Moslems beten, dass Allah der größte ist: „Allah Akbar!" Und auch "La illaha il Allah, Mohammed u rasul ullah" (Es gibt keinen anderen Gott als Allah, und Mohammed ist sein Prophet).

Shin–Buddhisten rezitieren: „Namu Amida Butsu", was übersetzt lautet: „Ich nehme meine Zuflucht in den Buddha des unendliches Lichts."

SCHLUMMERNDE SCHLEIER

Alle Großen dieser Welt kennen das Geheimnis des frühen Morgens.

Mit dem Erwachen am Morgen gibt es eine goldene Chance, dass wir des zeitlosen Momentes gewahr werden.

Es ist ein seltener, kostbarer Moment, in dem in uns noch kein Gedanke aufkommt, z. B. welcher Tag heute ist mit dem dazugehörigen Gefühl von Lust oder Unlust.

Es ist der Mühe wert, uns dessen unmittelbar beim Erwachen so oft wie möglich bewusst zu werden, denn unsere Schleier schlummern dann noch. Bei einem ungeübten Geist steigt nahezu direkt mit dem Erwachen der Tag samt seinen Assoziationen auf. Ist die Identifikation einmal erfolgt, können wir nicht so einfach wieder zum offenen Geist zurückkehren, der noch ohne Gedanken ist. Wenn sich das Schwungrad einmal zu drehen begonnen hat, dann ist es im Grunde schon zu spät.

Der geübte Geist sieht den ersten Gedanken aufsteigen, kann ihn wieder loslassen und zu seiner ursprünglichen Offenheit und Leere zurückkehren. Er kann erleben, wie die Person mit ihren Gedanken und Gefühlsassoziationen erneut geboren und rechtzeitig wieder losgelassen werden kann, bevor sich die Assoziationsreihen zeigen.

Kosmische Resonanz

Von dem Gesichtspunkt des Gesetzes der kosmischen Resonanz haben wir bereits erfahren, wo all die Gebete von Milliarden Gläubigen während all der Tausende von Jahren bleiben.

Alle ausgesprochenen Gebete und Mantras sind Energien, die ihren Weg durch den Kosmos finden und dort von ähnlichen Gebeten und Mantras angezogen werden.

Die feurige Intention eines Gebetes und eines Mantras hat eine bestimmte Frequenz, und diese räsoniert mit ähnlichen Energien. Alle Gebete und Mantras ballen sich zu Knäulen von heiliger Energie zusammen, sind sozusagen eine Kumulierung heiligen Lichts.

Stigmata

Zurück zum Thema Identifikation. In außergewöhnlichen spirituellen Fällen kann Identifikation soweit führen, dass unser Körper Stigmata zeigt, die auch als Absorption bezeichnet werden.

Dies ist unter anderem bei Menschen der Fall, die sich vollkommen mit Jesus Christus identifizieren. Ihre Identifikation ist dann so absolut, dass ihre Körper die Wunden von Jesus aufweisen, so genannte Stigmata. Ein bekanntes Beispiel ist Franz von Assisi. Dies zeigt, wie stark sich eine Identifikation auswirken kann. Das gilt sowohl für negative Identifikationen wie: „Niemand mag mich, ich wünschte, ich wäre tot. Nichts gelingt mir. Ich hasse mein Leben!" als auch für positive Identifikationen: „Ich fühle mich geliebt, ich habe Freunde, ich liebe das Leben, und das Leben liebt mich."

Zwischenräume zwischen verschiedenen Identifikationen

Wenn wir die Zwischenräume unserer verschiedenen Identifikationen untersuchen, dann lässt sich als Erstes ganz einfach feststellen, dass wir die verschiedenen Rollen ihrem Wesen nach nicht sind. Wir spielen nur die verschiedenen Rollen in verschiedenen Situationen, wenn ein Appell an sie gerichtet wird.

Ein anderes Wort für die Rolle, die wir spielen, ist der Schleier, den wir freiwillig über uns drapieren, so wie man in einigen Berufen eine Uniform anzieht.

Wie gesagt, wir spielen eine bestimmte Rolle in einer bestimmten Situation; ist die Situation vorbei, dann fällt auch die Rolle weg.

Entsprechend zieht der uniformierte Beamte Zuhause seine Freizeitkleidung an, die üblicherweise etwas legerer ist.

Und so ist z. B. ein Maurer nur solange ein Maurer, wie er als Maurer arbeitet, danach nicht mehr. Eine Lehrkraft ist nur solange eine Lehrkraft, wie sie unterrichtet, danach nicht mehr. Wenn kein Appell auf unsere Identifikationen erfolgt, sind wir auch nicht die Person in der entsprechenden Rolle.

Mit anderen Worten: In unseren Rollenspielen lässt sich keine Kontinuität entdecken, jedoch eine ganze Reihe von Zwischenräumen. Diese können wir zu unserem Vorteil nutzen, wenn wir uns ihrer bewusst sind. Wenn wir also alle diese Rollen nicht sind, wer sind wir dann?

Wir spielen diese Rollen auf der Bühne, die wir unser Zusammenleben nennen, und auf dieser Bühne steht auch ein Scheinwerfer, der alle Rollen sichtbar macht, sie auf der Bühne unseres sozialen Lebens beleuchtet und wahrnimmt.

Wie gesagt, es gibt in den verschiedenen Rollen keine Kontinuität, aber es gibt sehr wohl eine ganze Reihe von Zwischenräumen.

Die absteigende Linie stellt die aufeinanderfolgenden sozialen Rollen dar, die wir jeden Tag erfüllen. Der Zwischenraum ist der Raum zwischen zwei Rollen, z. B. wenn wir allein zur Arbeit fahren, dann sind wir gerade kein Partner und/oder Ernährer. Die aufsteigende Linie steht für die Ankunft am Arbeitsplatz.

Die absteigende Linie bezeichnet das Abstreifen der Schleier, die Aufwärtslinie steht für das Überwerfen des nächsten Schleiers. Aber in den Zwischenräumen zwischen all den verschiedenen Rollen, wer sind wir dann? Dies ist die Kernfrage auf unserem Weg zur spirituellen Befreiung. Denn ohne Rolle (also auch ohne Schleier) kann unser inneres Licht ungehindert strahlen, und in diesem Licht können wir ein Gefühl der Erfüllung erleben, die uns wie von selbst die Antwort auf die eine Kernfrage gibt: „Wer bin ich?"

Wenn wir von der Arbeit nach Hause fahren, sind wir von der Rolle als Kollege oder Arbeitnehmer befreit. Diesen Freiraum können wir unterwegs nutzen, um in dem entstandenen Zwischenraum zu verweilen, zu Atem zu kommen, loszulassen und uns zu regenerieren.

Einmal Zuhause angekommen, wartet die nächste Rolle als Partner und vielleicht als Ernährer und Betreuer auf uns.

Auch Zuhause ist es wichtig, sich der Notwendigkeit des Kreierens eines eigenen Raumes bewusst zu werden, um wieder bei sich anzukommen und in der Balance der leeren Mitte zu verweilen. Einen Augenblick ohne Handy, Fernseher und alle anderen Rollen, Ablenkungen und Verpflichtungen sein. Sich dessen bewusst werden, wie ab dem Weckerklingeln am Morgen bis zum ins Bettgehen am Abend beinahe ununterbrochen ein Appell an uns gerichtet wird. Unsere gesamte Konsumgesellschaft ist darauf ausgerichtet, dass wir unsere Aufmerksamkeit nach außen ausrichten, auf Ablenkungen und Verlockungen. Wenn wir das gegenwärtige Bild der Gesellschaft betrachten, sind wir darin alle im Kollektiv sehr folg- und gehorsam. Fast jeder Mensch schaut auf sein Handy, statt einen Vogel in einem Baum, die Wolken, den blauen Himmel oder seinen Mitmenschen zu betrachten, von der Achtsamkeit ganz zu schweigen.

Wann hast du das letzte Mal genussvoll eine zeitlang die friedlich vorüberziehenden weißen Wolken vor dem endlos ausgespannten blauen Himmel betrachtet?

In, aber nicht von dieser Welt

Wenn es uns gelingt, nach einem bestimmten Rollenspiel bewusst zu uns zurückzukehren und uns zu entspannen, entdecken wir das uns hier zur Verfügung stehende leere Feld.

In dieses leere Feld können wir uns fallen lassen und uns in ihm entspannen, losgelöst von jeglichen sozialen Kodexes. Hier, in diesem Zwischenraum, in dem das totale Nichts unbegrenzte Entspannung bietet, können wir wieder auftanken.

Es kann der Moment kommen, in dem wir den Hintergrund, der alles beleuchtet, in all seinen verschiedenen Rollen wahrnehmen. Das nennt sich dann ‚in der Welt, aber nicht von der Welt sein'. D.h., wir sind nicht mehr vollständig absorbiert von der materiellen Welt mit all ihren Normen und Werten.

Dies geschieht, wenn wir uns nicht mehr vollkommen mit unserer sozialen Rolle identifizieren, sondern sie mehr wie ein Rollenspiel betrachten, indem das Spiel sich selbst spielt, während wir mitspielen, es aber auch beobachten. Dann wird der Zwischenraum unermesslich und zu einem einzigen ununterbrochenen Fluss, der alles erleuchtet und wahrnimmt. Wir wohnen dann sozusagen in diesem Zwischenraum.

Wenn wir uns in den Zwischenraum fallen lassen, dann fallen wir in dem uns hier zur Verfügung stehenden Feld aus der Dimension von Zeit und Raum, da es sich um einen unbegrenzten Raum handelt, der keine Zeit kennt, sondern überall anwesend ist, losgelöst von der Person – von jeder Person, überall und immer.

Als Übung, um uns von den verschiedenen Rollen zu lösen, mit denen wir uns identifiziert haben, können wir den nachfolgenden Text laut lesen und wiederholen. Als Beispiel soll uns Joop, der Maurer dienen. Der Text lautet: „Joop mauert gerade“ anstatt: „Ich mauere gerade.“

In einem weiteren Schritt können wir Folgendes üben: „Da mauert ein Maurer.“ oder „Es wird gemauert.“

Wenn wir aus dem gefestigten Selbst heraus handeln, das wir in Wirklichkeit sind, fallen Sein und Wahrnehmung im Fluss zusammen, ohne etwas zu fixieren, denn der Fixierende ist abwesend.

Wir nehmen alles aus der geöffneten Leere des stillen Raumes wahr – sozusagen ‚am Denken vorbei‘; hier erscheint alles neu, sind wir unbefangen und ohne Konditionen.

Wie heißt es so schön in der Bibel: „Sieh, ich mache alles neu.“

Den Nektar von Brahma kosten

Die abwärts geneigte Welle bezeichnet das Loslassen unserer Identifikationen hinsichtlich bestimmter sozialer Rollen. Darauf folgt für einen kurzen Moment ein Zwischenraum, das Nichts, und dann eine aufwärts gerichtete Wellenlinie, die für eine nachfolgende Identifikation steht. In dem Moment zwischen zwei Identifikationen können wir den Nektar von Brahma kosten, wie es so schön im Hinduismus heißt. Es ist dieser kostbare, zeitlose Moment, in dem wir in das Hier und Jetzt fallen. Er bezeichnet den Moment, in dem wir aus unserem Kopf in unser Herz fallen. Die ewigen Lichtfelder liegen bereit, und zahlreiche Zwischenräume führen zu ihnen!

Doch sieht unsere tägliche Praxis leider ganz anders aus. Denken wir nur mal darüber nach, was in den Momenten passiert, wo es nichts zu sagen gibt, wo wir allein sind oder unterwegs von unserer Arbeit nach Hause. Dann nehmen wir eben unser Handy zur Hand oder sind mit unseren Gedanken noch bei unserer Arbeit. Oder wir denken darüber nach, was wir Zuhause essen oder tun werden. Oder wir sind so müde, dass wir uns unbewusst im ‚Katarakt-Modus‘, in einer erstarrten Leere befinden.

Diesen ‚Katarakt-Modus' können wir gut in unserer Umgebung beobachten, wenn wir z. B. im öffentlichen Nahverkehr unterwegs sind.
Aber natürlich auch bei uns selbst. Der ‚Katarakt-Modus' bezeichnet eine Art Halbschlaf.
Die ganze Zeit ist da der ewig unbewegliche Hintergrund, der alle zeitlichen Bewegungen ausleuchtet und wahrnimmt.

Ich habe eine Persönlichkeit, aber ich bin nicht die Persönlichkeit

Unsere Selbstbeobachtung besteht darin, die Person mit all ihren Erfahrungen und Qualitäten radikal zu durchschauen, dergestalt, dass wir die Person als eine Maske erkennen.
Unser Wort für Maske ist eine Übersetzung des griechischen Wortes ‚personae'. Sie ist nichts weiter als eine Staubschicht, ein Schild, ein Schleier. Etwas, das uns in unserem täglichen Umgang gut zupasskommt.
Es ist nicht schwer zu sagen: „Ich bin von einer Staubschicht bedeckt, aber ich bin nicht diese Staubschicht." Oder: „Ich trage einen Schleier, aber ich bin nicht dieser Schleier."
Doch zu sagen: „Ich habe eine Persönlichkeit, aber ich bin nicht diese Persönlichkeit" fühlt sich schon unbequemer an.
Dies liegt an unserer Identifikation mit ihr, denn wenn wir diese Persönlichkeit nicht sind, wer oder was sind wir dann?
Die Person ist keine selbstständige Einheit. Sie besteht aus der Summe aller Identifikationen und der Art und Weise, wie sie diese Rollen in der Zeit, in der an diese appelliert wird, erfüllt.
Derjenige, der dieses sagt, ist nicht die Person, denn wie könnte ein Schleier sich selbst als Schleier erkennen? Das etwas, was dieses sieht, übersteigt bereits die Person. Ist dies nicht ein Aspekt unseres unpersönlichen inneren Lichts, welches uns diese Einsicht verschafft? Ist das Licht so nahe, dass wir es übersehen? Das, was dem Menschen am nächsten ist, wird meistens nicht gesehen, es entgeht ihm.
So passt in diesen Zusammenhang eine schöne Geschichte über Gott, der sich vor den Menschen verstecken wollte, auf dass Mensch ihn sucht. Nach

vielen Beratschlagungen mit den Fischen der tiefsten Tiefen, den höchsten Bergen und den größten Wüsten, entschied sich Gott für das ‚mystische Herz' des Menschen, denn wir schauen meistens an dem vorbei, was uns am nächsten ist.

Es kann eine hilfreiche Übung zur Vorbereitung auf eine Meditation sein, wenn wir den vergangenen Tag noch einmal Revue passieren und die verschiedenen Rollen, die wir gespielt haben, an unserem geistigen Auge vorbeiziehen lassen.

Dadurch unterbrechen wir die Verknüpfung mit uns als Person und lösen uns so Schritt für Schritt von den Identifikationen, die an diesem Tag an unserer Person kleben geblieben sind.

Die folgenden Gedanken können uns dabei unterstützen:

„Ich habe eine Persönlichkeit, aber ich bin nicht die Persönlichkeit."
„Ich habe Gedanken, aber ich bin nicht meine Gedanken."
„Ich habe Gefühle, aber ich bin nicht meine Gefühle."
„Ich habe diese Identitäten, aber ich bin nicht diese Identifikationen."
„Ich habe einen Körper, aber ich bin nicht dieser Körper."

Das Gold liegt im Zwischenraum

Eine Identifikation taucht auf und verschwindet wieder, und dann ist da für einem Moment nichts. Dies ist das Tor zu unserem Licht. Wir sind im Grunde das zur Verfügung stehende Feld, der unbearbeitete Acker, das Podium. Unser Wesen beleuchtet die verschiedenen Rollen, bis die nächste Identifikation auftaucht. Die Übung hier besteht darin, den Zwischenraum auszudehnen. Dies wird auch ‚das Kultivieren der Stille' genannt.

Was geschieht nun genau, wenn sich der geöffnete Zwischenraum zeigt, sobald wir uns von den verschiedenen Identifikationen gelöst haben? Dann bekommen wir es mit der Offenheit, der Leere, dem Nichts zu tun.

Was bedeutet diese Leere, diese Offenheit, dieses Nichts, die/das sich zwischen den verschiedenen Rollen auftut, für unsere spirituelle Entwicklung?

Dass wir uns auf dem Weg der Befreiung darin üben können, uns des dazwischenliegenden Raumes bewusst zu werden. Ein sehr wichtiger Teil unserer Pilgerreise nach innen zu unserem inneren strahlenden Licht wird dazu führen, dass wir uns der Räume zwischen allen Erscheinungen bewusst werden. Das heißt, dass es nicht nur darum geht, die Räume zwischen unseren Identifikationen zu entdecken, sondern auch zwischen allen Erscheinungen. Also auch im Schmerz, Leiden, in Enttäuschung und Krankheit. Alles wird transparenter, weil die Schleier im zunehmenden inneren Licht durchscheinender werden, doch das geschieht nicht von einem auf den anderen Moment.

Die Leere, die Offenheit, das Nichts zwischen allen Erscheinungen sind das Tor zu unserem inneren leuchtenden Licht.

Das Tor in die Freiheit

Weil dieses Tor wirklich in *allen* Erscheinungen, also sowohl in der materiellen als auch in der geistigen Welt in Form von Gedanken und Gefühlen anwesend ist – oder besser gesagt, zur Verfügung steht –, können wir immer, überall und unter allen Umständen durch es hindurch auf die andere Seite schauen! Auf die Seite, wo die Erscheinung auftaucht, verschwindet, und ihr Tänzchen vor dem Hintergrund deines strahlenden inneren Lichts aufführt.

Die Ausdehnung findet von selber statt, solange wir unsere aufkommenden Gedanken und Gefühle das sein lassen, was sie sind, nämlich Erscheinungen (irgendwo in der Peripherie).

Es kann hilfreich sein, all das Verdrängte, was sich in der Lichtmeditation zeigt, als Schleier zu betrachten, die einst eine Funktion hatten, aber sich nun im Zuge unserer aufmerksamen Ausatmung befreien dürfen.

Probleme, Schmerz und Blockaden als Verschleierung zu betrachten, verändert unsere Perspektive. Wir nehmen ihnen die Schwere, denn Schleier können sich bereits bei einer leichten Brise lüften.

Dies ist unser Entschleierungsprozess. Schleier widersetzen sich nicht. Sie sind wie die Wolken, die mit dem Wind weiterziehen oder das Schilf, das sich dem Wind beugt, denn die Natur widersetzt sich nicht. Nennen wir es Tao.

Leben und arbeiten aus dem Herzen heraus

Wir spüren genau, wenn jemand seinen Beruf aus dem Herzen heraus gewählt hat. Dieser Mensch ist präsenter und beteiligter. Wenn ein Mensch eine Tätigkeit verrichtet, für die er sich in Freiheit entschieden hat, dann wird er sie auch länger ausüben. Denn die Identifizierung mit seinem Beruf ist weder aus einer impliziten und expliziten Verwicklung noch aus bestimmten Erwartungen heraus entstanden. Dieser Mensch hat sich seinen Beruf nicht auferlegt, sondern sich aus freien Stücken, aus dem Herzen, dafür entschieden.

Wenn wir jemanden treffen, der seinen Beruf ausübt, weil es sich so ergeben hat, ohne tiefere Verbindung zu dem, was er tut, dann spüren wir das auch. Dies gilt sowohl für den Maurer als auch für den Lehrer, den Bankier und die Pflegekraft.

Ähnlichkeit

Das Maß an Ähnlichkeit bestimmt das Maß an Einswerdung mit der Quelle des Bewusstseins, des Einsseins mit Gott.

Dies klingt wie eine Gesetzmäßigkeit, und doch ist es Gnade. Denn es fällt uns zu, wenn wir uns so ähnlich entwickeln können.

Wenn wir die Quelle des Bewusstseins, oder Gott, als Leere erfahren, dann hängt es von unserem Maß an Ähnlichkeit ab, inwieweit wir diese Leere erfahren, mit ihr zusammenfallen, und mit ihr eins sein können.

Doch bitte jetzt nicht denken, dass wir uns alle negativen und destruktiven Gedanken und Gefühle sparen und verbieten lassen müssen. Das Freisprechen von ihnen passiert von ganz allein, da alles ans Licht kommt. Genau das ist der Prozess unserer Pilgerreise nach innen.

Die große, dann geltende Wahrheit lautet folgendermaßen: Alles ist eins, denn alles kommt aus ein und derselben Quelle. Alles ist eins, es ist die Person, die in Unterschieden denkt; doch diese ist abwesend, sozusagen ‚am Tor vorbei‘.

Auch hier lässt sich eine Gesetzmäßigkeit erkennen, doch handelt es sich wieder um Gnade.

Wenn wir eine Erfahrung der Erleichterung machen, erhellt Licht unser Bewusstsein. Dieses Licht fällt genau auf den Fleck, wo wir uns gerade in unserem Befreiungsprozess befinden.

Manchmal fällt dieses Licht auf eine schmerzhafte, unverarbeitete Erfahrung. Diese erbittet Heilung, und in einem späteren Stadium bittet sie um Vergebung für das, was uns angetan wurde oder für das, was wir anderen angetan haben. Und zum Schluss fragt sie uns, ob wir uns selbst vergeben können, was oft die schwierigste aller Übungen ist.

LICHTIDENTIFIKATION

Mit der Fähigkeit der Identifikation steht uns ein wichtiges Werkzeug zur Verfügung, denn wenn wir uns doch einmal mit etwas identifizieren möchten, was hält uns dann zurück, uns mit dem Höchsten zu identifizieren? Wir verfügen ja bereits über eine lebenslange Erfahrung mit der Technik der Identifikation.

Niemand muss uns das mehr beibringen, es stellt sich allein die Frage, womit wir uns identifizieren wollen.

Liegt nicht genau hier unsere Wahlfreiheit? Die Tatsache, dass wir wählen können zwischen einschränkenden, negativen Identifikationen oder befreienden, öffnenden Identifikationen?

Wenn wir die Wahl haben, dann sollten wir uns für die höchste, befreiende Identifikation entscheiden: „Ich bin das innere, strahlende Licht."

Die Wahl liegt bei uns – welch eine Freiheit, aber auch eine große Verantwortung!

Und doch werden sich sofort Widerstände auf den Weg machen, um uns zu lähmen, sobald wir uns mit dem Höchsten identifizieren. Doch diese Widerstände können wir messen, denn sie besitzen einen Ort, eine Form und Inhalt als auch eine bestimmte Häufigkeit und Intensität. Dies sind unsere spirituellen Werkzeuge.

Die absteigende Linie steht für die Affirmation: „Ich bin das innere, strahlende Licht ..." Der Zwischenraum stellt die Entspannung, die Stille dar und die hierauf folgende Ausdehnung.
Die aufsteigende Linie bezeichnet die Abrundung der Meditationsübung, aus der wir, gestärkt, ausgeruht und geklärt zurückkehren.

Das verlorene, ursprüngliche Antlitz

Bekanntermaßen ist der Mensch ein Wolf, und manchmal müssen wir leider erkennen, dass ein Freund ein Wolf sein oder selbst ein Geliebter zum Wolf werden kann.
Auf dem Podium des Zusammenlebens, auf der wir alle verschiedene Rollen spielen, tragen wir auch verschiedene Masken. Eine Maske für die Rolle als Partner, Ernährer, Kollege, Freund, Familienmitglied, Nachbar und so weiter. Manchmal fangen manche Masken mit der Zeit sehr an zu drücken, sodass sie sich eng anfühlen. Dann möchten wir die Masken loswerden, weil sie nicht mehr länger zu uns passen.
Das Aufräumen unserer alten Masken geschieht meistens um das vierzigste Lebensjahr, diese Zeit ist auch als Midlifecrisis bekannt. Wenn wir uns einer solchen Periode spirituell nähern, dann lautet die Suche: „Wo ist mein ursprüngliches Antlitz geblieben?"
Denn unter und hinter den verschiedenen Masken vermuten wir etwas, wonach wir Heimweh haben. Wir empfinden eine gewisse Leere, die nur mit einer gründlichen Selbstuntersuchung beantwortet werden kann. Und wieder geht es um die Kernfrage: Wer bin ich?

Verdrängung unseres liebsten und kostbarsten Besitzes

Was sind die Folgen der Tatsache, dass wir unser wahres, ursprüngliches Antlitz verdrängt haben? Jeder Mensch hat diesbezüglich seinen eigenen Verdrängungsmechanismus entwickelt. Doch das Motiv hierfür ist oft dasselbe, nämlich Verdrängung, um geliebt zu werden und aus Angst vor Abweisung.

Langsam aber sicher vollzog sich so ein Prozess von Verdrängung bis hin zum Vergessen, was wiederum zu Leugnung führte und letztlich in Selbstverleugnung mündete. So kann die Reihenfolge des Aufeinanderschichtens der Lagen von Schleiern über unser inneres Licht erfolgen.

Dieser Prozess der Verdrängung könnte die vielen verzerrten Bilder in unseren Träumen erklären. Wir können ihnen aber auch in der Meditation begegnen. Doch vor dem Hintergrund der obigen Erkenntnis brauchen wir uns nicht mehr vor ihnen zu fürchten. Im Gegenteil – im Rahmen unserer Meditationsübungen dürfen sich diese verzerrten Bilder und Gefühle im Einklang mit den gewonnenen Einsichten entspannen; sie gehören dazu und dürfen sich in all ihrer Verzerrung zeigen. Zudem wird die Verzerrung abnehmen und letztlich zu einem rechten Maß zurückkehren, indem sie sich in der Liebe unseres inneren strahlenden Lichts entspannt.

Der Prozess der Verdrängung vollzog sich nicht bewusst oder absichtlich als etwas, was wir in einem bestimmten Moment beschlossen haben, sondern allmählich, Stück für Stück, Lage für Lage, Schleier für Schleier, unter dem Einfluss von sozialem Druck, Abhängigkeit, Zwang, Kontrolle und den vielen sozialen und gesellschaftlichen Anforderungen.

Der sanfte Zwang der Umgebung war vielleicht stärker als das Lauschen auf das nagende Gefühl, und so entschieden wir uns für die Verdrängung unseres wertvollsten und kostbarsten Besitzes.

Gerade wegen des schleichenden Prozesses ist es schwierig festzustellen, wann genau die Verdrängung oder auch Selbstverleugnung ihren Anfang genommen hat.

Jedes Mal war es nur ein Schleier – aber ach, was ist schon ein Schleier? Wir können doch noch durch ihn hindurchschauen. Jedes Mal war es ein bisschen mehr Staub, aber ach, was bedeutet das schon, das bisschen mehr Staub? Wir können ja noch durch ihn hindurch atmen. In einigen spirituellen Traditionen wird dieser Zustand als Hölle bezeichnet, aus der wir uns befreien wollen.

So können wir an ein und demselben Ort in der Hölle, aber auch im Himmel leben.

Der Verschleierungsprozess

Diesen Verschleierungsprozess können wir mit den verborgenen Schätzen unter den Wüsten Ägyptens vergleichen, denn ach, was ist schon ein Sandkorn gegen einen gigantischen Tempelkomplex? Doch alle Sandstürme zusammengenommen, Jahr für Jahr, Leben für Leben, Epoche für Epoche ...

Es sind diese alten Muster, die wir im Leuchten unseres inneren Lichts durchschauen dürfen als das, was sie sind – nicht mehr als eine Ansammlung von erstarrter Energie, ein Anhalten des Lebensstromes, ein Zusammenziehen aus Angst, ein Versuch, die Wellen zu beruhigen, und das alles zusammen!

Wenn wir in unserer Meditation in das Auge des grünen, ewig sabbernden Monsters blicken, schrumpft es vor unserem inneren Auge, denn es sind nur unsere eigenen verdrängten Bilder, die uns als Monster erscheinen.

Hier steht nichts weniger als unsere wahre Identität, unsere Authentizität auf dem Spiel!

All diese Identifikationen mit all ihren verschiedenen Masken fordern eine erneute Eichung, auf dass darunter unser wahres Antlitz leuchten kann.

Diese Suche nach unserem verlorenen, ursprünglichen Antlitz kann in eine Pilgerreise münden.

Ein Pilger auf seinem Weg hat immer auch mit Gegenverkehr zu tun, denn mit jedem Schritt, den er auf seinem Pilgerpfad vorwärts geht, macht er auch einen Schritt in die entgegengesetzte Richtung, nämlich nach innen, hin zu sich selbst, hin zu seiner inneren, wahren Pilgerreise.

Als Pilger unterwegs

Während des Wanderns genießen wir die stets weniger vertraute Landschaft und lauschen dabei still der sich ebenso langsam entfaltenden inneren Landschaft. Vergessene Lieben, verdrängter Schmerz, Selbstleugnung, verdrängte Erinnerungen, die sich hinterher als gut oder falsch erwiesen habenden Wahlmöglichkeiten, erhellende, neue Einsichten und Perspektiven.

Abends liegst du mit einer Gruppe von Pilgern am Lagerfeuer und lauscht unter Tausenden von funkelnden Sternen den Geschichten von großen Oasen mit süßen Früchten wie Mangos und Granatäpfeln, wo Wein fließt und zur Ekstase führt. Wein ist ebenfalls ein bekanntes Symbol, vor allem in der Mystik des Sufismus. Auf deine Bitte hin malen die anderen Pilger den Weg zur nächsten Oase durch die Wüste in den Sand. Dort, wo der göttliche Nektar fließt.

Doch wenn du morgens am noch glimmenden Feuer erwachst, sind die anderen Pilger bereits weitergezogen, immer unterwegs, und hat der Wüstenwind die Zeichnung im Sand nachts verweht. Doch du vertraust deiner Intuition und gehst weiter, weiter ... immer weiter, immer weiter erklingt das Mantra in deinem Herzen.

Vor deinem inneren Auge ziehen bestimmte Wendungen in deinem Leben vorbei – Partner-, Studien- und Berufswahlen. Wendungen, die dich bis hierher gebracht und zu dem Menschen gemacht haben, der du nun bist. Und es tauchen Fragen auf, wie: „Inwiefern habe ich mich leben und mein Leben bestimmen lassen von Erwartungen und Ängsten?“ Auch hier gilt das Gebot der Vergebung, denn es wurden Fehler begangen, das ist unvermeidbar. Doch führen Vorwürfe und vor allem Selbstvorwürfe nur zu Energieverlust, und die Energie können wir effektiver, besser einsetzen, um unser ursprüngliches Antlitz erstrahlen zu lassen.

Am Abend zeichnest du am nächsten Lagerfeuer mit deinem Zeigefinger noch einmal deinen Lebenslauf mit allen Höhen und Tiefen, allen Abzweigungen und Wendungen in den Sand. Und dann schläfst du am Feuer unter Tausenden von funkelnden Sternen ein. Morgens siehst du, wie der nächtliche Wüstenwind der Vergebung alle Spuren verwischt hat.

Aber du findest auch nächtliche Spuren eines wilden Tieres, das schnüffelnd um deinen Schlafsack gelaufen ist. Im Herzen schließt du mit ihm Freundschaft, denn aus einem neugeborenen intuitiven Wissen heraus erkennst du hierin dein Krafttier.[4] Dergleichen gestärkt ziehst du weiter, dem einen Gebot gehorchend: „Kommc in Bewegung." Oder wie Jesus es nannte: „Packe dein Bett zusammen und mache dich auf den Weg."

Nächtliche Wüstengeschichten

Wenn du morgens deine Sachen zusammenpackst, um weiterzuwandern, denkst du noch einmal an die schönen Geschichten, denen du nachts am Lagerfeuer gelauscht hast.

Du denkst an die Geschichte von dem blinden Mädchen, das sich auf die Suche macht nach ihrer spirituellen Lehrerin, die ihr in einem Klartraum zurief: „Komm, folge mir!" Woraufhin sie ihre Familie und das Dorf verlässt und auf gut Glück in die Welt zieht. Wie sie von falschen Menschen missbraucht, um ihren Garten gebracht und beraubt wird. Ja, und wie sie sie sogar zum Fluß locken und sagen: „Hier kannst du sicher zum anderen Ufer waten." Doch es zeigt sich, dass der Fluss tief und reißend ist, der sie mit sich zerrt, bis sie gegen einen Felsen schlingert, tastend ans trockene Ufer klettert und weiterläuft. Wie sie immerzu, tastend und fragend, unter vielen Entbehrungen weiterläuft. Bis sie endlich zu ihrer spirituellen Lehrerin kommt und diese sie fragt: „Wie hast du mich so schnell finden können? Das Mädchen antwortet schlichtweg: „Blindes Vertrauen!"

Oder an die andere Geschichte von dem alten Mönch in der Wüste, der hoch oben in einer aus einer steilen Felswand gehauenen Höhle wohnt und dem die Kinder aus dem Dorf unten im Tal jeden Tag etwas zu essen und zu trinken bringen. Und wie er jeden Tag darauf achtet, ob eines der Kinder gottesfürchtig ist. Doch die meisten Kinder klettern schnell die steile, aus dem Fels gehauene Treppe wieder hinab.

Jeden Abend kurz vor Sonnenuntergang breitet der Mönch, in Meditation versunken, seine Flügel aus und schwebt als weißer Vogel über das Dorf im

4. Im Schamanismus hat jeder Mensch ein Krafttier, einigermaßen vergleichbar mit dem Schutzengel im Christentum.

Tal, um den Geruch von gebratenem und gewürztem Lammfleisch und den frischen Duft der Granatäpfel in sich aufzunehmen.

Dann, an einem gesegneten Tag, klettert ein Junge nach oben, stellt ehrerbietig Essen und Trinken vor den alten Wüstenmönch und bleibt im Höhleneingang sitzen. Aufmerksam sucht er den Himmel ab, und der alte Wüstenmönch fragt den Jungen: „Wonach suchst du?"

Da antwortet der Junge: „Ich warte auf den weißen Vogel, der jeden Abend kurz vor Sonnenuntergang über unser Tal schwebt, wenn wir draußen essen.

Da erkennt der alte Wüstenmönch, dass er seinen Schüler und Nachfolger gefunden hat.

Diese Phase der Wanderschaft können wir auch mit den Worten umschreiben: Nicht mehr dies und noch nicht das.

Nicht mehr das Altvertraute und noch nicht das neue Unbekannte. So gesehen handelt es sich als solches um eine Übergangszeit mit den dazugehörigen Zwischenräumen.

Gott sucht unvermindert nach einem offenen Herzen, denn Gott möchte bei den Menschen wohnen, gerade in solchen Krisenzeiten, denn wir sind dann sehr offen und empfänglich. Aus Sicht des Gesetzes des spirituellen Magnetismus sind wir offen für eine Wiederbelebung unserer Intuition und Inspiration. Gott kann uns Krafttiere, Traumbilder, Eingebungen und besondere Begegnungen schicken. Manche Menschen nennen dies auch Zufall.

Die Abwärtslinie bezeichnet das ‚nicht mehr dies', also das Altvertraute, der Zwischenraum jenes, ‚was noch nicht ist' und die aufsteigende Linie das Neugefundene. Der Zwischenraum steht für die Pilgerreise ‚nicht mehr dies und noch nicht das'. So gesehen handelt es sich als solches um eine Übergangsperiode mit den dazugehörigen Zwischenräumen.

Wüste

Wenn wir als Pilger auf Wanderschaft gehen zu unserem inneren gelobten Land, dann wandern wir manchmal auch durch die Wüste. Dies ist die Periode des „Nicht-mehr-dies-und-noch-nicht-das“.

Es handelt sich um eine Situation, in der wir das Alte hinter uns gelassen, losgelassen haben und wo sich das Neue noch nicht angekündigt. Dies ist eine verletzliche Zeitspanne, denn wir schweben wortwörtlich zwischen zwei Situationen: Die alten Sicherheiten sind dahin, und der neue Halt ist noch nicht da.

Wie bereits erwähnt, kann sich eine solche Wüstenperiode in unserem Leben so um das vierzigste Lebensjahr ankündigen, denn dieses Lebensalter ist typisch für eine Midlifecrisis. Wenn du nichts übrig hast für Oasen oder Ruheplätze, die dich inspirieren können, dann mach' so weiter und ziehe kraft-, energie- und schwunglos weiter deines Weges.

In einer Oase können wir jedoch eine plötzliche Erkenntnis haben und erkennen, wo wir selbst gewählt haben, wie wir leben wollen und wo wir gelebt werden. Dann laben wir uns an der Quelle. Auch die Quelle ist ein bekanntes mystisches Symbol.

Verwunderung

Verwunderung oder (Er-)Staunen ist ein gutes Zeichen dafür, dass wir uns auf dem guten Weg befinden, auf dem rechten inneren Pfad. Staunen ist unser Kompass in der Wüste. Unsere Führung auf der Pilgerreise nach innen zu unserem eigenen ‚Land im Innen‘. Im Staunen ist unser Herz offen, und so können unsere ‚himmlischen Helfer‘ uns führen und inspirieren.

Diese Pilgerreise nach innen zu unserem gelobten Land ist im Grunde der Weg heraus aus unserem beschäftigten Kopf zu unserem wartenden verschlossenen Herzen. Unser Kopf möchte sich leeren und unser Herz sich öffnen.

Hierfür gibt es viele Wege in allen Religionen und Weltanschauungen. Insbesondere in den mystischen Religionen und Weltanschauungen wie dem

Hinduismus und dem Buddhismus ist dieser Weg von zentraler Bedeutung. Wie bereits erwähnt wurde die mystische Seite des westlichen Christentums immer schon kritisiert und nur toleriert, wenn er dem Weg der Kirche folgte, also dem Weg der bestehenden Machtstrukturen.

ENERGIESPIRALEN

Der Weg der Befreiung unseres universellen Lichts ist eine Pilgerreise nach innen, zu unserem Wesenskern. Symbolisch können wir uns diese Pilgerreise wie ein Rückwärtslaufen entlang der geebneten, ausgetretenen Pfade vorstellen, die wir in unserem Leben gegangen sind. Wir richten uns in unserem Leben immer nach etwas aus, das vor uns liegt, ein Ziel in der Zukunft. Dies tun wir in der Mystik nicht mehr; hier sind wir Mitglied einer unsichtbaren inneren Gegenbewegung.

Auf diesem inneren Weg gehen wir zurück zu unserem Kern, beginnend entlang der äußersten Ränder, wo wir unsere Rollen spielen, mit denen wir uns identifizieren.

Wir legen den Weg zurück zu unserem Ursprung, indem wir ein Bein hinter das andere setzen. Schritt für Schritt, besser gesagt, Schritt hinter Schritt, Schleier für Schleier, spiralförmig. Und wenn wir leer und nackt im ‚Zustand des Nichtwissens' angekommen sind, drehen wir uns wieder um zur anderen Seite, zurück zum Leben, um Licht zu sein – für uns und unsere Umgebung. Dies wird auch ‚The Buddha at the marketplace' (Buddha auf dem Marktplatz) genannt.

LEUCHTEN UNTER LEUCHTENDEN

Die Derwische[5] drehen sich um sich selbst in Hingabe an Gott. Ein Fuß bleibt in der Mitte stehen und macht jedes Mal eine Vierteldrehung; er wird auch der Fuß der stillen Mitte genannt und ist der Fuß, der folgt, während

5. Ein Derwisch ist ein tanzender Mystiker im Sufismus, die mystische Strömung des Islam.

der andere Fuß, der Fuß der Pilgerreise, die Initiative ergreift und jedes Mal flink einen Schritt entlang des äußersten Kreises macht.

In seinem Tanz wird der Tänzer eins mit dem Tanz, so wie der Pilger eins wird mit dem Weg.

Auch Kinder können sich im Spiel so schnell um sich selbst drehen. Sie spüren noch intuitiv, wo sich Energiespiralen manifestieren. Kinder werden in ihrem Spiel mühelos eins mit ihnen und drehen sich so lange weiter, bis sie lachend zu Boden fallen.

Gesegnet sei das Kind, das auf sein Herz lauscht und sich Zuhause fühlt in dem Lichtfeld, das ihm manchmal einfach so zufällt, wenn gerade nichts ist. Gesegnet seien die Eltern, die dies bei ihrem Kind erkennen, denn sie stören ihr Kind nicht.

Gesegnet sei das Land, wo die Menschen ihrem Herzen lauschen und sich im Licht Zuhause fühlen, das ihnen manchmal einfach so zufällt, wenn gerade nichts ist. Gesegnet sei das Zeitalter, in dem das Licht allen Menschen zufällt, ja, alle Menschen erleuchtet und die gesamte Menschheit ihrem Herzen lauscht und sich darin Zuhause fühlt. Wir erleben jetzt den Übergang zu diesem Zeitalter, dazu später mehr.

So schön die spiralförmigen Bewegungen auch sind, sie spielen sich alle zugleich vor dem unbeweglichen Hintergrund unseres Wesens ab, unserem inneren strahlenden Licht, von dem alle Energiespiralen ausgesendet werden.

BLUMENMEDITATION

Wir können uns die fließende Bewegung unserer Identifikationen mit den verschiedenen Rollen auch wie eine Blume vorstellen. Eine Blume besteht aus einem Herzen, um das sich Blütenblätter gebildet haben. Unsere wahre Mitte ist das Blumenherz, und die Blätter sind die Rollen, die wir manchmal spielen. Manchmal löst sich ein Blatt, wenn wir z. B. in Rente, Pension gehen oder die Kinder aus dem Haus sind. Und manchmal wächst ein neues Blatt nach, wenn wir Großeltern werden.

Wir leben aus dem Herzen heraus und bewegen uns nach Belieben entlang der Blütenblätter, um dann wieder zurückzukehren – wie ein Tanz in die eigene Mitte, die wahre Mitte, die leere Mitte, wo unser inneres Licht leuchtet.

Beschleunigungsprozess

Wenn wir z. B. eine Blume betrachten, dann sehen wir, dass die Blätter vom Schaft aufwärts in immer kürzeren Abständen aus dem Stengel wachsen. Dem Wachstum der Blätter vom unteren Ende des Stängels bis zur Blüte aufwärts liegt ein Beschleunigungsprozess zu Grunde. Wenn wir dies auf unseren eigenen Wachstumsprozess übertragen, dann spielt mit hinein, dass die Beschleunigung auch dadurch stimuliert wird, dass wir uns auf ein stets höheres Schwingungsniveau begeben. Aber vielleicht gilt dies auch für die Blume? Denn wird nicht alles von ein und derselben Energie gesteuert?

Wenn wir die Blühweise einer Pflanze betrachten und die Zahl vierzig hierbei miteinbeziehen, dann kann der Weg zur nächsten Oase, im Beschleunigungsprozess, vierzig Wochen dauern. Diese Oase ist wieder schöner, größer und paradiesischer. Die nächste Pilgerfahrt durch die Wüste dauert vierzig Tage, und wieder ist der Garten, in dem wir verweilen, schöner und größer. Die nächste Pilgerreise dauert vierzig Stunden, die folgende vierzig Minuten und die folgende vierzig Sekunden. Durchbruch für Durchbruch in einem stets höheren Tempo. Auch, weil auf der anderen, der göttlichen Seite, alle Kräfte darangesetzt werden, um diese Seele zu retten. Aus der Überzeugung heraus, dass, wenn wir einen Schritt auf Gott zugehen, er hundert Schritte auf uns zugeht. Treibende Kräfte, die in einem stets höheren Tempo wirken, auch weil unsere Frequenz stets höher schwingt. Dies ist natürlich nur ein Modell, doch können wir in der Natur auch oft einen derartigen Beschleunigungsprozess beobachten.

Sieben Leitern zu Gott

In mir ist eine Leiter zu Gott,
eine Ausziehleiter,
eine innere Ausziehleiter, um genau zu sein.

Ja, so ist es ungefähr.
Immer, wenn ich sie bis zur letzten Sprosse ausgezogen hatte,
erschien die nächste Leiter, aber keine Ausziehleiter.
Mit jedem Mal wurde sie feiner, schmaler, flüchtiger, dünner,
durchsichtiger,
Ja, so ungefähr ist es.
Und es schien auch jedes Mal schneller zu gehen.
Mit der ersten Leiter (der besagten inneren Ausziehleiter)
beschäftigte ich mich vierzig Jahre.
Ja, so ungefähr war das.
Mit der zweiten Leiter, die mehr einem Seil glich,
beschäftigte ich mich vierzig Wochen.
Dann dauerte es vierzig Tage, um weiter hinaufzusteigen,
immer am Seil entlang, das sich allmählich in eine Schnur verwandelte.
Eine energetische Nabelschnur, um genau zu sein.
Ja, so ungefähr war das.
Und nach vierzig Sekunden wurde aus der Schnur ein Strahl,
ein heiliger Strahl, um genau zu sein,
und das Klettern wurde zu einem Steigen, einem Aufsteigen.
Dann wurde der Strahl zu einem Blitz, durch den ich in Null Komma Null
Null
vierzig Sekunden hindurch schoß.
In einem zeitlosen – also ewig andauernden – Moment, um genau zu sein,
war ich *im* Licht des Bewusstseins.
Nein, ich *war* das Licht des Bewusstseins.
Nein, ich bin immer, ewig und überall dieses Licht des Bewusstseins.
Ja, so war das ungefähr.
Darum sage ich: „Nimm deine Leiter, ziehe sie aus und klettere hinauf!“
Wirklich, der Himmel will erklommen und Gott bereist werden.
Warum sonst hätte Gott wohl eine Leiter,
eine Ausziehleiter freilich, um genau zu sein,
in unseren Herzen niedergelegt?
Gott mag es, bestürmt zu werden.
Ja, so ungefähr muss es gemeint sein.

Schritt 5

Die Wahrnehmung

Permanentes Bombardement – Drei Momente der Zeitwahrnehmung – Drei Formen der Selbstwahrnehmung – Das Zeugenbewusstsein – Von sehen zu sein – Hingabe – Die Zwischenräume in der Wahrnehmung – Mystische Einswerdung – Wahrheit und Wahn – Peripherie – 1–2–3–4 – Das Kultivieren der Empfänglichkeit – Kleines Rinnsal – Gott, der ewig Obdachlose – Der verlorene himmlische Nektar – Schichten

Permanentes Bombardement

Es ist nicht leicht, die Augen von einer Welt abzuwenden, die uns permanent mit Mails, Werbung und Verlockungen bombardiert. Und doch ist genau das gefordert. Unsere Augen sind aufgrund der ganzen Medien und aufdringlichen Werbung einseitig nach außen gerichtet. Und weil es beinahe nirgendwo still ist, gilt dies auch für unsere Ohren. Aber die meiste Energie verlieren wir über unsere Augen. Unsere Augen sind Muskeln, und wenn Muskeln permanent in ein und dieselbe Richtung gezogen werden (in diesem Fall nach außen), dann müssen die Muskeln zwangsläufig verhärten und erstarren.

Wenn wir die Augen eines Babys oder Kleinkindes beobachten, dann sehen wir die Sanft- und Unbefangenheit des Blickes, der das Gesamtbild erfasst anstatt etwas zu fokussieren. Es geht darum herauszufinden, wie wir unseren Blick von dem ständigen Ansturm an Bildern vor unseren Augen lösen, unseren Blick herauslösen und befreien können, um uns die Möglichkeit zu geben, uns zu entspannen und den Blick nach innen zu wenden. Wir müssen auf den Hintergrund achten. Der Ausdruck: „Bist du dahinter gekommen?“ ist hier sehr treffend.

Auf dem Pfad der Befreiung ist unsere Wahrnehmung ein äußerst hilfreiches Instrument. Unsere Wahrnehmung hat viele Facetten. Nachfolgend werde ich einige von ihnen erörtern, die uns dienlich sein können auf dem Pfad zu unserer Befreiung. Und so, wie sich alles in unserem System allmählich auf unserem Weg verändern wird, so wird sich auch unsere Wahrnehmung verändern.

Drei Momente der Wahrnehmung

Dieser Punkt ist bereits im Kapitel ‚Aufmerksamkeit' zur Sprache gekommen; ich werde jetzt etwas ausführlicher darauf eingehen. Es gibt drei Momente, wo wir unserer Wahrnehmung bewusst werden können.

Der erste Moment ist der der Introspektive, also hinterher, wenn uns bewusst wird, dass wir uns doch wieder haben fortreißen lassen von allerlei Gedanken und Gefühlen.

Der zweite Moment ist das Gewahr-werden während der Identifikation. Wir ertappen uns dabei, während wir uns in der Identifikation befinden und erkennen, dass wir uns haben fangen lassen. Doch da wir uns der Identifikation bewusst sind, unterbrechen wir sie, und wenn wir das durchhalten, wird sie loslassen, da wir die Identifikation nicht mehr nähren.

Der dritte Moment ist der, wenn wir das Auftauchen der Gedanken und Gefühle *in dem Moment* bemerken, und da wir nicht auf sie reagieren, verlieren sie schnell an Energie. Wir sind Zeuge, wie sie auftauchen und wieder verschwinden.

Es gibt also drei Momente der Wahrnehmung:

1. hinterher,
2. währenddessen und
3. im Hier und Jetzt, also im Moment des Auftauchens

Die letzte Form ist die des geübten, bewussten Geistes. Weil sprichwörtlich ‚niemand Zuhause ist', ist da auch niemand, dessen Energie die Gedanken aussaugen können. Wir sind dann nicht mehr länger ein brauchbares Objekt, von dem parasitiert werden kann; wir sind sozusagen ‚parasitenfrei'.

Obenstehend habe ich die drei Momente der Wahrnehmung erläutert. Nun schauen wir uns die drei Momente der Wahrnehmung hinsichtlich ihrer Qualität an.

Die drei Momente der Wahrnehmung in uns selbst sind etwas Besonderes. Denn bei genauerer Untersuchung der drei aufeinanderfolgenden Momente der Wahrnehmung lässt sich entdecken, was für ein Wunder das ist.

Bei der ersten Form handelt es sich um die Wahrnehmung mit den physischen Augen.

Stell dir vor, du läufst an einem sonnigen Tag am Strand entlang. Du hörst die Möwen, das Wellenrauschen und riechst den salzigen Wind.

Was braucht es, um das alles dort am Strand zu erleben? Das werde ich nachfolgend so detailliert wie möglich darlegen, um letztlich bis zum Wunder vorzudringen:

- Der Strand ist das Objekt.
- Der Wahrnehmende ist das Subjekt (Du läufst den Strand entlang mit all deiner Aufmerksamkeit).
- Und da ist das Sonnenlicht, das alles sichtbar werden lässt.
- Dies alles spielt sich in der Weite des Strandes ab.
- Für einen längeren Zeitraum.

Bei der zweiten Form der Wahrnehmung handelt es sich um die Visualisierung, die Imagination.

Abends im Bett denkst du noch einmal an den herrlichen sonnendurchfluteten Tag am Strand. Du schließt deine Augen und, ja, du siehst dich wieder den Strand entlanglaufen, hörst die Möwen und die Wellen, und vielleicht riechst du sogar den salzigen Wind.

Was also braucht es, um all das abends im Bett noch einmal erleben zu können?

Wir schalten jetzt um von dem nach außen gerichteten Blick auf den nach innen gerichteten Blick, unser geistiges Auge. Dies ist unsere zweite Form der Wahrnehmung, mit der wir die ganze Szenerie wieder vor uns sehen:

- den Strand,
- dich, den Wahrnehmenden, der dort mit all seiner Aufmerksamkeit läuft,
- das Sonnenlicht, das alles sichtbar macht,
- die Weite

– und nach einiger Zeit vielleicht sogar die Gerüche und Geräusche

Wie bereits erwähnt, hat diese zweite Form der Wahrnehmung Eigenschaften, die wir als Visualisierung, Fantasie, Imagination und Vorstellungsvermögen bezeichnen.

Vielleicht hat sich in dir während des Lesens auch ein Bild geformt, wie du über diesen Strand läufst, denn Worte können Bilder entstehen lassen.

Doch eine der wichtigsten Voraussetzungen, um all das wahrnehmen zu können, ist das Licht, das Licht unseres geistigen Auges. Es scheint Licht durch unsere physischen Augen. Wir kennen alle den Ausdruck: „Deine Augen strahlen" oder „Jemand hat leuchtende Augen". Das kommt daher, dass auch Licht durch unser geistiges Auge strahlt, sonst könnten wir nicht visualisieren.

Beweisführung:

1. Um wahrnehmen zu können, ist Licht die Voraussetzung.
2. Wenn wir unsere Augen schließen, können wir trotzdem noch wahrnehmen.
3. Das ist meiner Meinung nach ein Beweis dafür, dass in unserem Inneren Licht ist.
4. Hiermit ist folglich auch bewiesen, dass Mystik nicht vage ist, sondern Gesetze kennt.

Auf dem Weg zu unserer Befreiung machen wir dankbar Gebrauch von allen Eigenschaften der zweiten Form – Introspektive, Selbstbeobachtung und Visualisierung. Visualisierung wird in der Meditation verwendet, um unsere Aufmerksamkeit auf etwas zu richten. Aber dies ist noch nicht das große innere Licht, auf das in allen mystischen Strömungen und auf dem Weg der Erleuchtung verwiesen wird.

Wir haben nun die Sonne und unsere Augen als Lichtquellen behandelt, wobei es sich bei der zweiten Form um das Licht in unserem geistigen Auge handelt. Aber es gibt noch eine dritte Form der Wahrnehmung: Das *Zeugenbewusstsein.* Dies ist das große, ewige, innere Licht, auf das in allen spirituellen Traditionen verwiesen wird.

Die dritte Form der Wahrnehmung: Das Zeugenbewusstsein

Die dritte Form der Wahrnehmung bezeichnet sowohl das tatsächliche Laufen am Strand entlang als auch die Visualisierung dessen. Beide Formen werden von unserem Bewusstsein, unserem dritten Auge, wahrgenommen, in der Esoterik bekannt als das sechste Chakra, der Sitz unserer Hypophyse. Es ist das Auge des Bewusstseins, das alles immer und überall wahrnimmt, ohne etwas festzuhalten.

Es ist das Auge ohne Urteil, ohne Augenlid, ohne Ende, und es ist unpersönlich. Es wird auch das Zeugenbewusstsein genannt, da es ein stiller Zeuge ist von allem, was wir sehen und auch dessen, was wir uns einbilden, fantasieren, vorstellen und wünschen.

Und es ist auch Zeuge unserer Träume: Darum können wir uns morgens auch an unsere Träume erinnern – etwas nimmt sie wahr.

Die Wahrnehmung des Zeugenbewusstseins erfolgt immer zeitgleich mit der täglichen Wahrnehmung und der Visualisierung.

Dieses ‚etwas' – das ewig strahlende, göttliche Licht – nimmt alles wahr. Wenn wir in ihm ruhen, sind wir außerhalb von Zeit und Raum, von Begrenzungen und außerhalb der Person mit ihren Interpretationen.

Wenn wir in Meditation im göttlichen Licht ruhen, sind wir im Hier und Jetzt, dort, wo es friedlich und still ist. Wenn wir uns mit ihm vereinigen, sind wir heimgekehrt im ewig strahlenden, friedlichen, stillen Licht. Unser gesamtes System findet hier endlich seine wohlverdiente Entspannung.

Der meditative Weg dorthin führt durch die Stille, indem wir uns Zeit nehmen und uns selbst disziplinieren, um uns von allen Außenreizen und überflüssigen Informationen zu befreien. Das größte Gratis-Geschenk, das uns die fernöstlichen Kulturen gemacht haben, ist die Meditation. Das Christentum hat uns die Kontemplation geschenkt, doch geht erstere einen Schritt weiter, wobei Meditation auch viele Christen erneut inspiriert (hat). So werden z. B. Zen-Meditationskurse in Klöstern angeboten.

Verwunderung als Kompass

Anhand dieser Beweisführung möchte ich auch aufzeigen, dass Mystik weder verschwommen noch vage ist. Sie kennt Gesetzmäßigkeiten und Logik, abgesehen von allen Wundern. Denn für so selbstverständlich wir Visualisierung immer gehalten haben mögen, so sonderbar mag sie uns nun erscheinen.

Wie hier bereits angemerkt, ist Verwunderung eines der Zeichen, dass wir auf dem guten Weg sind, dass wir uns auf dem rechten inneren Weg befinden. Verwunderung ist unser Kompass für unsere Pilgerreise nach innen.

Das Schauen

Wir machen alle auf unserem Pfad der Befreiung unterschiedliche Erfahrungen und haben verschiedene Zugänge wie Leere, Stille, Offenheit, Liebe, das Nichts und natürlich das innere Licht. Doch im Grunde ist es unser inneres Licht, das es uns ermöglicht, unsere Erfahrungen von Leere, Stille, Offenheit, Liebe und des Nichts wahrzunehmen. Sobald unser inneres Licht aufgrund unseres Entschleierungsprozesses an Klarheit und Kraft gewinnt, nehmen auch die verschiedenen Erfahrungen zu. Doch es funktioniert auch andersherum als wechselseitige Befruchtung, denn wenn wir z. B. länger in der Leere verweilen, nimmt auch unser inneres Licht an Kraft und Klarheit zu.

Die Wahrnehmung unserer Erfahrungen mit dem Zeugenbewusstsein (geöffnetes drittes Auge) wird auch als ‚Schauen' bezeichnet.

Die absteigende Linie steht für die dem Mittelpunkt zustrebende Bewegung, für das Fokussieren auf die materielle Welt.

Der Zwischenraum bezeichnet das Loslassen dieses Fokus und die Rückwärtsbewegung hin zu der den Mittelpunkt fliehenden Bewegung.

Die aufsteigende Linie steht für die wiedergefundene Offenheit in der Entspannung.

Das Ruhen an der Quelle

Ein anderes Wort für das Zeugenbewusstsein ist die Quelle. Das Ruhen an der Quelle unseres Bewusstseins hat einen weitenden Effekt, es führt uns weg von der Fixierung und löst uns los von allem, was uns beansprucht.

Sobald wir einmal erlebt haben, wie herrlich es ist, hier an der Quelle zu ruhen, verlangen wir immer wieder danach zurück und kostet es uns immer weniger Mühe, uns die Zeit zu nehmen, dieses Ruhen an der Quelle als festen Punkt in unser Leben zu integrieren.

Dafür sind wir gerne bereit, alle Ablenkungen und allen Schnickschnack und Meinungen auf dem Altar unseres inneren Tempels zu opfern.

Denn wenn alles zum Altar wird, dann laufen wir mit Sicherheit barfuß. Je mehr Schleier wir ablegen desto reicher strahlt unser inneres Licht.

Wir entwickeln die Fertigkeit, in bestimmten Momenten und Situationen, in denen es von uns erwartet und gefordert wird, fokussiert und pointiert zu sein, den Mittelpunkt suchend. Doch danach, fließen wir von selbst zurück in eine den Mittelpunkt fliehenden Bewegung und damit in die Entspannung.

Es geht um diese Balance, und wir werden die Wahrnehmung dieser beiden Fließbewegungen in uns genießen. Sie sind wie ein Tanz, so wie unser Atem, ohne Stockung und Unterbrechung.

Ein altes Gebot in mittelalterlichen Klöstern lautet: ‚Ora et labora', was übersetzt ‚Bete und arbeite' bedeutet, wobei wir beten hier auch mit meditieren übersetzen können.

Dieser daraus resultierende feste Rhythmus war für die Mönche wichtig, um immer wieder zu sich zurückzukehren. Nach einer Aktivität gilt es, in der eigenen Mitte zu ruhen, um dort Inspiration zu finden. Es geht darum, die Aktivität zu unterbrechen, um aufzuatmen und zu reflektieren.

Auch im Islam finden wir diesen Aufruf zu regelmäßiger Einkehr, der Einkehr zu Allah, durch das Gebet zu fünf verschiedenen Tageszeiten. Dies ist eine der fünf Säulen des Islam.

Die abwärts gerichtete Linie steht für das Niederlegen der Arbeit.

Der Zwischenraum steht für die Einkehr zu Allah.

Die Aufwärtslinie steht für das Wiederaufnehmen der Arbeit, dort, wo der Muslim sie unterbrochen hat.

Durch das kurze Distanzieren vom Fokus auf die Arbeit kann es im Zwischenraum zu einer plötzlichen Einsicht kommen, die dem Betenden Lösungen für etwas zeigt, mit dem er sich eben noch herumgeschlagen hat.

Und Gott sprach

Und Gott sprach: „Es werde Licht." Und es ward Licht.

Das Licht ist also eine Schöpfung, und alles, was Schöpfung ist, erscheint und verschwindet auch wieder. In diesem Sinne sind das Licht in unseren Augen und das Licht, mit dem wir visualisieren, auch eine Schöpfung. Letztlich ist die gesamte spirituelle Suche aber auf das Finden ‚des Ewigen' ausgerichtet. Dass wir als sterbliche Schöpfung uns des ‚Unsterblichen' bewusst werden können, ist ein Wunder! Wir können uns der ewigen Energie als inneres Licht, Leere, Stille, als das Nichts, als Liebe und Offenheit bewusst werden. Sie wird auch das *Gottesbewusstsein* genannt. Auch diese Erfahrungen erscheinen und verschwinden wieder und bringen uns stets dichter zur Essenz dieser spirituellen Erfahrungen. Auch hier muss wieder unterschieden werden zwischen der Erfahrung des Gottesbewusstseins und ihrer Realisierung, indem wir eins mit ihr werden, mit ihr verschmelzen. Dies wird in der Mystik als *Unio Mystica* bezeichnet, die mystische Verschmelzung mit dem Göttlichen, dem göttlichen Licht.

Drei vorläufige Formen von Licht

Wir sind nun Zeugen geworden von drei Lichtformen, die immer mehr an Freiheit zunehmen. Die erste Lichtform ist das Licht in unseren Augen. Mit der zweiten Form ist das Licht unseres geistigen Auges gemeint, mit dem wir visualisieren. Hier findet sich bereits mehr Freiheit, denn wir können nicht nur einen Strand entlanglaufen, sondern mit ein wenig Fantasie sogar über den Strand fliegen. Die dritte Lichtform ist das Zeugenbewusstsein, welches sich durch eine unbegrenzte Freiheit auszeichnet, denn dieses Bewusstsein liegt außerhalb von Zeit, Raum und Person.

Als würden wir einen Stein ins Wasser werfen und die stets größer werdenden Wellenkreise beobachten. So verhält es sich auch mit dem Licht. Einerseits dürfen wir für alle Lichtrealisierungen auf diesem Weg dankbar sein, andererseits müssen wir offen bleiben für weitere ‚Offenbarungen', noch mehr Bewusstseinserweiterungen bis ins Unendliche, denn alles ist ein Prozess.

Der erste Wellenkreis steht für das physische Auge, der zweite Wellenkreis für das geistige Auge und der dritte Wellenkreis symbolisiert das Zeugenbewusstsein.

Die vierten, fünften, sechsten und siebten Wellenkreise stehen jeweils für das stetig wachsende Gottesbewusstsein bis in den siebten Himmel!

Das Zeugenbewusstsein 2

Als Beweis für das Zeugenbewusstsein kannst du dir ganz einfach folgende Frage selbst beantworten:

Woher weiß ich, dass ich mit meinem geistigen Auge visualisieren kann?

Es existiert nämlich ein Wissen darüber, oder mit anderen Worten: Du kannst es feststellen, weil du es wahrnehmen kannst!

Und das, was du aufgrund deines Vermögens zur Visualisierung wahrnehmen kannst, ist der Hintergrund, das Zeugenbewusstsein, dein Bewusstsein, in dem alles erscheint, Tag und Nacht.

Dieser Hintergrund ist grenzenlos, nicht nur in Zeit, sondern auch, was seine Ausdehnung betrifft. Dies können wir uns vergegenwärtigen, indem wir uns mit ihm identifizieren. Wenn wir uns diesem Prozess anvertrauen, erleben wir, dass dieser Hintergrund nicht auf unseren Kopf beschränkt ist. In unserem Kopf befinden sich unsere Augen und unser Vermögen zur Visualisierung, doch dieses breitet sich von alleine nach unten aus, vierzig Zentimeter, um genau zu sein, bis zu unserem Herzen, unserem ‚mystischen Herzen'. Hier wohnt unsere Fähigkeit, Mitgefühl und liebevolle Verbundenheit mit allem, was lebt, zu empfinden. Diese Ausdehnung hält so lange an, wie du sie zulassen kannst. Dies ist deine vierzig Zentimeter lange Pilgerreise nach innen. Auch wenn dies ein ziemlich gut zu überbrückender Abstand zu sein scheint, so lehrt uns doch die Praxis, dass diese Pilgerreise viele Jahre oder sogar Leben dauern kann.

‚Mystisches Herz'

Diesen Abstieg in uns selbst nenne ich die Pilgerreise nach innen.

Es geht hier nicht um unser Herz als Pumpe, sondern um unser ‚mystisches Herz', welches sich fünf Zentimeter neben unserem Herzschlag befindet, um genau zu sein.

Es ist auch bekannt als viertes Chakra und als Thymusdrüse, der Motor unseres Immunsystems. Wir klopfen auch mit dem Zeigefinger auf diese Stelle, wenn wir uns meinen bzw. uns vergewissern wollen, ob wir gemeint sind.

Wenn wir mit ihr eins, verschmolzen sind, mit der *Unio Mystica*, dann gibt es keinen Willen mehr, kein Erfassen. In diesem Zustand tun wir keiner Fliege, keinem Schmetterling, keiner Blume etwas zuleide. Alles ist gut, so wie es ist. Und wir wollen auf keinen Fall verantwortlich dafür sein, dass es einen Schmetterling weniger gibt, denn diese Gewalttat würde unseren inneren Frieden stören.

Im Gegenteil, wir würden für einen vorbeiflatternden Schmetterling oder einen die Straße kreuzenden Igel bremsen, da wir uns eins wissen mit dem einen großen Mysterium, das wir Schöpfung nennen. Und wenn wir doch einmal einen Schmetterling töten sollten, dann würden wir etwas töten, das Teil von uns ist. Wir würden einem Teil von uns selbst Gewalt antun und um diesen Teil verarmen, indem wir verantwortlich dafür sind, dass es einen

Schmetterling weniger gibt. Aus einem wachsenden Mitgefühl heraus würden wir jedem Menschen diesen Frieden wünschen, da wir wüssten, dass die Welt anders aussähe. Sie wäre weniger gewalttätig gegen die Natur, unsere Mitmenschen und uns selbst.

Das Versprechen ist, dass sich diese *Unio Mystica* kollektiv vollzieht, denn wir leben in einem Übergangszeitalter, das uns in ein erweitertes, erleuchtetes Bewusstsein führt.

Das ewige Zeugenbewusstsein

Es gibt also eine Wahrnehmung in uns, die keine Ruhe kennt, sondern die in sich ruht. Sie wird in der Lehre der *Advaita Vedanta* als *Zeugenbewusstsein* bezeichnet. Symbolisch wird es als Auge ohne Augenlider dargestellt, weil es nie zwinkert, denn alles wird zu jeder Zeit wahrgenommen, Tag und Nacht.

Von Buddha gibt es die Geschichte, dass er sich die Augenlider abschnitt und vor sich auf den Boden legte. Dies ist natürlich symbolisch gemeint und verweist auf eben dieses ewige Zeugenbewusstsein.

Wenn wir uns vergegenwärtigen, dass es in uns tatsächlich eine Wahrnehmung gibt, die Zeuge unserer täglichen Gedanken und nächtlichen Träume ist, dann sind wir der Quelle unseres Bewusstseins einen Schritt näher gekommen.

Selbstbeobachtung

Im Grunde ist es ein Wunder, dass wir uns selbst beobachten können.

Wer beobachtet wen?

Selbstbeobachtung besteht unter anderem darin, dass wir unser Verhalten beobachten, aber auch unsere Gedanken und Gefühle. Wie jedoch beobachten wir unsere Gedanken und Gefühle, denn um etwas beobachten zu können, muss es etwas geben, das wir sehen können, das wir objektivieren können.

Im Zustand eines ruhigen Geistes können wir beobachten, wie ein

Gedanke oder Gefühl in uns aufsteigt, er bzw. es seine Geschichte erzählt und wieder verschwindet. Sie ziehen sozusagen für einige Zeit durch den Raum, in der Hoffnung, dass wir uns mit ihnen identifizieren, und meistens tun wir das auch, solange wir uns ihrer nicht bewusst sind. Ein geübter, bewusster Geist sieht die Gedanken–Gefühls–Knäuel auftauchen, herumschwirren und wieder verschwinden, ohne sich mit ihnen zu identifizieren, sodass danach eine leere Stille zurückbleibt.

Ein ungeübter, unbewusster Geist hingegen wird sich immer wieder von diesen Knäulen, Mustern, Konzepten und Programmierungen fangen lassen, die seine Aufmerksamkeit fordern. Sie verleiten ihn, sich mit ihnen zu identifizieren, denn seine Identifizierung ist ihre Nahrung, die sie am Leben erhält. Es sind diese Parasiten, die den Geist aussaugen, solange er sich dessen nicht bewusst ist.

Schlussfolgerung: Wenn wir unsere Gedanken und Gefühle objektivieren können, dann bedeutet es nichts anderes, als dass wir nicht sie sind, denn wir können nicht sein, was wir objektivieren können. Dies lässt sich auch kurz und bündig mit dem Satz „Alles, was du siehst, bist du nicht" zusammenfassen.

‚Ich habe das Licht gesehen'

Solange wir noch etwas wahrnehmen, handelt es sich offensichtlich um ein Objekt, und wir sind der Beobachter, das Subjekt.

Wir streben nach der Einheit, die den Beobachter auflöst. In diesem Fall ist das die denkende und interpretierende Person, die ihre Funktion niederlegt.

Das Gleiche gilt für die Wahrnehmung von Leere, Stille, Offenheit und Liebe.

Wir können die Leere erfahren, aber dann ist es eine Erfahrung, zwar eine wertvolle spirituelle, doch eine Erfahrung kommt und geht.

Auch wenn jemand ruft: „Ich habe das Licht gesehen!", handelt es sich um eine Erfahrung, und es besteht die Gefahr, dass diese Person *als Person* danach zurückverlangt.

Erfahrungen sind wie der Mohn am Wegesrand unserer Pilgerroute. Er ist schön, bewundere seine Farben, und dann gehe weiter und weiter und immer weiter.

Ein natürlicher Prozess innerhalb der Meditation ist das Verlangen, im Licht zu sein bis zu dem Moment, wo wir selbst das Licht *sind*, mit ihm verschmelzen, eins werden. Eine Bewegung von *Werden* hin zu *Sein*.

Es ist der Prozess vom Verlangen danach, in der Leere zu sein bis zu dem Moment, wo wir die Leere *sind*, der Prozess vom Verlangen danach, in der Offenheit zu sein bis zu dem Moment, wo wir die Offenheit *sind* und der Prozess vom Verlangen danach, in der Stille zu sein bis zu dem Moment, wo wir die Stille *sind*.

Jesus sagte: „Ich bin das Licht der Welt", und er sagte nicht: Ich habe das Licht der Welt gesehen."

IDENTITÄTS-WANDEL

Versuche, auf deiner Zungenspitze den subtilen Unterschied zwischen den beiden Sätzen zu schmecken: „Ich bin still". und „Ich bin die Stille".

Es ist nur ein feiner Unterschied, doch ist dieser sehr bedeutsam, denn es geht hierbei um einen Identitätswandel: Im Satz „Ich bin still" zeigt sich, dass noch eine Person anwesend ist, die diese Erfahrung macht – es ist auf jeden Fall eine sehr schöne und wertvolle Erfahrung, doch bei dem Satz „Ich bin die Stille" ist die (beobachtende) Person abwesend.

Warum ist das so wichtig? Der Pfad heißt nicht umsonst ‚Pfad der Befreiung'.

Und die Person ist nur ein Konzept, und das ist erstens per Definition begrenzt und zweitens beinhaltet es einen hohen Gehalt an Täuschung!

Dies bedeutet also, dass wir mehr in der Freiheit sind, wenn die Person abwesend ist.

Doch mache daraus bitte keinen Wettkampf oder etwas, was du unbedingt erreichen musst! Sieh es mehr als einen fortschreitenden Prozess, der dir immer mehr offenbart, solange du in Hingabe empfangen kannst, was dir zufällt.

‚Tat Tvam Asi …‘

Und der Jnani murmelt in höchster Verzückung: „Tat Tvam Asi …“, wissend, dass dies das Letzte ist, was es zu sagen gibt und dass dies schon seit Tausenden von Jahren von allen Erleuchteten gemurmelt und worauf in allen heiligen Büchern verwiesen wird.

„Tat Tvam Asi …“ bedeutet „Ich bin das/das bin ich“ und ist im Hinduismus auch ein bekanntes Mantra. Hiermit bekräftigen wir unsere Wesensart, unsere Essenz.

In Indien gibt es diese schöne klassische Geschichte von den Gurus, die ihren Schülern beibringen, dass die Wahrheit, die sie suchen, auf ein Reiskorn geschrieben werden kann. Im Laufe ihrer spirituellen Schulung wird ihnen allmählich bewusst, dass es hierbei um den Spruch „Tat Tvam Asi …“ geht!

Von Sehen zu Sein

Dass wir sehen können, ist ein Wunder, und ein noch viel größeres Wunder ist es, das wir mit geschlossenen Augen sehen können.

Wir sehen bei Tag das Sonnenlicht, und wenn wir unsere Augen schließen, können wir uns eine sonnendurchflutete Landschaft vorstellen. Damit wir sie sehen können, benötigen wir unser inneres Licht. Dieses Licht können wir wahrnehmen, wir können es sehen. Und wir können uns damit vereinigen. Das ist der Übergang von *sehen* zu *sein.* Bei diesem Prozess kann uns zur Festigung die Wiederholung des Mantras „Ich bin das“ beziehungsweise „Das bin ich“ unterstützen.

Die Abwärtslinie symbolisiert die Erfahrung „Ich habe das Licht gesehen!“

Der Zwischenraum bezeichnet das Empfangen der Erfahrung in Dankbarkeit, den Prozess, sie allmählich sein zu lassen, was sie ist, um noch mehr zu entspannen, noch mehr loszulassen und so dem Fokus die Möglichkeit zu geben, sich weiter auszudehnen.

Die aufsteigende Linie steht für den entspannten, sanften Übergang von ‚das-Licht-sehen' zu ‚das-Licht-sein'. Sie steht auch für den Prozess von ‚die-Leere-sehen' zu ‚die-Leere-sein', ‚die-Offenheit-sehen' zu ‚die-Offenheit-sein' und ‚die-Stille-sehen' zu ‚die-Stille-sein'.

Hingabe

Es geht um die Einswerdung, von zwei nach eins, indem sich der Beobachtende auflöst. Eins werden mit unserem Wesen, damit ist im christlich-mystischen Sinne die Wiedergeburt gemeint. Es geht darum, dass wir da wohnen, wo unser Wesen Zuhause ist. Das ist gemeint mit ‚nach-Hause-kommen' in unser gelobtes Land.

Es ist eine Identitätsverschiebung von ‚ich will' zu ‚Dein Wille geschehe'.

Die Verschiebung von sehen zu sein gilt auch für das Zeugenbewusstsein. Wir können es erfahren, und das ist ein wunderbarer Schritt in Richtung Befreiung, doch gibt es noch eine dünne, feine Identität, die wahrnimmt und erkennt. Hierdurch bleibt ein Abstand. Es gibt den Sehenden, das Sehen und das Gesehene. Dies ist die dünne, feine Identität, die erkennt, dass es ein Zeugenbewusstsein gibt; das ist das Sehen. In einem weiteren wichtigen Schritt in Richtung Befreiung geht es darum, von sehen zu sein zu gelangen, und das geht nur durch Hingabe, indem wir uns dem Zeugenbewusstsein hingeben und anvertrauen. Und das wiederum ist nur möglich, wenn wir uns bewusst werden, dass wir selbst das Zeugenbewusstsein sind. Es ist unsere Verbindung mit dem göttlichen Zustrom, der uns, ab hier, weiter öffnen und transformieren wird, hin zu einem befreiten und glücklichen Menschen, der ein Segen ist für sich und seine Umgebung.

Auch hier gilt wieder, dass du tust, was du tun kannst und empfängst, was du empfangen kannst.

Allmählich wirst du merken, dass es stets mehr auf das Empfangen ankommt, auch, weil der ‚Macher' beständig kleiner wird. So wie Johannes der Täufer über Jesus sagte: „Ich muss kleiner werden, damit Du größer werden kannst."

Schau, welches Wort für dich als Zugang zu dir selbst passend ist. Es kann

Licht, Leere, Offenheit, das Nichts oder welches Wort auch immer sein. Nehmen wir an, für dich ist es das Wort ‚Licht'. Nimm nun Kontakt zu deinem Licht in dir auf und vergegenwärtige dir, dass das Licht in dir vorhanden ist. Entspanne dich dann für einen Moment und werde dir bewusst, dass du dieses Licht bist.

Wiederhole laut oder für dich ‚ich bin das Licht'. Der Weg führt immer von ‚das-Licht-sehen' zu ‚das-Licht-sein'. Von ‚die-Leere-sehen' zu ‚die-Leere-sein', ‚die-Offenheit-sehen' zu ‚die-Offenheit-sein' und ‚die-Stille-sehen' zu ‚die-Stille-sein'. Dann werden das Sehen, das Gesehene und der Sehende eins.

Der Zwischenraum in der Wahrnehmung

Auch im Wahrnehmungsprozess gibt es einen Zwischenraum. Wir haben bereits über das Benennen von Dingen – ‚das Labeln' – gesprochen. Das Benennen hat die Funktion, zu einer gemeinsamen, eindeutigen Formulierung zu gelangen.

Der Benennung steht das Staunen gegenüber. Auf unserem Pfad der Befreiung ist es einerseits wichtig, das Benennen zu lernen, z. B. das, was sich alles in unserem Kopf abspielt, denn hierdurch schaffen wir einen Abstand zwischen uns und dem Denken, da wir es durch das Benennen zum Objekt machen.

Andererseits steht das Benennen dem Staunen im Weg.

Auf dem Pfad unserer Befreiung wirkt das Benennen wie das Werfen eines Schleiers über unsere unbefangene, unmittelbare Wahrnehmung.

Wenn wir z. B. durch einen Garten gehen, nur um zu benennen, was da für eine Blume blüht oder welche Pflanze das ist, dann objektivieren wir die Schönheit der Natur.

Wenn wir das Benennen jedoch unterlassen würden, könnten wir uns durch die direkte, ungefilterte Wahrnehmung der Schönheit derselben Blume oder Pflanze für das Wunder öffnen und eins mit ihm werden. Genau dies ist eine der Segnungen, wenn wir uns auf den Pfad der Befreiung begeben, um mit neuen Augen, einem neuem Blick die Schönheit der Schöpfung anzuschauen, so, wie es in der Bibel steht, als Gott sagt: „Sieh, ich mache alle Dinge neu!“

Es ist ein Segen, mit leerem Kopf und mit offenen Augen, offenem Blick durch die Natur zu laufen. Dann ist es, als hätte die Natur auf dich gewartet.

Dies ist eine Möglichkeit, sich von dem neurotischen Drang zu lösen, alles benennen zu müssen, was wir sehen.

Es liegt nämlich ein Sekundenbruchteil zwischen unserer Wahrnehmung und unserer eingebetteten Neigung, hierauf mit dem Verstand zu reagieren.

‚Split Moment‘

Bevor wir eine Sache benennen, gibt es einen Sekundenbruchteil, einen heiligen Moment vor dem Wort, der sozusagen dem Denken vorausgeht. Wie ein Kind, das die Welt um sich herum als ein großes Wunder wahrnimmt und sich eins mit ihr, verbunden, fühlt. Auch Jesus verwies darauf, als er sagte, dass es darum geht, wieder wie die Kinder zu werden.

Dies ist der wichtigste Mangel bei uns Erwachsenen, denn – dort ist die Sache und hier bin ich. Ich, die denkende und benennende Person, die alles, was sie sieht, mit Namen (und damit mit Etiketten) versieht. Dies jedoch ist ein Wahrnehmen mittels des Verstandes, des Sprachzentrums, wodurch die Sache determiniert, festgeschrieben und kategorisiert wird. Hierdurch bleiben wir allein zurück, denn dort ist die benannte Blume, und hier steht der Mensch, ebenfalls determiniert, festgeschrieben und kategorisiert. Aber Menschsein ist eine Möglichkeit, ein Prozess von Möglichkeiten.

Die Abwärtslinie symbolisiert den Prozess der Bewusstwerdung, dass es ein Ich gibt, das die Neigung zum Determinieren, Festschreiben und Kategorisieren hat und das Aufgeben, Loslassen derselben. Denn dies ist wie das Werfen eines Schleiers über unsere Wahrnehmung.

Der Zwischenraum bezeichnet den Sekundenbruchteil zwischen Wahrnehmung und der zuvor erwähnten Neigung.

Das Gelingen wird durch die aufsteigende Linie gekennzeichnet. Unsere

Wahrnehmung wird dann zu unserer zweiten Natur und letztlich – noch besser – zu unserer ersten Natur. Sie wird zu einer Meditation in stiller Bewunderung. Das solltest du dir nicht entgehen lassen!

Mystische Einswerdung

Wir können uns durch Übung in Aufmerk- und Achtsamkeit dieses Sekundenbruchteils bewusst werden. Und wenn das einmal gelungen ist, können wir bei diesem Sekundenbruchteil verweilen. Und die Stimme, die alles kommentiert, wird stets mehr in den Hintergrund treten.

Die kommentierende Stimme wird stets milder, leiser werden, bis wir die Blume sehen und in der Verwunderung aufgehen, ohne nach dem Wer oder Was zu fragen. Es ist ein stilles Verweilen in Verbundenheit mit ihr. Auf diese Weise kann eine mystische Einswerdung stattfinden, eine Erfahrung, die wir so noch nicht erlebt haben, jedenfalls noch nie so bewusst. Eine neue Wahrnehmung, so, wie es in der Bibel heißt: „Siehe! Ich mache alle Dinge neu!" Genauso wird auch unsere Wahrnehmung sein, wenn wir das Mysterium still und offen betrachten.

In der (wert-)freien Betrachtung der Blume sind wir im Hier und Jetzt. Das Hier ist die überall anwesende Unbegrenztheit, das Jetzt ist dieser ewige Moment.

Wahrheit und Wahn

Es gibt noch eine andere, individuelle Form der Wahrnehmung. Meines Wissens nach nimmt nur die Person wahr, und in diesem Zusammenhang geht es um das Wahrnehmen von Visionen.

Auf dem Pfad der Befreiung unseres ursprünglichen Potentials ist es sehr wichtig, unser Unterscheidungsvermögen zwischen wahr und Wahn zu entwickeln. Hierbei ist Nüchternheit sehr hilfreich, wenn es um die Unterscheidung zwischen einerseits spontanen Visionen und klaren Wahrnehmungen geht, andererseits um das, was wir alle uns so sehr wünschen. Diese spontanen Visionen oder klaren Wahrnehmungen kommen überraschend über uns. Gewollte Bilder, Einbildungen erfinden und erschaffen wir dagegen selbst und befriedigen damit unser Verlangen ‚nach einer Vision'. Doch kann Letzteres ein sehr subtiles Spiel sein.

Im spirituellen Milieu gibt es leider allerdings auch Menschen, die (starke) psychische Probleme haben. Eine tröstende Vision kann hier eine heilende Perspektive bieten, auch wenn sie selbst erschaffen wurde. Obendrein kommen klare Wahrnehmungen oder Visionen auf dem Pfad der Befreiung viel öfter vor, und es geht genau darum, dieses Unterscheidungsvermögen zwischen wahr und Wahn zu schulen.

Lasse los, was du loslassen kannst
befreie, was du befreien kannst
und umsorge, was sich festgesetzt hat
versorge jenes mit Liebe und Geduld, was schmerzt.
Trage jenes in Stille, was nicht heilen will
ertrage dich
alles hat seine eigene Zeit
habe ein wenig Geduld mit dir
und vertraue der Liebe.
Erinnere dich, dass du es nicht alleine bewältigen musst,
auch jetzt sind ‚himmlische Helfer' anwesend.
Empfange, was du empfangen kannst.

Sei die Dattel,
die stets süßer wird,
auch wenn der Boden, der sie nährt,
steinhart und rau ist.

(Jedoch nicht aus dem ‚Gefallen-wollen-Modus' heraus, das rächt sich früher oder später, sondern aus der inneren Kraft heraus).

In diesem Zusammenhang ist vielleicht eine Warnung angebracht, was die (ausschließliche) Teilnahme an Satsangs[6] am Computer angeht. Natürlich

---

6. Satsang = Zusammentreffen mit einem spirituellen Lehrer

ist es praktisch, Satsangs in der ganzen Welt bequem vor dem Bildschirm zu verfolgen, und doch wirst du deine spirituelle Entwicklung von einem lebenden Lehrer ‚prüfen' lassen müssen. Zudem ist der Augenkontakt mit einem Lehrer am Bildschirm nicht vergleichbar mit dem eines lebendigen Lehrers, der vor dir sitzt.

Peripherie 1

Es ist lustig, dass wir unbewusst eine demographische Umgebung suchen, die zu unserer sozialen, emotionalen und psychischen Situation passt. Wenn wir uns z. B. nicht wirklich verbunden fühlen mit einer Umgebung, in der es um Karriere und Geld verdienen geht, werden wir es bevorzugen, so weit wie möglich am Rande der Gesellschaft zu arbeiten und zu leben.

Peripherie 2

Es gibt noch eine zweite Form der Peripherie, nämlich, wenn wir stets mehr in die Offenheit des leeren Lichts kommen, in das stille Nichts. Wenn es uns gelingt, dort stets länger zu verweilen, dann wird sich unser alltägliches Leben zunehmend in Richtung Peripherie verschieben. Auch wenn wir in unserem alten Leben aufgrund unserer Programmierungen, Überzeugungen und Erfahrungen und den hiermit zusammenhängenden Emotionen determiniert, bestimmt und gesteuert werden – unser neues Leben wird sich mehr und mehr davon befreien. Das alte Leben wird seine Litaneien in der Peripherie noch weiter fortsetzen, wo es zu einem Summen wird und so allmählich seine Dominanz verliert. Der alte Mensch weicht dem neuen Menschen.

Peripherie 3

Wie wir gesehen haben, erscheint und verschwindet alles in der Peripherie unseres Zeugenbewusstseins. Alle Bewegungen finden vor dem Hintergrund des bewegungslosen Zeugenbewusstseins statt.

Denn welche Rolle wir auch immer jeden Tag aufs Neue spielen, alles geschieht in der Peripherie dessen, wer wir wirklich sind, auf der äußersten Schale unseres Bewusstseins und wird von demselben Bewusstsein wahrgenommen, Tag und Nacht. Alles, was wir tagsüber sagen, fühlen, denken und tun und was wir nachts in unseren Träumen verarbeiten, erscheint und verschwindet dauerhaft im Licht, dass sich im Hintergrund befindet.

Dies wird auch als ‚*in*, aber nicht *von* der Welt sein' bezeichnet. In diesem Fall befinden wir uns mit einem Bein in der Hektik des Alltags und mit dem anderen Bein im Auge des Sturms. In gewisser Weise ist es ein Hüpfen. Der befreite Mensch liebt es zu hüpfen; so können wir einen befreiten Menschen auch ganz einfach an seinem hüpfenden Gang erkennen. Auf seinem Grabstein wird geschrieben stehen: „Dieser Mensch liebte das Hüpfen!"

Peripherie 4

Schließlich können wir das Verweilen in der Peripherie auch in die Praxis unserer spirituellen Existenz übertragen: Gott erschuf uns am letzten Schöpfungstag, und somit sind wir vielleicht am weitesten entfernt von einer natürlichen Lebensweise, die in Harmonie ist mit dem Ganzen. Die kürzeste philosophische Definition des Menschen lautet demzufolge auch: „Der Mensch ist unfertig." Dem können wir zustimmen oder auch nicht, es ist nur schade, dass wir uns für so wichtig nehmen und uns vor allem gut finden, so, wie wir sind. Ganz nach dem Motto: „Wir sind sehr wohl fertig, perfekt und haben unseren Platz im Gesamtkomplex gefunden."

Ohne Kräuselung kein Glitzern

Wir nehmen uns sehr wichtig, doch wir sind nur Wellen, eine Kräuselung auf dem endlosen See. Doch was ist ein See ohne Wellen? Dann ist er nicht mehr als ein See. Daran muss Gott gedacht haben, als er Wellen erschuf. Und sei vor allem selbst eine Welle, deine Welle, und lebe diese Welle, deine Welle. Und gönne anderen ihre Welle, denn jeder Mensch hat ein Recht auf seine eigene Welle, Kräuselung. Je mehr Welle desto mehr Freude. Und denke daran – ohne Welle, Kräuselung gibt es kein Glitzern.

Und doch...wenn der Wind sich abends gelegt hat, ist die Widerspiegelung der Welt über dem Wasser in der Unterwasserwelt die Strahlendste von allen ...

Lauschen

Irgendwo tief in dir fühlst du, ob du glücklich bist oder nicht, ob du auf dem richtigen Weg bist, ob die Gnade dich weiter öffnet, du freier wirst, leerer und stiller.

Dem gegenüber stehen immer deine vielen Entschuldigungen, Ausflüchte und alten Gewohnheitsmuster mit ihren jahrhundertealten Überlebensstrategien.

Du kannst Jahre, ja, lebenslang auf den richtigen Moment warten. Dann gleichst du dem kritischen Schmetterling, dem keine Blume gut genug ist, bis er auf einmal merkt, dass es Herbst geworden ist.

Auch hier gilt wieder: Worauf hörst du? Welche Stimme in dir hat die größte Überzeugungskraft? Die Stimme deiner Vergangenheit, deiner Ängste, deiner sozialgesellschaftlichen Verpflichtungen? Oder lauscht du der Stimme deines Herzens, auch wenn diese anfänglich noch so schwach und weit weg ist?

Das Kultivieren der Empfänglichkeit

Der Weg der Befreiung ist der der Kultivierung deiner Empfänglichkeit, und dies kannst du üben. Auch hier gelten wieder die zwei Regeln: „Tue, was du tun kannst, und empfange, was du empfangen kannst" und „Viele Male für kurze Zeit".

Am Anfang mag dir alles ein bisschen unnatürlich vorkommen und es dich befremden, dass du dich auf etwas einlassen sollst, das du noch nicht erlebt, von dem du jedoch eine vage Vermutung hast.

Empfänglichkeit lässt sich durch das Betrachten einer Blume, eines Schmetterlings oder einer Katze üben und dadurch, das Denken zu unterlassen und jede Erscheinung sein zu lassen, was sie ist, ohne sie interpretieren zu wollen. Dies bedeutet, den ‚Schreiberling deiner Untertitel' zu erkennen und zu entlassen. Das Objekt als Objekt zu betrachten, die Einswerdung mit ihm zuzulassen, sodass Objekt und Subjekt in diesem neuen Gewahrsein eins werden. Genau in diesem Zustand des stillen und friedlichen Staunens sind wir empfänglich.

Die Übung der Empfänglichkeit hat eine sehr schöne und stimulierende Seite.

Und zwar gibt es auch hier Verkehr in beide Richtungen, denn dein Maß an Empfänglichkeit bleibt nicht unbemerkt. Es kann passieren, dass du mit etwas anderem beschäftigt bist und dass die andere Seite, die du zu kultivieren suchst – die Stille – dich auf einmal still werden lässt, einfach so auf der Straße, im Stau, in der Schlange vor der Kasse oder bei der Arbeit. Dies ist das Gesetz der kosmischen Resonanz, auf das du vertrauen kannst. Vielleicht passt es nicht immer, doch sieh es als ein Signal, dass die andere Seite dich als Kanal entdeckt hat. Und da der Kosmos so viel zu geben hat, ist er manchmal etwas ungeduldig und überwältigt einen geradezu.

Ein kleines Rinnsal

Meistens beginnt es mit einem lieben, sanften Rinnsal, was sich gut und entspannt anfühlt. Doch manchmal wird es zu einem kräftigen Griff, der dich besetzt, zu einer zwingenden Macht, die dich nicht freundlich, sanftmütig und verständnisvoll einlädt, endlich in die Leere zu gehen, sondern dich mit Kraft hineinschiebt und dich während einer langen Zeit – auch wenn dies außerhalb von Raum und Zeit stattfindet – hierin festhält.

Es kann dich weg-saugen aus dem Stau, weg vom Bildschirm, weg von deinen Ängsten und Strategien, weg aus deinen alten Programmierungen. Es muss nicht so heftig kommen, doch wenn es auf diese Weise geschehen sollte, musst du lernen, damit umzugehen. Dann hältst du eben auf dem Seitenstreifen, gehst eben zur Toilette, wenn es während einer Besprechung geschieht oder du machst einfach mit dem weiter, mit dem du gerade beschäftigt bist und lässt es mit einem dankbaren Lächeln in Stille zu.

Dieses Einströmen wird allmählich immer vertrauter und einfacher, da du stets zugänglicher wirst und lernst, dich hierauf einzustimmen. Es entwickelt sich allmählich eine zweite Natur, solange, bis sie zu deiner ersten Natur geworden ist. Dann bist du wiedergeboren. Der neue Mensch ist geboren. Hiermit hast du den Wendepunkt von alt zu neu, von geschlossen zu offen, von gefangen zu befreit überschritten.

Diese Bedeutung hat es auch, wenn ein Schüler von seinem spirituellen

Lehrer einen neuen Namen bekommt. Er gibt dir einen Namen, der dich an dein Wesen erinnert. Dein Name als Schüler ist dein Mantra, dein Anruf und dein Kompass, dein Anker und dein Hafen; hierzu später mehr. Hier lässt sich auch wieder die Bedeutung einer lebendigen Beziehung zwischen Schüler und Lehrer erkennen, aber auch der Zusammenhang zwischen Schüler und Disziplin. Der Schüler übt sich in disziplinierter Empfänglichkeit.

Was wir als kosmisches Einströmen erleben, strömt auch durch Bäume und Tiere, durch den gesamten Kosmos. Alles entspringt ein und derselben Quelle, ob du es nun Schöpfung oder Evolution nennst. Es ist dieses Einströmen, das uns mit allem verbindet. Es ist dieser Einstrom, der sich in dieser Übergangszeit, in der wir nun leben, in zunehmendem Maße bei immer mehr Menschen Bahn bricht.

So können sie sich ihrer Verbundenheit untereinander bewusst werden und hiermit im Einklang handeln, aus Ehrerbietung und unter Wahrung des Guten. Also gilt auch hier: „Tue, was du tun kannst, und empfange, was du empfangen kannst.“ Der niederländische Kabarettist Toon Hermans nannte dies „Der Himmel schenkt, wer fängt, der hat.“

Wenn du dir nun realisierst, dass dieses liebe und sanfte Rinnsal nicht nur durch dich strömt, sondern auch durch die Bäume, Blumen und Vögel – durch alles Lebendige –, dann verstehst du auch, dass du mit allem eins bist. Wenn du einen Baum absägst, schneidest du ein Stück dieses Stromes ab, der auch durch dich strömt. Dann verstehst du auch, dass die Blumen aus purer, freudvoller Trunkenheit ob dieses Einströmens blühen, und dass auch die Vögel aus genau dieser freudvollen Trunkenheit heraus ausgelassen singen.

Ja, die ganze Natur preist auf diese ausgelassene Weise den freudvollen Einstrom des Göttlichen! Alles jauchzt, nur ein Mensch nicht. Sorge dafür, dass du nicht der eine bist, sondern derjenige, der den einen miteinbezieht. Hierdurch wird dein Einströmen zu einem Ausströmen zu allem, was ist, sodass letztlich wir alle in der Tat zusammen derselben freudvollen Trunkenheit zujauchzen. Ein Jauchzen ohne Hadern, im Gegenteil – ein Jauchzen mit Wachstumsschüben, weil es in uns arbeitet, quer durch alle Verspannungen hindurch.

Gott, der ewig Obdachlose

Woher kommt dieses kleine Rinnsal? Was ist dieses Rinnsal, das sich zu einer überwältigenden Flutwelle auswachsen kann? Sie kommt von Gott, ist Gott in Aktion, Gott in seiner erlebbaren Qualität. Im Christentum wird dies der Heilige Geist genannt. Gott als ewig Rast- und Obdachloser ist auf der Suche nach einem empfänglichen Herzen, Tag für Tag, Jahr für Jahr, Jahrhundert für Jahrhundert, Zeitalter für Zeitalter.

Denn Gott, als der ewig Rast- und Obdachlose kreist etliche Male um unsere Erde und klopft dabei an zahllose Türen, auf der Suche nach Obdach, denn Gott möchte in den Herzen der Menschen wohnen.

Gesegnet sei der Mensch, der mit seinem inneren Ohr das Anklopfen bemerkt und diesem Fremden seine Gastfreundschaft gewährt.

Das Klopfen können wir nur hören, wenn wir in stiller Empfänglichkeit verweilen und diese nicht überstimmt wird durch allerlei Verpflichtungen und Versklavungen, denn Schleier können unser Herz zu Stein werden lassen, unsere Wahrnehmung trüben und unsere Ohren verstopfen.

Auch hier gilt wieder das Prinzip, dass, wenn wir einen Schritt auf Gott zugehen, er hundert Schritte auf uns zugeht.

Gott freut sich über jedes empfängliche Herz. Diese Freude ist auch in uns spürbar. Solange wir empfänglich bleiben, haben wir an der Freude Gottes teil.

Unser Leid besteht darin, dass wir zu beschäftigt sind mit Dingen, die wir wichtiger finden, als Gott, den ewig Rast- und Obdachlosen, anklopfen zu hören und ihm Zugang zu unserem Herzen zu gewähren. Dabei liegt unser Glück allein in dieser Handlung:

Vom Akt der Voreingenommenheit hin zu stiller Empfänglichkeit zu kommen.

Unser Leiden besteht darin, dass wir alle unbewusst den Zustand des Stillseins, den Zustand der Empfänglichkeit suchen. Doch suchen wir ihn im Materiellen, im Haben wollen, in der Jagd nach etwas im Außen.

Und das kommt wiederum daher, dass wir in unserer übersättigten Konsumgesellschaft aus Unwissenheit, aber auch aus Gefallsucht, Sklaven einer täglichen Überdosis an Reizen sind. Infolgedessen suchen wir sofort die Ablenkung, wenn mal nichts los ist, statt uns zu öffnen für den Fall, dass Gott, der ewig Rast- und Obdachlose, vorbeischaut.

Darum liegt die Lösung darin, dir neben all deinen Beschäftigungen einen festen Zeitpunkt zu wählen, an dem du übst, dich mit der stillen Empfänglichkeit vertraut zu machen. Bringe dich selbst in die Ruhe, lerne, das Nichts zu genießen, lasse die Stille ihre heilendes Werk in dir vollbringen, und empfange, was dir zufällt.

Der verlorengegangene himmlische Nektar

Vielleicht ist unser gesamtes Konsumverhalten ein verschlüsseltes Heimweh nach Klarheit, ein Unvermögen, den Schlüssel wiederzufinden – dort, wo er wirklich verborgen ist –, nämlich in uns, in unserem ‚mystischen Herzen'.

Wir essen mehr als gut für uns ist, und wenn wir satt sind, geht alle Energie in die Verdauung. Somit bleibt keine Energie übrig, um unsere Leere, unser Nicht–Erfüllt sein zu fühlen, geschweige denn, darüber nachzudenken.

Wenn wir unseren Kalender mit Terminen vollstopfen, bleibt keine Zeit, bei der Sinnlosigkeit unseres Daseins zu verweilen.

Vielleicht verweist unser Bedürfnis nach Süßigkeiten auf den verlorenen himmlischen Nektar und das Gefühl des Sattseins auf die verlorene Erinnerung der Erfüllung und verweisen die vielen Reize auf die verlorene Erfahrung der Unbegrenztheit unseres Wesens.

Es liegt an unserem Unvermögen und unserer Unwissenheit, doch bei manchen Menschen handelt es sich auch schlichtweg um Desinteresse. Ein großer Übeltäter ist in diesem Zusammenhang die schlaue Werbebranche, die genau weiß, wie sie uns in die verkehrte, destruktive Richtung leitet. Ein Zuviel an Konsum in einem stets schneller werdenden Tempo ist destruktiv für uns und unseren Planeten, da wir stets schneller leer sind und immer einsamer zurückbleiben.

Hypnose

Hypnose erfolgt durch Worte, aber auch durch das Umfeld, in dem wir aufwachsen. Unsere Eltern und Erzieher und unsere gesamte Umgebung vermitteln uns zudem nonverbal, welches Verhalten erwünscht und welches unerwünscht ist. Wir absorbieren all diese Botschaften unbewusst und passen so unser Verhalten an, weil wir total abhängig sind und weil wir die Menschen lieben, die uns ernähren und umgeben. Die gesamten soziokulturellen und gesellschaftlichen Strukturen vermitteln Botschaften, die sich in uns in konzentrierter Form zu Konzepten geformt haben und noch formen.

So gibt es zum einen die expliziten, ausgesprochenen Worte, die wir uns zu Eigen machen und die implizite, nonverbale Stimmung, Atmosphäre, in der wir aufwachsen.

Wenn wir auf dem Pfad der Bewusstwerdung wandeln, kann es geschehen, dass wir früher oder später bestimmte Bemerkungen tatsächlich wieder ‚hören', die wir vielleicht schon lange vergessen hatten, die aber sehr wohl in unserem System verankert sind, bestimmte Zustimmungen und Anerkennungen, aber eben auch Ablehnung und Kritik.

Es geht darum, uns von diesen tief verwurzelten Ablehnungen zu befreien. Dies gelingt, indem wir sie erkennen, loslassen und ins Licht schicken. Zudem besitzen sie einen Ort, einen Inhalt, eine bestimmte Häufigkeit und eine gewisse Intensität!

Schichten

Auch hier gilt, dass sich das Leben durch Vielschichtigkeit auszeichnet. Im Vordergrund erklingen die alltäglichen Bemerkungen, die wir uns zu Eigen gemacht haben, die aber verschwinden dürfen, da sie nicht länger zu uns gehören. Eine Schicht tiefer wohnen jedoch die zähen, dickflüssigen und verklebten Überzeugungen, die wir nur schwer zu fassen bekommen und die uns stets aufs Neue entgleiten, da sie ihre Daseinsberechtigung der Verborgenheit entlehnen. Sie haben sich tief in uns eingegraben, und wenn ihr Einfluss – ein Einfluss, der uns entwertet – beleuchtet und belichtet wird, dann bedarf es hoher Konzentration, um ‚dran zu bleiben' und sie durch unseren Atem zu befreien. Doch das Wichtigste hierbei ist, dass wir unsere alten Verletzungen mit Liebe und Verständnis aus unserem System entlassen, denn, ja, sie haben uns jahrelang gefangen gehalten. Und, ja, sie haben uns ‚ganz schön' negativ beeinflusst und gepolt und uns gelehrt, sehr schnell negative Urteile zu fällen, und wenn es sein muss(te) auch aus einem Vorurteil heraus zu streiten und zu kämpfen, angefeuert durch eine alte, zähe Überzeugung. Aber all dies darf sich nun befreien und unseren Körper verlassen. Lasse es ins Licht gehen, indem du es mit jeder Ausatmung ins Licht schickst.

Worte

Worte können uns etwas verdeutlichen. Im Unterricht wird beinahe alles via das Wort vermittelt.

Wir knüpfen Beziehungen mittels Worten, doch halten uns Worte auch gefangen, und wieder sind es Worte, die uns darauf aufmerksam machen. Es sind die Worte, die uns lehren, wie wir uns befreien können aus dem permanenten Strom der Worte. Worte schließen und öffnen uns, sie halten uns gefangen, und sie können uns befreien.

Auch spirituelle Lehrer bedienen sich des Wortes, um ‚Jenes', das jenseits der Worte liegt, in Worte zu fassen und es so zu verdeutlichen.

Doch bestimmt der Träger der Worte, also derjenige, der die Worte ausspricht, den Einfluss der Worte.

Es sind die Ausstrahlung des Trägers, seine Wahrhaftigkeit und sein Wissen, das er zum Ausdruck bringt und wodurch er den Worten eine nonverbale Botschaft mitgibt.

Ich komme in diesem Zusammenhang noch auf die Rolle des Lehrers zu sprechen.

Von Unvollkommenheit zu Vollkommenheit

Neben den Worten gibt es Gemälde und Fotografien, Bücher und Zeitschriften bis hin zur Bildhauerei allgemein, die in gleichem Maße etwas in uns bewirken können, sodass wir für eine Weile aus dem Strudel herausschwimmen können.

Wenn wir uns einmal auf den Pfad der Befreiung begeben haben, können sich überraschende Dinge ereignen, die wir anfänglich noch als Zufall bezeichnen mögen. Allmählich erkennen wir, was uns zufällt, und dieses kann sogar eine solch erstaunliche und wundersame Wandlung verursachen, dass der Gläubige es nicht glauben kann und der Ungläubige zum Glauben findet.

Es handelt sich um den Prozess von Unvollkommenheit zur Vollkommenheit. Wir Menschen sind als Letzte auf der Bühne erschienen, die sich Erde nennt, und doch haben wir sofort die Führung übernommen.

Die Tiere, die Flüsse, die Berge und die Blumen sind viel älter als wir und haben bereits den Zustand der Vollkommenheit erreicht. Darum fühlen wir uns in der Natur so gut und wohl. Die Natur genügt sich selbst, lügt nicht, heuchelt nicht und leistet keinen Widerstand, und scheint wehrlos gegenüber der Gewalt des Menschen zu sein. Doch der Schein trügt, denn wer auf die Erde spuckt, der spuckt auf seine Mutter. Früher oder später spuckt die Erde zurück. Und diese Zeit ist nun angebrochen.

Die Abwärtslinie steht für die Worte und die Ausstrahlung des Lehrers, der auf ‚Jenes' verweist, das jenseits der Worte zu finden ist. Doch ein Buch, ein Gemälde oder eine Bildhauerei können ebenso etwas in uns bewirken, sodass wir für eine Weile dem Sog entzogen werden.

Der Zwischenraum bezeichnet das Empfangen der Wahrheit im Licht des Lehrers, doch auch das Eintreten, das Verstummen angesichts eines Kunstwerks.

Die aufsteigende Linie stellt die Läuterung und Inspiration dar als auch den Start mit neuer Energie, neuen Erkenntnissen und einem neuen Verständnis.

Tao

Eine Eiche ist eine Eiche, eine Buche eine Buche
und eine Weide eine Weide,
warum ist dann bitte der Mensch so unglaublich entartet?
Eine Dattel ist eine Dattel, eine Banane eine Banane
und eine Traube eine Traube,
warum ist dann nur der Mensch so unglaublich egoistisch?
Denn die Libelle ist eine Libelle, eine Biene eine Biene
und ein Schmetterling ein Schmetterling,
warum ist dann bitte der Mensch so unglaublich dumm?
Eine Lilie ist eine Lilie, ein Krokus ein Krokus
und eine Heckenrose eine Heckenrose,
warum ist dann nur der Mensch so unglaublich grausam und herzlos?
Denn eine Schwalbe ist eine Schwalbe, eine Taube eine Taube
und ein Adler ein Adler,
warum ist dann bitte der Mensch so unglaublich unhöflich und grob?
Eine Katze ist eine Katze, eine Eisbär ein Eisbär
und ein Pferd ein Pferd,
warum ist dann nur der Mensch so unglaublich unmenschlich?

TEIL II

SCHRITT 6

DAS LICHT UND DER SCHMERZ

Verschlossene Härte und furchtlose Sanftheit – Genau vierzig – Schwarze Einsamkeit – Das Destruktive – Liebe – Sehr sehr alt – Ausdruck – Angstschweiß – Scheinkampf – Das Mysterium des Bösen – Unterbrochene Verbindung – Die neue Energie schimmert am Horizont – Die himmlische Dualität – Der Teufel – Das Gesetz der kosmischen Resonanz – Wenn die Wölfe nicht mehr heulen – enormer spiritueller Speicher

Glück und Unglück erfordern starke Schultern und starke Beine.

Es gibt Menschen, die so geschädigt sind, dass ihr alter Schmerz anfängt zu protestieren, zu rebellieren und zu meutern, wenn das Glück ihnen winkt, da es zu schön ist, um wahr zu sein. Etwas stimmt hier nicht. Denn es gibt keinen Ärger, keinen Streit, keine Lügen, keinen Missbrauch, keine Bedrohung. Die ganze Situation ist dennoch Angst einflößend. Sie vertrauen ihr nicht. Irgendwo muss doch ein Konflikt auf der Lauer liegen?

Und wenn dann dem Glück der Rücken zugewendet wird, singt das Herz, das sich gerade geöffnet hatte und sich nun langsam wieder verschließt, seinen Schwanengesang:

War diese Liebe zu lieb,
diese Wärme zu warm,
dieses Glück zu glücklich?

War diese Zärtlichkeit zu zärtlich,
Diese Nähe zu nah,
diese Sanftheit zu sanft?

War diese Sicherheit zu sicher,
diese Schönheit zu schön,
diese Entspannung zu entspannt?

Der alte Schmerz hat gewonnen; er ist zu groß, zu stark, zu dominant und das schwache Licht noch zu verfrüht, zu klein, zu verletzlich und unsicher.

Darum gehe äußerst umsichtig mit deinem Schmerz um, unterschätze ihn nicht. Er hat jahrelange Erfahrung im Manipulieren deiner Gedanken und Gefühle und kennt wie kein anderer deine Schwachstellen und schwachen Momente. Dein alter Schmerz kann sogar eigenmächtig deine schwachen Momente kreieren.

Glück und Unglück erfordern starke Schultern und starke Beine.

Scheinkampf

Du bist dein eigener Folterer
in deiner eigenen Scheintortur,
Du bist dein eigener Tyrann
in deiner eigenen Scheindemokratie.

Du bist dein eigener Feind
in deinem eigenen Scheinkampf,
du bist dein eigener Anästhesist
in deiner eigenen Scheinoperation.

Du bist dein eigener Richter
in deinem eigenen Scheinprozess,
du bist dein eigener Gefangener
deines eigenen Scheins.

Eingeschlossene Härte und furchtlose Sanftheit

Unser inneres Licht wohnt hinter unserem Schmerz, es liegt dahinter, um uns aufzufangen, wenn wir hintenüber zu fallen drohen. Es liegt darunter, wenn der Schmerz über seine eigenen Füße zu fallen droht, und es liegt davor, um den Schmerz vor Gewalt zu beschützen. Es ist unser inneres

Licht, das um unseren alten Schmerz weiß. Es ist unser Licht, das uns unseren Schmerz schmerzhaft bewusst werden lässt. Das innere Licht umsorgt und hegt den Schmerz.

Am liebsten möchte unser inneres Licht unseren Schmerz durchleuchten, umarmen, wärmen und uns wiegen. Meistens jedoch hat der alte Schmerz Mühe, das sanfte, urweiße Licht zuzulassen, da er gepanzert ist, und nur mit Geduld und Liebe kann Licht in unseren alten Schmerz tropfen. Doch das Licht kann so viel aufdecken und so viel sichtbar werden lassen und das manchmal bis ins Unerträgliche.

Der Panzer ist so hart und das Licht so sanft. Der Panzer ist so angespannt und das Licht so entspannt.

Es ist wie die Tropfen auf einen Stein.

Der Panzer ist so unruhig und das Licht so still. Der Panzer ist so ängstlich, und das Licht so voller Liebe.

Der Panzer hat sich so weit weg verkrochen, und das Licht ist so allumfassend gegenwärtig. Dies ist der ewige Kampf zwischen Dunkel und Licht, ein Kampf zwischen verschlossener Härte und furchtloser Sanftheit.

Schwarze Einsamkeit

Vieles liegt bereits begraben,
und noch mehr wurde lautlos getötet.
Still! Manchmal
– wenn die schwarzen Klauen ihren eisernen Griff kurz lockern –
hörst du den Hilferuf des eingeschlossenen Lebens,
und es entspannt sich für einen kurzen Augenblick.
Ewig tastet die Einsamkeit nach dem Leben,
am Tag hinter Glas
und nachts unter den Decken.
Manchmal schnappst du nicht nach Luft,
sondern atmest das Leben, so wie es geatmet werden möchte.
So ist das Leben ein zusammenhängendes Ganzes,
mit Warften für die Umherirrenden.
Nur manchmal für einen kurzen Moment,

bevor das Leben wieder auseinanderplatzt in tausend glühende, scharfe Splitter.
Halte es fest!
Halte es zusammen, ruft das Herz.
Doch es ist schon wie ein Echo,
wie eine Erinnerung,
es ist bereits fortgegangen.
Und träge, schamlos träge, tritt die Einsamkeit wieder ihr Amt an,
und alles wird wieder eisig still,
und alles wird wieder eisig kalt.
Hart ist der eiserne Griff der schwarzen Klaue.
Still! Ist da jemand?
Nein, es ist nur der Wind, der durch die Fensterritzen pfeift und die Tür ächzen lässt.
Mit aufgerissenen Augen,
nach dem verlorenen Leben suchend,
wirst du in dein eigenes Labyrinth zurückgeworfen,
verlangend nach einem Schrei des eingeschlossenen Lebens,
das sich manchmal für einen kurzen Moment entspannt.

Die Abwärtslinie bezeichnet das Abgleiten in eine Depression, der Zwischenraum steht für die Gefangenschaft und die Aufwärtslinie für das mühsame Hinausklettern aus der Depression.

Uralt

Schmerz ist das Leiden an deinen Gebrechen, an deinem Unvermögen, deinen Begrenzungen und deinen Enttäuschungen – von dir selbst und anderen. Manche Wunden gehören zu dir, haben dich zu dem Menschen gemacht, der du jetzt bist. Du hast zu ihnen gestanden, mit ihnen geatmet, danach deine Urteile gefällt, und sie beeinflussen ebenso deine Weltanschauung.

Deine Verwundung kann dich stärker machen, sie kann aber auch dein Schwachpunkt sein, da dein Fundament eine offene Wunde ist. Dadurch bleibst du verletzlich.

Aber Wunden können heilen.

Deinen Schmerz trägst du immer mit dir herum. Er strahlt durch dein Lachen, deine Hilfsbereitschaft und deine Augen. Dein Schmerz hat auch bei deinen Entscheidungen immer ein Wörtchen mitzureden: „Darf ich das wohl annehmen? Habe ich das verdient? Bin ich gut genug für diesen Partner? Für diesen Job? Für dieses Glück? Für diese Sorglosigkeit, diesen Reichtum und diesen Wohlstand?

So wägt dein Schmerz alles ab, was du an Liebe, Vertrauen, Freundschaft und Sorglosigkeit, Reichtum und Wohlstand empfängst und stimmt er bei Rückschlägen, Abweisung, Pech und Einsamkeit zur Bestätigung sein Klagelied an.

Jede Landschaft, die du siehst, jedes Lied, das du hörst, jedes spielende Kind, das dich ansieht, jedes Tier, das an dir riecht berührt das, was unbeantwortet, nicht verheilt ist. Aber es verlangt auch nach und wartet auf Heilung – und hat doch gleichzeitig Angst davor.

Etwas räsoniert damit, und alles ist von einer Atmosphäre der Einsamkeit umgeben. Es ist eine Atmosphäre, die dich verträumt, abwesend, abwartend und widerständig sein lässt, doch zugleich verlangst du nach dem Unbestimmten, dem Ungewissen, denn letztlich möchtest du Heilung erfahren, geheilt werden.

Das Erkennen der Schönheit, Intimität und Urkraft räsoniert mit deinem Herzen – deinem inneren Licht, doch es scheuert gegen und schabt über deinen Schmerz. Dein Schmerz macht dich unruhig, du fühlst dich gehetzt, bist irritiert und sonderst dich ab, bis du dir schließlich verhärtet und verengt wieder begegnest und verunsichert zu dem anderen, dem Bekannten, zurückkriechst, um schweigend Arm in Arm mit ihm weiter zu gehen, wie zwei ineinander verstrickte Schmerzkörper. Nach Heilung verlangend mit- und beieinander. Schweigend, ohne Worte, denn das Sprechen hat zwar geholfen, aber nicht geheilt, da auf all die langen Gespräche stets eine schmerzhafte Stille folgte.

„Der Perlentaucher fürchtet nicht den Schlamm.“

Nur die ganz großen Talente vermögen Lebensfragen oder -aufgaben in nur einem Satz zusammenzufassen. Der niederländische Schriftsteller Multatuli (E.D. Dekker, 1820 – 1887) war so ein großes Talent.
Wenn wir auf die Suche gehen nach unserer Perle, dann müssen wir tief in uns hinabtauchen, denn sie liegt unter vielen Schlammschichten aus Lügen, Irreführung, Misshandlungen, Entfremdung und/oder Selbstverleugnung begraben. Das Bild vom Taucher ruft das Bild des Zwischenraumes in Erinnerung.

Die absteigende Linie beschreibt das Abtauchen, der Zwischenraum steht für den Boden, der durchwühlt wird, und die aufsteigende Linie kennzeichnet das Aufsteigen zur Wasseroberfläche, um nach Luft zu schnappen, mit oder ohne Perle. Der Perlentaucher weiß um die Perle, sonst würde er sein Leben nicht dafür aufs Spiel setzen. Er weiß auch, wo er suchen muss – am Boden, im Schlamm, aber das ist ein weiter Raum. Für uns als spirituelle Perlentaucher ist hierbei das Verb ‚fürchten‘ wichtig. Es ist auffällig, das Jesus seinen Anhängern sehr oft den Rat gibt: „Fürchtet euch nicht!“ Angst ist für den Perlentaucher etwas, dass er stets aufs Neue überwinden muss. Mein spiritueller Lehrer Alexander Smit sagte diesbezüglich auch oft: „Dies ist der Heldenpfad!“ Die Buddhisten sagen: „No mud, no lotus“ (ohne Schlamm kein Lotus).

Ausdruck

Dein Schmerz gehört zu dir, er ist ein Bestandteil von dir. Manchmal tritt er nach vorne und manchmal in den Hintergrund. Manchmal kannst du ihm durch Farbe oder Klang Ausdruck verleihen, auf der Leinwand oder als

Foto, und das kann sehr erleichternd sein. Dann dient er dir und spricht deine Stimmung aus der Schöpfung auf Abstand seine eigene Sprache. Und so hat dieser Ausdruck seine Daseinsberechtigung.

Der Mut, dich auszudrücken, kommt von der Kraft deines inneren Lichts.

Die Schöpfung selbst vertritt für den, der mit den Augen des ‚mystischen Herzens' schaut, Schmerz und Licht zugleich. Dein Unvermögen und Vermögen, deine Zurückhaltung und deine Hingabe, deine Zurückgezogenheit und deine Annäherung, dein Misstrauen und dein Vertrauen, deine Angst und dein Mut: Die Brücke zwischen beiden ist deine Schöpfung.

So entwickelt sich dein ‚Schmerzfundament' weiter zu einem Flechtwerk aus Kreativität, und sei es auch noch so hauchdünn und fein. Dieses noch verletzliche Flechtwerk besteht aus den Fäden deines inneren Lichts. Es kann auch mit einem Webstuhl verglichen werden: Kett- und Schussfaden stehen für das Spiel von Licht und Schatten, von Schmerz und Licht. Tropfen für Tropfen, Zeile für Zeile, Klang für Klang, Buchstabe für Buchstabe, Form für Form.

So wie steter Tropfen den Stein höhlt – langsam, geduldig und kontinuierlich.

das Tropfen auf den Stein
das Zupfen der Saiten
das Kneten des Tons
das Ziehen der ersten Linie
das Setzen des ersten Strichs
das Schreiben des ersten Wortes
das Bearbeiten des Steins
das Singen aus dem Herzen heraus
das Streicheln eines Tieres
das Pflanzen eines Baumes
die Begrüßung eines Menschen
das sind die Tropfen auf den Stein
das ist das Tropfen.
Höre nicht auf, Tropfen zu verschenken und zu empfangen.
Sie sind wie der klare Morgentau für unser Herz.

Sei die Dattel,
die stets süßer wird,
auch wenn der Boden, der sie nährt,
steinhart und rau ist.

Die Abwärtslinie steht für den Mut, deinen Schmerz in Klang, Bild, Wort oder in einem ersten Strich auszudrücken. Dies ist das Aufweichen des Panzers.

Der Zwischenraum kennzeichnet die hereintropfende Stille, die hereintropfende Offenheit und Bereitschaft für deinen Ausdruck.

Die aufsteigende Linie stellt die Erfahrung des nachlassenden Schmerzes dar und wird so zur Ermutigung, weiter zu machen. Es ist eine Bewegung weg von deinem Gefühl des Unvermögens, deiner Zurückhaltung und Einsamkeit hin zu der Bewegung der Annäherung und eine Bewegung weg von deinem Misstrauen hin zum Vertrauen. Die Brücke dazwischen ist deine Kreativität.

Angstschweiß

Das innere Licht kennt nur ein Mantra: „Pack' dein Bett zusammen und zieh los!“ Der alte Schmerz rezitiert nur das eine Mantra: „Lass(t) mich in Ruhe. Bleib(t) weg!“

Doch der Schmerz kann sich nicht verstecken. Jedes Tier riecht ihn, denn er riecht nach Angstschweiß.

Alles um den Schmerz herum sagt: „Komm!“ Alles ist eine Einladung.

Der warme Sommerwind streicht sanft über ihn hinweg und trägt die Liebessaat mit sich, die Umarmung eines geliebten Menschen gibt Wärme, alles ist eine Salbung für die offene Wunde.

Der Schmerz fühlt das auch. Er riecht nach Angstschweiß und sieht nur die Äste eines Baumes, Fragmente eines Menschen und hört nur Bruchstücke eines Lachens in seiner dunklen Grotte, in deren Tiefe er sich zurückgezogen und zusammengerollt hat, um ja nichts fühlen zu müssen.

Aber der alte Schmerz hört trotzdem die Tropfen in seine Grotte fallen. Er riecht den süßen Sommerblumenduft, der von weitem zu ihm hereinweht. Denn nichts ist absolut schwarz und nichts ist vollkommen weiß. „Oh, Hoffnungsschimmer, wie kann ich dich festhalten?" flüstert das wartende, verschleierte Herz.

SCHEINGEFECHT

Du warst dein eigener Peiniger in deinem
selbstgemachten Scheingefecht,
jetzt bist du der Mensch, der den Peiniger dazu veranlasst, sein Folterwerkzeug fallen zu lassen,
jetzt bist du der Mensch, der ihn lehrt zu fühlen und zu vergeben.
Du warst dein eigener Tyrann in deiner
selbstgemachten Scheindemokratie,
jetzt bist du der Mensch, der den Tyrannen lehrt zuzuhören
und sich zu entspannen,
damit er sich für das Licht öffnen kann.
Du warst dein eigener Feind in deinem selbstgemachten Scheingefecht,
jetzt bist du der Mensch, der das Kriegsbeil begräbt und die Friedenspfeife anzündet.
Du warst dein eigener Anästhesist in deiner eigenen Scheinoperation,
jetzt bist du der Mensch, der sich selbst aus der Narkose aufweckt.
Du warst dein eigener Richter in deinem eigenen Scheinprozess,
jetzt bist du der Mensch, der sich selbst freispricht.
Du warst der Gefangene deines eigenen Scheins,
jetzt verdampft der Schein im erwachenden Licht, das du bist!
Ein lebendiges, pulsierendes, prickelndes Strahlenbündel!
Das bist du!

DAS MYSTERIUM DES BÖSEN – 1

Wie kommt es nur, dass der Mensch sich eine so gewalttätige Reputation aufgebaut hat, seit er auf der Erde herumläuft? Die gesamte Erdc ist vom Blut unzähliger Opfer getränkt. Unsere gesamte Menschheitsgeschichte ist die Geschichte eines Krieges. Auch das Alte Testament ist zu einem Großteil ein Buch über Kriegsführung. Betrachten wir die Geschichte des Westens, dann ist auch sie eine der Kriege und Eroberungen. Was ist unser Leiden, wie lautet unsere Krankheit? Ich behaupte nicht, dass ich dieses Mysterium auflösen kann, doch ich wage einen Versuch, es zu umgehen und lade dich ein, meinen Gedankenspielen zu folgen.

Eine Kurzanalyse: Die vorläufig höchste Wahrheit und Weisheit lautet, dass alles Leben ein und derselben Quelle entspringt.

Dies bedeutet, dass alles Leben miteinander verbunden ist und dass wir alle eins sind – die Menschen, die Tiere, ja, die gesamte Natur ist eins. Dies bedeutet, dass wir die Einheit umsorgen, behüten und bewahren müssten, aus dem Gefühl der Verbundenheit heraus.

Denn wenn wir einem Menschen, einem Tier oder etwas anderes aus der Natur verletzen, ihm Schmerzen zufügen oder es töten, dann verletzen und töten wir einen Teil in uns und fügen ihm Schaden zu.

Das Gegenteil ist der Fall, wenn wir einen Menschen, ein Tier oder etwas anderes aus der Natur heilen, umsorgen, behüten und bewahren, denn dann heilen, umsorgen, behüten und bewahren wir etwas in und von uns.

Es mag sich nun die Frage stellen, woher es kommt, dass wir das nicht fühlen können. Woher es kommt, dass sich offensichtlich eine unterbrochene Verbindung im Menschen eingenistet hat. Und warum wir nur Verwüstung und Verderbnis in dem sehen, womit wir uns verbunden fühlen sollten.

UNTERBROCHENE VERBUNDENHEIT

Darauf gibt es über die Jahrtausende hinweg verschiedene Antworten aus der Sichtweise unterschiedlicher Religionen und Philosophien. Ich werde hier zwei Erklärungen aus dem Buddhismus und dem Christentum nennen.

Der Mensch erschien zuletzt auf der Weltbühne und ist so betrachtet noch ein Kind. Er befindet sich in der Peripherie, am Rande der Schöpfung und muss demzufolge noch sehr viel lernen. Der Mensch hat seinen Platz im großen Ganzen noch nicht gefunden, von dem er ein Teil ist. Kurzum: Der Mensch ist unfertig und unvollkommen.

Der Buddha spricht von Unwissenheit als Grundursache für unser Leiden und unser verbrecherisches, sündiges Handeln.

Die letzten Worte Jesu am Kreuz lauteten demzufolge auch: „Vater, vergib ihnen, denn sie wissen nicht, was sie tun!" Unwissenheit also, und so sprach auch Buddha von der Unwissenheit als unsere größte Qual.

Beide Erklärungen ergänzen einander, denn Unwissenheit könnte die Folge unserer Un-voll-kommenheit sein.

Bleibt die Frage und Aufgabe: Wie kommen wir zu einer Menschheit, die sich verbunden weiß und vor allem verbunden fühlt mit allem, was lebt?

Unwissenheit und Desinteresse

Wir können uns auch fragen, ob wir wirklich noch so unwissend sind, denn die Informationsflut der letzten fünfzig Jahre ist enorm und steht jedem Interessierten zur Verfügung. Darum ist die Frage berechtigt, ob es sich nicht viel mehr um Desinteresse und Gleichgültigkeit handelt. Denn wer ist denn wirklich daran interessiert, den Pfad der Befreiung zu beschreiten, den Pfad der Heilung der fühlbaren unterbrochenen Verbundenheit? Und doch zeichnet sich jetzt eine globale Wende und ein weltweiter Umschwung auf mehreren Gebieten ab – auf der spirituellen Ebene, die Umwelt und die gerechte Verteilung des Wohlstandes betreffend. Vielleicht ist dieser Umschwung vergleichbar mit der langsam einströmenden spirituellen Energie, die sich im Laufe der Zeit zu einer Flutwelle auftürmt, die nicht mehr aufzuhalten ist. Vielleicht stehen wir nun an dem Punkt eines weltweiten und radikalen Bewusstseinswandels. Und dieser Wandel muss sich von innen heraus vollziehen, denn nur, wenn wir global zu der inneren Erkenntnis kommen, dass sich alles ändern muss und das auch alles verändert werden kann, wird sich auch von innen heraus ein radikaler Wandel vollziehen. Dies ist das Versprechen der neuen Zeit.

Das Kultivieren der Empfänglichkeit

Also, wenn Unwissenheit die Ursache für unsere Torheit und Unvernunft ist, dann lautet das Allheilmittel natürlich einfach und übereinstimmend, dass wir emphatisches Wissen erwerben müssen, um als Folge dessen unserer Vollkommenheit einen Schritt näher zu kommen und auf der Leiter der Evolution von der Stufe der Unvollkommenheit eine Stufe höher zu größerer Vollkommenheit hinaufzuklettern.

Die erprobte Methode für diesen Wechsel von Unvollkommenheit zu Vollkommenheit ist die Meditation.

Meditation im Sinne von Selbstprüfung, Innenschau, still werden und sich öffnen im Sinne von Empfänglichkeit.

Um zu dieser gefühlten und damit wiederhergestellten Verbundenheit mit allen und allem in der Natur zu gelangen, ist das Sich-öffnen für das andere und den anderen wichtig, was letztlich wieder zur Kultivierung der Empfänglichkeit führt, mit einer urteilsfreien und erwartungslosen Haltung, ausschließlich auf Heilung hoffend.

Wenn ein Mensch diese Art von Meditation kultiviert, bleibt dies nicht unbemerkt. Die Bäume freuen sich darüber, die Tiere laufen, fliegen und schwimmen neugierig dem meditierenden Menschen hinterher, die Götter geben ihm, wonach er sie in seiner Meditation ersucht und worum er sie bittet, nämlich Empfänglichkeit zu empfangen, die aus einer gefühlten Verbundenheit heraus zu einem vollkommeneren Leben führt. Hiernach verlangt es die Schöpfung, und darauf wartet sie schon so lange.

Denn wenn alles ein Altar ist, wirst du mit Sicherheit barfuß laufen, aus Ehrfurcht vor der Asche, die du einst warst.

Die Apostel Jesu ersuchten ihn einst: „Lehre uns zu beten." Und Jesus lehrte sie das „Vaterunser". Wir könnten nun die großen Lehrer dieser Zeit bitten: „Lehrt uns zu fühlen."

Die absteigende Linie symbolisiert unsere gefühlte Dringlichkeit, von der unterbrochenen Verbundenheit zu einer wiederhergestellten Verbindung durch Einkehr, Meditation und Innenschau zu gelangen. Dies ist die Pilgerreise von Unwissenheit zu Wissen.

Der Zwischenraum steht für das empfängliche ‚mystische Herz', das sich nun öffnet, sodass die Verbindung geheilt werden kann. Dies ist ein verletzlicher Prozess, der sich im Innen vollzieht und Ruhe und Zurückgezogenheit verlangt, so wie die Saat im Boden und die Raupe, die sich verpuppt.

Die aufsteigende Linie symbolisiert hier den neuen Menschen, der aus der wiederhergestellten Verbindung und Empfänglichkeit heraus sich selbst, seinen Mitmenschen und der Natur offen und neu begegnet, sie neu betrachtet und hierdurch heilt.

Der rationale Mensch

Im Westen wird in Bildung und Entwicklung der Akzent vor allem auf das Denken und weniger auf das Fühlen gelegt. Dies ist einer der Gründe dafür, warum es so lange gedauert hat, bis wir tatsächlich weltweit mit der Rettung dessen, was von der Natur noch übrig ist, begonnen haben. Nicht das Gefühl, sondern auch das Denken musste und muss noch stets überzeugt werden. Und dafür braucht(e) es eine große Anzahl wissenschaftlicher Studien und Berichte, die wiederum von einer großen Anzahl wissenschaftlicher Studien und Berichte angefochten wurden und werden, die das Gegenteil behaupte(te)n. Diese Studien we(u)rden meistens von mächtigen Konzernen finanziert, die großes Interesse haben an der Bewahrung des Status quo.

Für den rationalen Menschen ist die unterbrochene Verbindung mit der Natur nicht so bedeutsam wie eine wissenschaftliche Studie, die aufzeigt, dass Anlass zu großer Sorge besteht und alles den Bach runter geht als Folge unseres zerstörerischen Handelns.

Letztlich hat die Wissenschaft mit ihrem kontinuierlichen Strom an Studien, die klar aufzeigen, dass wir eindeutig schuld sind an der Erderwärmung, dafür gesorgt, dass dies endlich in unserem Denken angekommen ist. Dass dies so lange gedauert hat, nämlich fünfzig Jahre nach dem Erscheinen des ersten Berichts des *Club of Rome*, liegt unter anderem an den Interessen mächtiger Konzerne mit vielen Arbeitnehmern, auf die die Politik stärker gehört hat. Auch hat die Politik erkannt, dass die Masse nicht bereit war, etwas von dem erworbenen Wohlstand (so wie z.B. das Reisen mit dem eigenen Auto) für so etwas Vages wie eine sauberere Umwelt aufzugeben. Es hat ganz schön lange gedauert, bis dieses Umweltbewusstsein zur Masse durchgedrungen ist. So passt neben der Bitte „Lehre uns zu beten“ und die nachfolgende Bitte „Lehrt uns zu fühlen“ nun auch die Bitte „Lehrt uns zu verstehen.“

Doch ob wir es nun fühlen oder verstehen, dass wir alle eins sind, ist nicht das Wichtigste. Das Wichtigste ist, dass es bis zur Masse durchdringt; und dieses Verstehen, Begreifen und sogar das Fühlen beginnt gerade auf globaler Ebene.

Der Teufel

Selbst Jesus hatte während seines vierzigtägigen Aufenthaltes in der Wüste sehr stark unter dem Teufel gelitten, der ihn immer wieder aufsuchte, um ihn zu verleiten. Zu seinem und unserem Glück ist er nicht schwach geworden. Dieses Beispiel verdeutlicht jedoch, dass das Böse eine selbstständige Macht und Kraft ist. Meine Erklärung hierfür lautet, dass alle unsere negativen und destruktiven Gedanken, Worte und Taten unermesslich starke Energien sind, die einander aufgrund ihrer gleichen Schwingungen gemäß des Gesetzes der Resonanz und des Magnetismus im Kosmos anziehen. Diese akkumulierten Energiefelder besitzen die gleichen Überlebensstrategien wie alles in der Schöpfung.

Die gute Nachricht ist, dass dies auch für all unsere positiven und konstruktiven Gedanken, Worte und Taten im selben unermesslichen Ausmaß gilt.

So wird es auch sein, wenn wir sterben. All unsere positiven und negativen Gedanken, Worte und Taten werden gemäß dieser Unermesslichkeit gewogen werden. Das Unreine wird gereinigt, und was rein ist, in göttliches Licht verwandelt werden.

Denn, wie bereits beschrieben, alles wird irgendwo im Kosmos gesammelt und bewahrt, ob wir es nun das Buch des Apostels Petrus, die *Akasha-Chroniken* oder das *morphogenetische Feld* nennen.

Aus Sicht der Reinkarnationstheorie kehren wir nach unserem physischen Tod wieder auf die Erde zurück, um das Gute weiterzuentwickeln und das Schlechte wiedergutzumachen.

Es heißt, dass der Teufel die perfekte Camouflage beherrscht, indem er den Menschen weismacht, er sei tot.

Die Abwärtslinie steht für unseren letzten Atemzug, das Sterben. Der Zwischenraum ist ein offenes Gebiet, das von allen Religionen in den verschiedenen Kulturen durch alle Jahrhunderte hindurch unterschiedlich besetzt wird. Im Christentum kennen wir das Wiegen durch den Apostel Petrus. Er prüft, was noch im Feuer gereinigt werden muss. Auch im Hinduismus und Buddhismus werden die guten und schlechten Taten, die wir in unser folgendes Leben mitnehmen, im Feuer gewogen. Es geht immer wieder um eine Feuerreinigung. Die aufsteigende Linie bezeichnet in der Inkarnationslehre das neue Leben, das wir mit dem Auftrag einer weiteren Reinigung annehmen. Im Christentum gibt es eine Abfolge verschiedener Stufen des Feuers bis zum ewigen göttlichen Licht, dem siebten Himmel – dort, wo Jesus und Mohammed friedlich neben dem Thron Gottes sitzen. Juden und Muslime glauben an eine leibliche Auferstehung nach dem Tod am Tag des „Jüngsten Gerichts“. Deshalb dürfen ihre Gräber auch nicht geräumt werden.

Wenn die Wölfe nicht mehr heulen

Eine andere poetisch-lyrische Erklärung für unsere Gebrochenheit findet sich in der fernen Vergangenheit. Vor sehr langer Zeit schlug ein Meteorit auf unserer Erde ein. Als Folge davon verschwand ein Großteil unseres Planeten. Diesen Teil nannten die Menschen später Mond. Die Erde blieb amputiert zurück und begann aufgrund dieses unersetzlichen und nicht wiedergutzumachenden Verlustes zu rotieren. Die Erde war nicht mehr heil, und aus dieser Teilung ist das entstanden, was wir Regen nennen – das

Trauern der Erde um ihren verlorenen Teil. Und was wir seitdem als Vulkanausbrüche bezeichnen, ist ein Wutausbruch der geschundenen Erde. Und wenn die Erde ihr Heimweh hinausschreit, nennen wir das Sturm. Die Erde ist sozusagen traumatisiert, denn ein Tänzer mit einem Bein bleibt nun mal ein Tänzer mit einem Gebrechen. Alles auf der Erde, alle Tiere, alle Bäume, alles Wasser und auch alle Menschen tragen die Erinnerung an diese verlorene Ganzheit, die weggebrochene Balance, in sich, und vielleicht ist dieser weggebrochene Teil der Erde der fühlende Teil der Erde. Bei Vollmond ist die Erinnerung am stärksten, dann ist der Mond der Erde sehr nahe und doch zu weit weg, um ihn berühren oder umarmen zu können.

Das Blut der Erde, das wir Wasser nennen, strömt dann heftiger als normal; wir nennen das Springtide, und die Wölfe heulen die ganze Nacht wegen des Verlusts der Ganzheit, den sie vielleicht wie kein anderes Tier spüren. Vielleicht ist das, was wir als Wolfsgeheul bezeichnen, ein Anrufen des Mondes, damit er zurückkommen möge, um sich wieder mit der Erde zu vereinigen. Denn dann können Wolf und Schaf wieder friedlich miteinander leben. Ohne Schmerz, Angst und Verlust und ohne Durst nach Blut. Aber vielleicht ist es auch die Aufgabe des neuen Menschen, die offene Wunde der Erde und damit allen Lebens zu schließen, indem er sie umsorgt, auf ihr tanzt und für sie singt, so wie ein Kind mit einer Blume aus dem Garten seinen traurigen Freund tröstet. Denn in allen alten Kulturen und in allen Religionen lebt die Geschichte von der neuen Erde weiter. Und diese Zeit ist nun gekommen und schimmert bereits am Horizont. Und dann werden die Wölfe aufhören zu heulen.

Selbstzerstörung

Ist es vielleicht so, dass wir eine angenehme und komfortable Art der Selbstzerstörung betreiben? Und zwar, indem wir den gesamten Planeten (uns eingeschlossen!) zerstören?

Ist unsere Flucht in materiellen Wohlstand auf Kosten der sogenannten Dritten Welt und der Umwelt nicht eine indirekte Art von Selbstmord? Denn, wenn wir so weitermachen, haben wir die Erde so verdreckt und erschöpft, dass kein Leben mehr möglich ist. Ist dies nicht ein getarnter, kollektiver und weltweiter Ausdruck von Selbstzerstörung, der einem tiefen, unbewussten und kollektiven Selbsthass entspringt?

Und sind wir nicht alle bereits abhängig von und süchtig nach all den Versuchungen und Verlockungen, sodass ein Durchbrechen dieser Sucht beinahe unmöglich ist? Gibt es jemanden, an dessen Händen kein Blut klebt? Wir können nicht nichts konsumieren. Ist eine Lebensweise vorstellbar, die nicht zerstörerisch ist? Nein, das ist nicht möglich, doch können wir die Zerstörung auf ein Minimum reduzieren, indem wir unsere Verantwortung ernst nehmen. Dies ist der Weg des neuen Menschen, und es wurden bereits viele geboren, und es werden immer mehr.

Liebe und Angst

Du Gott, gabst mir ein Auge,
um Deine Herrlichkeit zu betrachten,
doch schon bald entwickelte ich ein zweites,
um meinen Nachbarn im Auge behalten zu können.
Du gabst mir ein Ohr,
um Deinen stillen Frieden zu hören,
doch schnell kreierte ich ein zweites,
um das Geschwätz um mich herum aufzufangen.
Du gabst mir eine Hand,
um Deine Schöpfung zu streicheln,
doch schnell erschuf ich eine zweite,
um zu ergreifen und zu zerbrechen und mir ganz viel anzueignen.
Du gabst mir ein Bein,
um vor Deinem enormen Licht zu knien,
doch schnell fertigte ich ein zweites,
um vor ihm zu flüchten.
Du gabst mir die eine Gehirnhälfte,
um Deine Weisheit und Wahrheit unmittelbar zu erleben,
doch sehr schnell entwickelte ich eine eigene Gehirnhälfte,
um mir meinen Teil zu denken.

Du, lieber Gott, gabst mir ein Herz,
um deine Gesinnung nach Vergebung erfahren zu dürfen.
Und so ist es glücklicherweise bis zum heutigen Tag geblieben.

Die neue Energie schimmert am Horizont

Doch ist auch eine Veränderung sicht- und spürbar. Wenn wir mit unseren Werkzeugen der Selbsterforschung und Meditation genau hinschauen, können wir sehen, wie sich in großen Teilen der Welt das Kriegführen von Ländern und Völkern gegeneinander verschoben hat zu einem Krieg in uns selbst.

Im Gegensatz zum zunehmenden (Werte)Verfall und der Aufweichung der Normen gibt es stets mehr Menschen, die sich dessen bewusst sind, dass es anders sein muss und auch anders kann und die auch andere Wege beschreiten.

Anstelle mit dem Finger auf die anderen zu zeigen, Schuldzuweisungen und Vorwürfe zu machen und zu verurteilen, findet ein Prozess der Selbsterforschung und -prüfung statt. Mit Selbstreflexion kommt keiner in die Zeitung, sie geschieht in Stille, in der Zurückgezogenheit der Introspektion. Es ist eine äußerst individuelle, innere Intervention. Aus dem, was viele Menschen sagen, wird deutlich hör- und sichtbar, dass eine Umwälzung bereits im Gange ist.

Unter anderem dank des Vokabulars, das in der Psychologie entwickelt wurde, können sich größere individuelle Gruppen dieses Wortschatzes bedienen und sich somit Ausdruck verleihen. Sie können in Worte fassen, was sie berührt und antreibt und was sich in ihrem Inneren abspielt. Indem wir Schmerz in Worte fassen, können wir ihn leichter loslassen, und es entsteht Raum für das Licht.

Transzendenz

Wir alle kennen in unserem Leben Momente der Transzendenz: Die Ekstase des Orgasmus, ein stiller Sonnenuntergang an einem einsamen

Strand, das Tanzen zu unserer Lieblingsmusik, musizieren, Verliebtsein, die Geburt eines Kindes oder der erste (Schul-)Abschluss.

In solchen Momenten überwinden wir unser determiniertes rationales ‚Mindset'.

Das Bedürfnis nach Überwindung unseres Selbst – oder besser unserer Determiniertheit – ist ein allgemeines menschliches Phänomen in allen Zeiten und Kulturen.

Man suchte es in Rauschmitteln zu finden: die Germanen im Bier, Menschen im Mittelmeergebiet im Wein, Russen im Wodka, Chinesen im Opium, Inder, Menschen im Mittleren Osten und in Nord-Afrika im Haschisch und die amerikanischen Ureinwohner in Kokablättern.

Doch viele, die den Pfad der Befreiung und damit die Überwindung des determinierten Selbst beschreiten erkennen, nachdem sie einige oder sogar alle diese Rauschmittel probiert haben, dass nichts über die prickelnde Ekstase des einströmenden Lichts geht.

Außerdem sind hiermit viele Vorteile verbunden:

- Du bist nicht abhängig von einer Droge, um dich gut zu fühlen.
- Es gibt keine Suchterscheinungen oder andere negative Nebenwirkungen.
- Du wirst hierdurch zu einem vollständigeren Menschen, wirst heller und liebevoller.
- Du kommst durch Respekt und Liebe wieder in Verbindung mit dem Leben.
- Es kostet nichts und ist allzeit und überall verfügbar, du musst dich nur mit der Transzendenz verbinden.
- Du kannst die Liste selber fortsetzen ...

Heile dich selbst

Wie kannst du nun dafür sorgen, dass du mehr Licht in deinem Leben zulässt, sodass dein alter Schmerz stets mehr und tiefer heilen kann und du milder und weiser werden darfst?

Es gibt viele Hilfsmittel: Ich persönlich glaube an Bewegung: Gehe nach draußen, fahre Rad, laufe, segle, tanze, gärtnere oder hacke Holz. Wenn du in Bewegung bist, verändert sich zunächst deine Perspektive. Jedes Mal siehst du deine Umgebung aus einem anderen Blickwinkel, was wiederum deinen Blick auf deine Verengung, deinen Schmerz, deine Probleme und deine Stagnation verändern kann. Weiterhin kommt dadurch, dass dein physisches System in Bewegung ist, auch dein psychosoziales und emotionales System in Bewegung. Dies kannst du gut beobachten, wenn du dir zwischendurch erlaubst, kurz mit dem aufzuhören, was du gerade tust (Radfahren, laufen, segeln, gärtnern, Holz hacken), um mit geschlossenen Augen zu erkennen, dass du mehr bist als ein psychosoziales und emotionales Wesen, denn du bist darüber hinaus ein spirituelles Wesen! Und solange du diese Qualität missachtest, irrst du weiter unerfüllt umher.

Fühle, wie die Lebensenergie durch deinen Körper strömt. Spüre, dass deine Stagnation zwar noch im Hintergrund anwesend ist, dich aber nicht mehr dominiert. Fühle, wie du wieder offen bist für deine Mitmenschen.

So betrachtet ist es schade, dass Spitzensportler nach einer Top-Leistung sofort von einem Mikrofon belagert werden mit der Frage: „Was geht ihnen gerade durch den Kopf?"

Würde der Spitzensportler still stehen oder sitzen und die Augen schließen, dann würde er unter dem Spektakel der Energie-Explosion, die er im Inneren seines Systems wahrnimmt, beinahe kollabieren. Ein Orgasmus ist damit verglichen nichts dagegen.

Es ist natürlich sehr gut, über den alten Schmerz zu sprechen, was ohne Freunde oder einen Partner zugegebenermaßen sehr schwierig ist. Wir sind soziale und emotionale Wesen. Doch darin kann sich auch eine Falle verbergen, denn es ist sehr verlockend, in der Rückkopplung hängen zu bleiben. Du erhältst Aufmerksamkeit und glaubst, auf einem guten Weg zu sein. Doch letztlich musst du diesen Weg alleine gehen, in der Stille und in der Zurückgezogenheit. Doch wenn du dich einmal daran gewöhnt hast, ist es keine Aufgabe mehr und erfährst du den Tanz, unter Menschen und dann wieder allein zu sein, als eine schöne, natürliche Bewegung.

Enormes spirituelles Reservoir

Der Teufelskreis von Schmerz und Selbstzerstörung muss überprüft und untersucht werden, denn die gute Nachricht lautet, dass wir alle über ein enormes Regenerationsvermögen verfügen. So mag es dich immer wieder erstaunen, wie frisch und lebendig die Lebensenergie durch dich hindurchströmt, wenn du in der Offenheit weilst.

Wir alle verfügen über ein enormes, ursprüngliches, spirituelles, emotionales und physisches Reservoir.

Setze dich an einen ruhigen Ort und verbinde deine Aufmerksamkeit mit deinem Atem. Lasse auftauchen, was sich an Unruhe und Mattigkeit zeigen will. Lasse auch deine Identifikationen, wer du alles bist, los und entspanne deine Augen von all den vielen Außenreizen.

Fühle, dass du lebst, dass du lebendig bist unter Lebendigen. Öffne dich für das Einströmen der immer verfügbaren, kosmischen Lebensenergie. Atme durch, atme tief durch. Dein Atem verankert diese Lebensenergie in deinem System. Fühle, wie du von der Verengung in die Ausdehnung gehst, spüre, wie gut sich das anfühlt. Sei dir deiner Ausdehnung bewusst und lasse sie sich weiter ausdehnen.

Es geschieht von alleine, denn im Grunde sind wir grenzenlose Energiebündel, besitzen wir die Kraft eines Elefanten!

Die absteigende Linie steht für deine Bereitschaft, dich an einen ruhigen Platz zu setzen und deine Aufmerksamkeit mit deinem Atem zu verbinden. Du lässt die aufsteigende Unruhe und Mattheit einfach zu und auch deine Identifikationen bezüglich dessen, wer du alles bist, los. Du entspannst deine Augen von all den vielen Außenreizen.

Im Zwischenraum öffnest du dich für das Einströmen der kosmischen Lebensenergie. Du atmest tief durch und verankerst so diese Energie in deinem System. Die aufsteigende Linie steht für die Freisetzung deiner Urkraft, die du prozessorientiert und ganzheitlich stets tiefer integrierst.

Zwischendurch

Denjenigen, die wie ich die Bibel als Buch interessant finden, gebe ich hier nur aus den ersten beiden Büchern der Genesis und Exodus fünf Beispiclc dafür, dass auch dort die absteigende Linie, der Zwischenraum und die Aufwärtslinie vorkommen. Es ließe sich, würden wir die Bibel dahingehend durchkämmen, allein damit ein interessantes Buch füllen!

1. Die Abwärtslinie steht für den Sündenfall, die Vertreibung aus dem Paradies. Der Zwischenraum bezeichnet die Reue, das Umherwandern, die Angst und die harte Arbeit. Die Aufwärtslinie bezeichnet die Erlösung hieraus.

2. Die Abwärtslinie steht für die vierzig Tage dauernde Sintflut und den Bau der Arche Noah. Der Zwischenraum kennzeichnet das Dümpeln der Arche mit allen Tieren und Auserkorenen auf der Erde, die sich in ein Meer verwandelt hat. Die Aufwärtslinie steht für das Trockenfallen der Erde und das Schließen des Bündnisses zwischen Gott und den Menschen.

3. Die absteigende Linie steht dafür, dass Josef von seinen eifersüchtigen Brüdern in einen Brunnen in der Wüste geworfen wurde. Der Zwischenraum kennzeichnet seinen Verkauf als Sklaven an Händler. Die Aufwärtslinie bezeichnet seine Ernennung zum Traumdeuter des Pharao und später seine Krönung zum Vizekönig von Ägypten.

4. Die absteigende Linie steht für Moses, der in einem Körbchen im Nil ausgesetzt wird, der Zwischenraum für das Driften stromabwärts und die aufsteigende Linie für Moses als Befreier des jüdischen Volkes aus der Sklaverei.

5. Die Abwärtslinie kennzeichnet das Trockenfallen des Schilfsees, sodass das jüdische Volk tatsächlich flüchten kann. Der Zwischenraum steht für die Durchwanderung des trockengefallenen Schilfsees. Die Aufwärtslinie bezeichnet das sich–wieder–Füllen des Sees und die vierzig Jahre andauernde Durchwanderung der Wüste zum gelobten Land.

Es ist auffällig, wie verletzlich der Zwischenraum immer wieder ist – jedes Mal geht es so gerade eben gut. Die Verbindung zwischen Gott und den Menschen ist nicht unzerstörbar, wie behauptet wird. Nein, wenn wir die Bibel aufmerksam mit Augenmerk auf die Zwischenräume lesen, fällt auf, wie dünn und äußerst verletzlich die Verbindung ist, was diese wenigen Beispiele deutlich erkennen lassen.

SCHRITT 7

WER BIN ICH

Wer bin ich? – Der Suchende ist das Gesuchte – Taj Mahal – Vollkommene Erleuchtung – Knappe Ausführung zur Geschichte der Erleuchtung in den Niederlanden – Lehrer und Lehrling – Komme in Bewegung – von „alles ist heilig“ zu „nichts ist heilig“ – Schmerzhafte Bewusstwerdung – Warum tanzt du nicht? – Leela

WER BIN ICH?

„Du bist mein kleiner Hosenscheißer“ sagte meine Mama ganz früher.
„Du bist dein Name“, sagte das dumme Mädchen schlicht und einfach.
„Kleider machen Leute“, sagte mein Schneider sehr treffend.
„Du bist das, was du konsumierst“, sagte mein Lebensmittelhändler sehr sparsam.
„Du bist deine Taten“, sagte mein Reinkarnations–Therapeut sehr vage.
„Du bist, was du isst“, drückte es mein mit Makrobiotik arbeitender Arzt sehr schmackhaft aus.
„Du bist, was du weißt“, sagte mein Guru sehr liebevoll.
Du bist, was du weißt!
Ganz sicher.

DER SUCHENDE IST DAS GESUCHTE

Wer ist das eigentlich, der all die Übungen ausführt, wie zum Beispiel die Übung, den Zwischenraum zwischen zwei Atemzügen und zwei Gedanken zu entdecken?

Das sind wir, insofern wir uns mit der Person identifizieren, der denkt, fühlt und handelt.

Der Denkende, Fühlende und Handelnde ist im Begriff ‚Ego' vereint. Dieses Ego kreieren wir selbst ab dem Moment, wo wir als Kind zum ersten Mal „Ich" sagen.

Davor waren wir Menschen, die tun ohne einen Tuenden, die denken ohne einen Denkenden und fühlen ohne einen Fühlenden.

Unser *Ego* hat uns gesellschaftlich enorm weit gebracht, denn dank dieses ‚Ich–Bewusstseins' können wir für uns haargenau festlegen, wo wir stehen, was wir wollen, wie wir etwas erreichen können und wie wir uns unserer Mitwelt präsentieren.

So wie bereits im vorherigen Kapitel über Identität erläutert, haben wir unsere Identität hieran entlehnt. Ich bin das Produkt meines Denkens, Fühlens und Handelns. Dieser Identität haben wir unseren Status, unsere Karriere und unsere gesellschaftliche und soziokulturelle Position zu verdanken.

Deswegen ist uns auch so viel daran gelegen, dieses Bauwerk instand zu halten, denn unser gesamtes Leben, so scheint es jedenfalls, hängt davon ab.

Doch auf dem Pfad der Befreiung wirst du erkennen, dass diese Bündelung des Denkenden, Fühlenden und Handelnden im ‚Ich' relativ ist. Das lässt sich ganz einfach feststellen, denn wir sind nicht immer der Denkende, Fühlende oder Handelnde. Mit anderen Worten: Es gibt, wie wir es bereits beim Ego gesehen haben, Zwischenräume, die wir zu unserem Vorteil nutzen können, wenn es um Befreiung geht.

Die Kraft eines Elefanten

Tief in uns verfügen wir alle über die Kraft eines Elefanten. Doch genau davor haben wir gleichzeitig Angst.

Das kommt zum einen durch Falschinformationen und zum anderen durch schmerzhafte Erfahrungen, wodurch unsere Urkraft implodiert ist, blockiert und invalide wurde. Doch können es gleichzeitig genau diese schmerzhaften Erfahrungen sein, die uns aufwecken, damit wir uns befreien.

Wir haben Angst vor unserer immensen innerlichen Kraft bekommen, wir misstrauen uns. Wir haben unsere Elefantenkraft beschnitten, verneint und narkotisiert.

Doch das Wunder ist, dass unser ‚göttlicher Zustrom' noch genauso frisch und rein ist wie bei unserer Geburt und dass uns diese heilende Kraft vollkommen zur Verfügung steht.

Manchmal müssen wir uns lange durch erstickende Schleier wühlen, manchmal sind es eiserne Vorhänge und sogar Mauern, das stimmt.

Doch das Licht kann plötzlich durch einen Spalt hereinscheinen. Du bist ein gesegneter Mensch, wenn dir dies auffällt und wenn du weißt, wie du es umsorgen, hegen und pflegen kannst.

Die Abwärtslinie steht für den Prozess des Loslassens vom Denken, vom Wollen und von unseren blockierten und mundtot gemachten Überzeugungen. Dieser Prozess im Zwischenraum kann sich manchmal sehr schnell vollziehen, er kann aber auch Jahrzehnte dauern, weil er vielschichtig ist. Doch jede Befreiung setzt im wahrsten Sinne mehr Luft, Licht und Energie frei. Die Aufwärtslinie bezeichnet die Erfahrung unserer Urkraft, unserer Elefantenkraft, die negiert wird.

Der Lehrer

Der Lehrer ist wie ein Freund, mit dem du nachts einen Waldspaziergang machst und den du nach einer langen Zeit der Stille fragst: „Hast du auch den Waldkauz gehört?" „Ja, stimmt, nun, da du es sagst!" Du hast ihn zwar gehört, aber es noch nicht realisiert, sondern musstet darauf aufmerksam gemacht werden, denn wahrscheinlich warst du zu sehr in Gedanken.

Es heißt, dass wir in unserem Leben drei Arten von Lehrern begegnen. Zwei davon sind unsere Lehrer im Außen, einer ist unser innerer Lehrer. Schlussendlich geht es um diesen letztgenannten. Der erste äußere Lehrer ist die Gesellschaft, sind unser Partner, unsere Familie, unsere Nachbarn und unsere Kollegen. Der zweite Lehrer ist der Lehrer, den wir während eines Satsangs aufsuchen und mit dem wir ein Vertrauensverhältnis aufbauen und unterhalten. Dieser Lehrer hat zudem immer Bezug zu unserem inneren Lehrer. Kennzeichen eines guten Lehrers ist, dass er unseren inneren Lehrer zum Leben erweckt und sich damit letztlich überflüssig macht.

Das Kennzeichen eines guten Schülers ist, dass er dies gut annehmen kann. Doch Empfänglichkeit ist auch ein Prozess, der vor allem Vertrauen erfordert. Sei darum auch ein wenig geduldig mit dir und wisse, dass hinter all dem möglichen Schmerz, der ans Licht kommen mag, immer das ewige vorurteilsfreie Licht ungebrochen in dir erstrahlt, so wie es bereits bei deiner Geburt gestrahlt hat.

Im Licht des Lehrers

Auf dem Pfad der Befreiung ist es ein Grund für große Dankbarkeit, wenn wir Menschen begegnen und begleiten, die diesen Weg zum Teil, manchmal sogar bis zum Ende gegangen sind. Es gibt nur wenige Menschen, die aus eigener Kraft so tief in sich eintauchen können; in den meisten Fällen geschieht dies in der Atmosphäre eines befreiten Lehrers. Er wird der geistige Lehrer oder in Indien ‚Guru', genannt. ‚Gu' heißt dunkel und ‚ru' bedeutet Licht. Der Guru bringt den Schüler aus dem Dunkel ins universelle Licht, das in ihm strahlt, aber nun noch verschleiert ist.

Augenscheinlich sind es die gesprochenen Worte, die uns weiter helfen, doch es geschieht mehr. Die Ausstrahlung des Lehrers aktiviert in unserem Energiesystem die Anteile, die am lautesten nach Befreiung rufen. Gesegnet ist der Schüler mit einem empfänglichen Herzen.

Einerseits geht dies von allein, andererseits fordert dies unsere vollständige Zuwendung, Hingabe und Aufmerksamkeit. Verweilen wir mit unserer Aufmerksamkeit bei diesem energetischen Befreiungsprozess und in der Selbstzugewandtheit, können wir dessen befreiende Wirkung erleben und haben die Chance, bewusst zu erfahren, wie es sich anfühlt, befreit zu sein von dem, was wir bis zu diesem Zeitpunkt immer festgehalten haben und werden allmählich in uns den selben energetischen Befreiungsprozess erkennen und aktivieren. Tun wir dies nicht, bleibt es bei Aussagen wie: „Das hat sich gut angefühlt!" und laufen zudem Gefahr, uns zu lange auf den Einfluss des Lehrers zu konzentrieren, anstatt zu realisieren, dass wir dieses Gefühl in uns tragen, denn das – der gesamte Prozess – sind wir selbst.

Das helle, befreit strahlende Licht des Lehrers aktiviert unser verschleiertes Licht. Wir können uns durch diese Aktivierung unseres eigenen Lichts und seiner Verschleierung bewusst werden. Die erste ist eine schöne und die zweite eine schmerzhafte Erfahrung. Es kann schmerzhaft sein zu erkennen, dass wir unser strahlendes Sein und damit unsere Ausstrahlung bis jetzt verschleiert haben, doch ist es gleichzeitig eine berührende Erfahrung zu sehen, dass unser inneres Licht unversehrt geblieben ist.

Als nächstes können wir uns als Tatsache realisieren, dass es nicht so ist, dass ein Licht in uns scheint, sondern dass wir *selbst das Licht sind.* So kommen wir zu folgender Umkehrung: Wir erkennen, dass wir Licht sind, dass dies unser Wesen ist. In diesem Licht können wir zudem wahrnehmen, dass unsere Verschleierung all unsere Aufmerksamkeit bekommen hat und dass die Verschleierung nicht unser Wesen ist, sondern nichts weiter als ein Schleier.

Wir können des Weiteren erkennen, dass das frei strahlende Licht des Lehrers und unser Licht – mag es auch verschleiert sein – im Wesen identisch sind.

Jäger und Sammler

Tief in unserem System liegt ein Millionenjahre altes Jäger- und Sammlerverhalten verborgen. Durch die Evolution hindurch hat sich dasselbe Prinzip des Jagens und Sammelns an die sich entwickelnden Kulturen angepasst. Ging es in prähistorischer Zeit um Feuerholz, Speere und Beutetiere, ging dieses Jäger- und Sammlerverhalten nach dem Ende des Mittelalters über in die Jagd nach Wissen und Macht.

Und wir alle machen nichts anderes, als Informationen nachzujagen und auf unseren Computern und Smartphones zu sammeln. Je mehr desto besser.

Und weil viele von uns sich haben degradieren lassen zu willenlosen, konkurrenzorientierten Konsumenten, jagen wir in blinder Unwissenheit Konsumgütern nach und sammeln sie, denn das Zauberwort lautet ‚neu' – die neueste Mode, das neueste Auto, der neueste Computer, das neueste Smartphone, die neueste Küche, neue Ferienziele. Wer nicht bestmöglich und maximal konsumiert, der wird als ‚Loser' schuldig gesprochen.

Dasselbe Jäger- und Sammlerverhalten zeigt sich auch im Kontakt mit einem spirituellen Lehrer.

Wir sind gierig, absorbieren alle Anweisungen, behalten alle Ratschläge und jagen allen möglichen spirituellen Erfahrungen hinterher. Es kann sogar zu einem wahren Wettrennen werden, wer die meisten und schönsten spirituellen Erfahrungen gesammelt hat. Hier kann sich dasselbe Muster wie in der konkurrenzorientierten Konsumgesellschaft zeigen, nämlich Neid, Abgunst, Eifersucht mit dem Endergebnis, dass es ‚Gewinner' und ‚Verlierer' gibt.

Es ist zudem eine Herausforderung, auf dem Weg zur Befreiung mit spirituellen Erfahrungen umgehen zu lernen. Einerseits ist es eine wunderbare Bestätigung dafür, dass du dich auf dem richtigen Weg befindest. Für einen Moment wirst du aus deinem begrenzenden Ich herausgehoben. Andererseits ist es ‚nur' eine Erfahrung und damit etwas, das auftaucht und wieder verschwindet. Das Wort sagt es bereits: Es fährt vorbei.

Es gibt sehr stoische Schüler, die jede spirituelle Erfahrung als etwas Vorübergehendes ablehnen und sich unermüdlich und ohne sich ablenken zu lassen auf das Allerhöchste ausrichten. Andere Schüler wiederum schwelgen in jeder spirituellen Erfahrung, sind stolz darauf und prahlen auch damit herum. Sie wollen ihre Erfahrungen nur zu gern so ausgedehnt und ausgeschmückt wie möglich mit dem Lehrer teilen, der daran jedoch so gar kein Interesse hat.

Auch dieser Aspekt ist etwas, mit dem du umgehen lernen musst. Ich persönlich finde es herrlich, wenn sich eine spirituelle Erfahrung zeigt, doch jage ich ihr nicht hinterher, halte sie nicht fest und verlange auch nicht zu ihr zurück. Allgemein wird jede spirituelle Erfahrung mit den Blumen am Rand deines Weges zur Befreiung verglichen. Rieche an ihnen, bewundere ihre Schönheit, doch pflücke und sammle sie nicht, und verweile auch nicht zu lange bei ihnen. Gehe weiter, immer weiter. Der radikalste Rat in diesem Zusammenhang ist wohl dieser: „Wenn du den Buddha siehst, dann töte ihn!"

Eine mildere Variante lautet: „Wenn du den Buddha siehst, dann grüße ihn ehrfurchtsvoll, beuge dein Haupt und knie vor ihm nieder, doch stehe wieder auf und ziehe mit einem Lächeln weiter deines Weges, wissend, dass du auf dem richtigen Weg bist." Die Erscheinung des Buddha ist austauschbar mit dem Erscheinen von Jesus Christus, Maria, Shiva, Krishna, Mohammed oder einem sich verlaufen habenden, trommelnden sibirischen Schamanen links oder rechts über dir.

In diesem Zusammenhang fällt auch auf, dass sowohl das Judentum, der Islam als auch der Buddhismus das Verbot gemein haben, sich kein Bild zu machen. Und vergiss nicht, dass auch Gedankenbilder Bilder sind und dass spirituelle Erfahrungen oft mit Erscheinungen von Bildern einhergehen.

Das Nachjagen und Sammeln steht zudem im Widerspruch zum Weg der Befreiung, auf dem es darum geht, stets mehr loszulassen, denn nur als nackter, unwissender Mensch passen wir durch den schmalen Durchgang zum Absoluten – auch als das Nichts bezeichnet –, wo es keine Bilder gibt.

Die absteigende Linie bezeichnet das Erkennen des Jäger– und Sammlerverhaltens in Bezug auf das Verhältnis zwischen spirituellen Erfahrungen und dem spirituellen Lehrer.

Der Zwischenraum steht für das Nichts, wo es kein Denken gibt, nachdem du dies erkannt und aufgegeben hast. Dies wird auch Nacktheit genannt.

Die aufsteigende Linie stellt deine tatsächliche Öffnung dar für das, was zwischen dir und dem Lehrer geschieht, ohne etwas behalten oder aufschreiben zu wollen. So kann sich der transzendierende, multidimensionale Prozess ohne dein ‚Dazwischenfunken' optimal vollziehen.

„Der Moment des Nichts"

Nun folgt für Liebhaber ein abstrakter, spirituell-philosophischer Einschub:

Aus dem Nichts entsteht immer etwas, und dadurch ist das Nichts die

Voraussetzung dafür, dass etwas entstehen kann. Früher oder später. Früher, wenn das Nichts unerträglich ist, später, wenn das Nichts erträglich ist. Ohne das Nichts wäre da nichts, könnte nichts entstehen. Folglich gibt es ohne das Nichts nichts. Ohne das Nichts kein Etwas. So wie das Einatmen die Voraussetzung ist für das Ausatmen und umgekehrt.

Die Entdeckung des ‚Moments des Nichts'

Wenn wir unseren Atem aufmerksam beobachten, können wir feststellen, dass nach dem Ausatmen, kurz bevor das Einatmen einsetzt, eine kleine Pause entsteht, für einen kurzen Moment ist da nichts. Das Ausatmen ist beendet, aber das Einatmen lässt für den Bruchteil eines Moments auf sich warten. In diesem Bruchteil zwischen zwei Bewegungen findest du das *Nichts*, den zeitlosen ‚Moment des Nichts'.

Dies gilt auch für den Raum, die Pause zwischen zwei Gedanken oder Gefühlen. Doch die allermeisten Menschen sind sich dessen nicht bewusst. Einerseits sind wir mit den aufeinanderfolgenden Gedanken- und Gefühlsassoziationen überfrachtet. Andererseits schalten wir in dem Moment, wo nichts in uns hochkommt, unbewusst in eine Erstarrung. Wenn du hierauf achtest, wirst du dies sowohl regelmäßig bei dir als auch leicht in deiner Umgebung erkennen.

Es geht also immer wieder darum, uns selbst aus dieser Form des Schlafwandelns aufzuwecken. Dies gelingt, indem du dir vornimmst, mehrmals am Tag darauf zu achten.

Alles ist in Ordnung

Auch, wenn die Welt untergehen sollte durch massive Vulkanausbrüche, Erdbeben, Austrocknen der Flüsse, Epidemien, Überschwemmungen und andere Ereignisse, wie es viele Propheten und Seher vorausgesagt haben, dann ist immer noch alles in Ordnung. Was passiert ist, dass die Manifestation, die aus dem Nichts entstanden ist, wieder in das Nichts, zum Nichts zurückkehrt. Unsere wunderbare Natur mit ihren bunten Vögeln, wilden

Tieren, Bäumen, Blumen und Menschen entstammt ein und derselben Quelle: dem Nichts.

Und wir, als Teil dieser kreativen Manifestation, können uns des Nichts bewusst und gewahr werden.

In uns existiert ein Wissen über das Nichts. Irgendwo in uns allen gibt es den Hauch eines vagen, nagenden und unbehaglichen Bewusstseins darüber, dass das Nichts unser Vordergrund, unser Hintergrund und auch der Grund, also der Boden, unter unseren Füßen ist.

Dieses unbestimmte Wissen darüber macht uns ungeduldig, gehetzt, unruhig, wie ein aufgescheuchtes Reh ohne Versteck und lässt uns Zuflucht suchen in Häusern aus Stein, in Sparkonten und festen Überzeugungen.

Aber vor dem Nichts müssten wir keine Angst haben, wenn wir uns nur trauen würden, es zuzulassen.

Wenn wir lernen, uns im Nichts zu entspannen, wird das Nichts zu einem grenzenlosen Verweilen ohne Gedanken, Emotionen und ohne die Anwesenheit einer Person. Dies gibt uns ein herrlich befreiendes Gefühl und lässt uns sofort erkennen, dass wir mehr sind als unsere Gedanken, Emotionen und unsere Persönlichkeit. Gleichzeitig und letztlich sind auch wir das Nichts, das mit nichts verglichen werden kann und das so sanft, so offen, so entspannt, so frei, so unendlich weit und tief in uns vorhanden und spürbar ist. Was für ein Wunder! Wenn du einmal dort gewesen bist, möchtest du nichts lieber als dort bleiben, dort wohnen, dort sein und schließlich ... dieses Nichts sein.

dünn
Was ist dünner als die Luft?
Äther
Was ist dünner als der Äther?
Stille
Was ist dünner als die Stille?
Raum
Was ist dünner als der Raum?
Leere
Was ist dünner als die Leere?
Das Nichts

Was ist dünner als das Nichts?
Nichts.

Verweilen wir im Nichts, unterbrechen wir die Zeit. Dann sind wir nicht die Person mit ihren Gedanken, Gefühlen und Mustern.

Die scheinbare Kontinuität ist aufgelöst. Hierdurch wird das Nichts zur wahren, dahinterliegenden Realität. Immer wieder aufs Neue gebiert sich die Illusion, in der wir uns selbst positionieren. Aufgrund der Lichtgeschwindigkeit, mit der sich die Neugeburt vollzieht, entsteht die Illusion einer Kontinuität von Welt und Mensch, doch im Grunde gibt es keine Kontinuität. Es ist unser Denken, das alles aneinanderklebt, wodurch die Illusion von Zeit entsteht.

Nichts

Mit dem Begriff ‚Nichts' hat es sprachtechnisch betrachtet auch etwas Eigenartiges auf sich. Wenn ich sage: „Nur das Nichts hat Zugang zum Nichts", dann klingt das anders als wenn ich sagen würde: „Nur als Nichts bekommst du Zugang zum Nichts." Beim Begriff Leere oder Stille ist der Unterschied nicht so groß:

Nur die Leere hat Zugang zur Leere oder: Nur als Leere hast du Zugang zur Leere.

Nur die Stille hat Zugang zur Stille oder: Nur als Stille hast du Zugang zur Stille.

Es macht aber einen Unterschied, ob du sagst: „Nichts hat nur den Zugang" oder „Nur das Nichts hat Zugang."

Indem wir das Wörtchen *das* davor setzen, machen wir aus nichts ‚das Nichts' und damit eine für sich stehende Tatsache.

Stille kann beinahe fühl- und Leere beinahe spürbar sein, aber das Nichts?

Es macht ebenfalls einen ziemlichen Unterschied, ob du „Ich fühle nichts" sagst oder „Ich fühle das Nichts."

Bei der ersten Bemerkung stehst du als Pilger am Anfang deiner Pilgerreise nach innen, bei der zweiten bist du so gut wie Zuhause angekommen.

Wenn du sagst: „Ich habe nichts, ich weiß nichts und ich bin nichts", dann bist du in unserer Hamsterrad-Gesellschaft ein Verlierer. Wiederholst du denselben Satz vor deinem spirituellen Lehrer, dann wird er sich von dir verabschieden wollen, denn dann bist du dort angekommen, wo er dich haben wollte.

Kurzum: „Das Nichts“, alles löst sich hierdurch im Nichts auf.

Ich schrieb dieses und wusste nichts. Noch eine letzte Koan-artige[7] Anmerkung hierzu:

Nichts ist ohne Eigenschaften, ausgenommen ‚das Nichts‘.
Sagt dir ‚das Nichts‘ etwas?

Der Weg der kosmisch-spirituellen Energie

Wasser sucht sich immer den einfachsten Weg, den Weg des geringsten Widerstandes.

Die spirituell-kosmische Energie macht das auch, wenn wir ‚Opfer‘ des Einstroms spiritueller Energie werden, zum Beispiel, wenn wir bei einem spirituellen Lehrer sind oder wenn wir uns, auf einer Bank im Park sitzend, einfach öffnen für das Wunder, das wir Leben nennen.

Diese spirituelle kosmische Energie sucht sich in unserem Körper auch den Weg des geringsten Widerstandes. Sie strömt durch ihn hindurch entlang fest(gelegt)er Bahnen, vor allem, weil wir vom Verstand gelenkte Menschen sind. Hier (vor allem im Westen) strömt die spirituelle Energie unbemerkt zu unserem Denken. Das schenkt uns Klarheit und Einsichten, die wir benennen können; und dies kann eine sehr aufhellende Wirkung haben.

Dieser Einstrom findet entlang vom Verstand vorgegebener Bahnen statt. Darum ist die mentale Realisierung auch eine häufige Erscheinung bei uns im Westen, vielleicht bei Männern noch häufiger als bei Frauen.

---

7. Koan = Ein Koan ist meist ein Paradox oder etwas Unlogisches oder eine kleine Begebenheit, die zum Nachdenken anregen soll. Es kann auch als ein Rätsel verstanden werden. Koans können nie verstandesmäßig gelöst, sondern nur durch ein ‚Eintauchen‘ erfahren werden (aus: www.Zen.fuer-uns.de).

Woran übrigens nichts Schlechtes ist, doch ist es gut, unsere Bewegung, nämlich den Reflex, unsere Inspiration sofort auf das mentale Niveau zu heben, einmal genauer zu untersuchen. Du solltest es auch nicht als ‚endgültige Erleuchtung' betrachten, sondern eher als mentale Erleuchtung, Aufklärung. Es wird erst schön, sanft und hell, wenn du auf deiner inneren Pilgerreise vierzig Zentimeter hinabrutscht in dein ‚mystisches Herz' Denn dort wartet es ungeduldig auf deine Annäherung. Das ‚mystische Herz' hat deine mentale Realisierung bereits gerochen und raunt dir sanft zu: „Komm! Lass' mich dich verschlingen!"

Kopf und Herz öffnen

Aufgrund dieser oben erwähnten vornehmlich mentalen Ausrichtung der westlichen Kultur kommt es auch, dass spirituell interessierte mental ausgerichtete Menschen meistens dem mentalen Weg folgen werden, dem philosophischen Weg des Hinduismus der Einsicht und des Unterscheidungsvermögens, bekannt als *Jnana Yoga* oder *Advaita vedanta*, während Menschen, die überwiegend aus der Intuition heraus leben, sich vom Weg des *Bhakti Yoga*, dem Weg des Herzens, angezogen fühlen.

So kommt es denn auch häufig vor, dass ein Schüler des *Advaita vedanta* (Jnana Yoga) im Laufe seiner Entwicklung zum *Bhakti Yoga* wechselt und umgekehrt ein *Bhakti Yogi* den Weg des *Jnana Yoga* erwählt.

Doch letztlich führt der Weg des Unterscheidungsvermögens in eine Sackgasse, wenn das Herz nicht beteiligt wird. Der Mensch hat dann zwar einen klaren und wachen Verstand, doch es fehlen Wärme, Freude und Trunkenheit. Umgekehrt kommt es vor, dass ein *Bhakti Yogi* zwar in allem Gott erkennt, aber dass das nötige Unterscheidungsvermögen zwischen dem, was er fühlt und erfährt und dem, was er sich wünscht zu erfahren und zu fühlen, nicht klar entwickelt ist. Denn selbst eine Trunkenheit von Gott erfordert ab und an nüchternes Reflektieren.

Wir werden lebenslang Einsichten empfangen, und nur das Herz kann hier Frieden bringen.

Umgekehrt ist das Meer der Liebe, in den das Herz eintaucht, endlos weit und tief, und wir können darin ertrinken. Darum ist Unterscheidungsvermögen hierbei ein notwendiger Kompass.

Es geht um Herz *und* Kopf, um den ganzen Menschen, der aus seinem geöffneten Kopf und Herzen heraus liebevoll handelt. Denn der *Bhakti Yogi* möchte im Ozean der Liebe ertrinken, und der Kopf möchte dem gerne folgen, sodass eine natürliche Balance gefunden werden muss.

Aus dieser Betrachtungsweise heraus ist die innere Pilgerreise des *Jnani Yogi* eine vom Kopf zum Herzen und umgekehrt die Reise des *Bhakti Yogi* eine vom Herzen zum Kopf.

Entsprechend kann ein Mann dem Weg des *Jnani Yoga* folgen, während seine Frau dem Weg des *Bhakti Yoga* folgt. Sie werden sich dann auf halbem Wege treffen und intensiv austauschen können. Auch das Umgekehrte kommt natürlich vor.

Einströmende kosmische, spirituelle Energie

Wenn der vom Verstand geleitete, spirituell Suchende lernt, sich zu entspannen und den Reflex erkennt, dass die einströmende kosmisch-spirituelle Energie dazu neigt, in seinen Kopf zu fließen, wird er gut daran tun, diese Neigung zu erkennen, sie sodann ignorieren, den Einstrom sein Werk verrichten lassen und dem Prozess aufmerksam zusehen und ihn verfolgen. Dann wird dieser Strom von alleine den Weg zum Herzen finden, seinem ‚mystisches Herz', was Gefühle des Glücks erweckt, da so etwas wie ein Gefühl der Ganzheit entsteht.

Es besteht auch die Möglichkeit, dass die befreit einströmende kosmisch-spirituelle Energie zum Sexualzentrum (2. Chakra) fließt. Hieraus kann eine lebendige und neue Form ekstatischer Sexualität entstehen, doch kann dies auch zu Verwirrung der Person oder in der Partnerschaft führen.

Kundalini Yoga macht von dieser Energie Gebrauch, um von da aus den spirituellen Transformationsprozess in Gang zu setzen.

Dieser wird mit einer zusammengerollten Schlange verglichen, die in unserem Sexualzentrum geweckt wird und entlang unserer Wirbelsäule als zweigeteilter Energiestrang, der im Yoga *Ida* und *Pingala* genannt, zum Licht emporsteigt.

Somit lassen sich in uns zwei Arten von Energien unterscheiden – die einströmende und abwärts fließende, auch als männliche Energie bezeichnet, und die aufsteigende, weibliche Energie. In China wird sie *Yin* und *Yang* genannt. Auch hier geht es wieder um die Balance zwischen diesen beiden Kräften.

Ob wir nun von unserem Kopf oder unserem Sexualzentrum aufbrechen, nur im Herzen werden wir den ersehnten Frieden finden, nur dort sind wir in unserer wahren Mitte. Letztlich geht es immer wieder um den goldenen Mittelweg. Gib also Körper *und* Geist, wonach sie verlangen.

DIE QUELLE SUCHT DEINE QUELLE

Die überpersönliche Quelle der einströmenden kosmisch-spirituellen Energie sucht den Kontakt zu deiner Quelle einströmender kosmisch-spiritueller Energie – deinem ‚mystisches Herz'–, um eins mit ihm zu werden, sich mit ihm zu vereinigen oder, wie einige behaupten, sich mit ihm *wieder*-zuvereinigen. Das Wort wiedervereinigen leitet sich übrigens vom lateinischen Wort Religion ab.

Das kosmische Feuer sucht Kontakt zu deinem Funken; es sucht seinen Weg wie ein Moorbrand, auf der Suche nach sich sehnenden Herzen, die dürsten und darauf warten, vom mächtigen Feuer verzehrt zu werden.

Denn allein auf Grund der Begrenzung durch die Materie, die Form, kann sich die kosmisch-spirituelle Energie ausdrücken. Sie drückt sich durch die Form aus, so wie in dir, in mir, in uns allen und in allem.

Ohne die Form streift und irrt die kosmisch-spirituelle Energie umher und bleibt obdachlos.

Es ist wie mit den Samen, die der Wind mitführt, hin zu unbekannten, fruchtbaren Orten. Genauso sucht sich auch die kosmisch-spirituelle Energie mit Hilfe des spirituellen Magnetismus offene Herzen, in die sie einströmen kann.

Denn sie kann nicht schwimmen, dafür benötigt sie die Form des Fisches und des Meeres. Sie kann ihren Duft nicht verbreiten, dafür benötigt sie den Rosengarten, der in der Erde verwurzelt ist.

Sie kann ihr Lied nicht erklingen lassen, dafür braucht sie die Vögel, die in den Bäumen nisten.

Sie kann nicht hüpfen, dafür braucht sie die spielenden Kinder.

Sie kann ihre Liebe zu allem nicht ausdrücken, dafür braucht sie dich in

Wort, Handeln, Gesang und Tanz, denn:

Gott schwimmt im Fisch
duftet im Rosengarten
singt in der Amsel
spielt im Kind
und singt, betet, tanzt
und meditiert
in dir und durch dich.

Tao

Falls du zufällig eines schönen Tages auf einer Bank im Park sitzen solltest und die kosmisch-spirituelle Energie dich ‚besuchen' sollte, lasse es einfach zu, zerre nicht an ihr, drücke, lenke und benenne sie nicht. Erkenne diese Neigung, diesen Reflex. Lasse Neigung Neigung sein und auch den Reflex, was er ist. Sage deiner Neigung, die zugreifen möchte: „Jetzt nicht."

Heiße die einströmende kosmisch-spirituelle Energie willkommen und folge ihr mit ehrerbietiger, dankbarer Aufmerksamkeit. Empfange sie, öffne dich für sie, und atme tief und entspannt. Beobachte zum Beispiel die vibrierenden Blätter der Bäume um dich herum, wie sie sich ohne Gegenwehr mit dem Wind bewegen, mit ihm mitschwingen. Nirgends ist Widerstand, auch nicht in dir. Nenne es einfach Tao.

Lasse sie einfach in deinen Bauch strömen, in deinen Unterleib, durch deine Beine, lasse deine Füße sich erden und Wurzeln treiben im Boden des Parks, denn du bist: „Wurzeln und Flügel zugleich!"

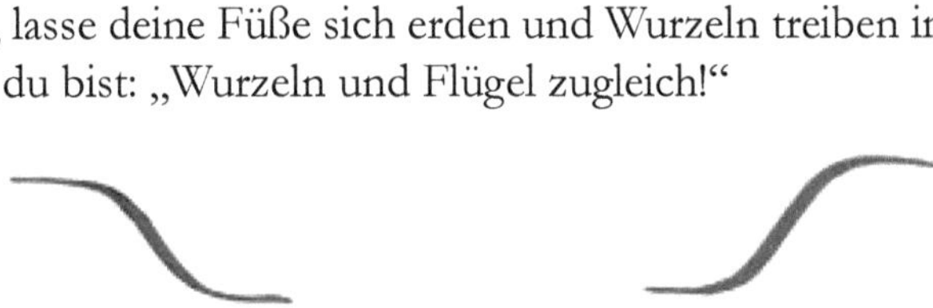

Die absteigende Linie steht für deinen Ausruf: „Jetzt nicht!"

Im Zwischenraum empfängst du die einströmende kosmisch-spirituelle Energie und folgst ihr mit ehrerbietiger, dankbarer Aufmerksamkeit.

In der aufsteigenden Linie erfasst du den Begriff Tao und erlebst wie es sich anfühlt, vollkommen, ganz, „Wurzeln und Flügel“ zu sein. Aus der wahren Mitte heraus lebend, ohne Widerstand.

Slowing down

Die folgende Übung ist gut, um deine Verbindung zur Erde zu fühlen.

Wenn du am Tisch sitzt mit deinem Butterbrot auf dem Teller, dann probiere, deinen Arm in Zeitlupe zu deinem Teller zu bewegen und benenne in Gedanken jede Phase: „Ich bewege meinen Arm in Richtung meines Tellers.“ Das sollte mindestens einige Minuten dauern. Dann nimmst du dein Butterbrot, benennst auch dieses, führst es äußerst träge zum Mund, beißt sehr langsam ab, beginnst ganz langsam für ein paar Minuten zu kauen, schluckst den Bissen dann hinunter und benennst all das auch wieder ganz detailliert. Diese kleine Übung sollte ruhig mehr als fünf Minuten dauern, wenn du wirklich etwas spüren willst.

Eine weitere schöne Übung ist, alles (inklusive des Geschirrs, Bestecks...), was auf deinem reich gedeckten Tisch steht, in Dankbarkeit auf dich wirken zu lassen. Alles, was du siehst, wurde von liebevollen Menschenhänden gesät, gepflegt, geerntet, hergestellt, verpackt und zu deinem Laden in der Nachbarschaft gebracht. Empfange und genieße ebenfalls alles in Dankbarkeit. Selbstverständlichkeit ist in diesem Zusammenhang sehr schädlich, denn sie mündet in mangelnde Dankbarkeit.

Mystik

Wir stecken, was unsere spirituelle Kultur im Westen betrifft, noch in den Kinderschuhen. In Asien ist dieser Bereich viel besser integriert. Bei uns werden Mystik und Spiritualität unter dem Einfluss eines zu weit geführten Rationalismus und Dogmatismus rein logisch betrachtet und vor diesem Hintergrund ‚durchargumentiert‘. Die Folgen dessen sehen wir an den Zahlen von Menschen, die aus der Kirche austreten. Die Kirche hat uns nur noch wenig zu bieten, nicht mehr als dass wir uns zusammen verstecken können. Als Folge sind viele Rituale zu inhaltslosen Formen verkommen, zu leeren Hülsen und werden leider nur im Sinne der Logik und des Verstandes betrachtet. Zum Glück gibt es einige gute Experimente, zum Beispiel Meditation in Klöstern und Kirchen. Die Kirchengeschichte zeigt sehr schmerzhaft, wie Mystik und Spiritualität ein verkümmertes und unterdrücktes Dasein geführt haben, bis hin zu den Auswüchsen und Entgleisungen von Verfolgung, Verbannung und Verbrennungen.

Es gibt einen Ausdruck, in dem ich mich vollkommen wiederfinden kann und mit dem ich vollkommen übereinstimme:

„Die Religion der Zukunft wird entweder die Mystik sein oder sie wird gar nicht sein."

Und diese braucht auch gar nicht von weit her zu kommen, denn jede Religion hat eine mystische Strömung. Das Judentum kennt die Kabbalah und den Chassidismus, der Islam hat den Sufismus und das Christentum seine christliche Mystik. Doch in all diesen Religionen wurde die Mystik in mehr oder weniger großem Ausmaß verteufelt, misstrauisch beäugt oder abgelehnt. Nur Hinduismus und Buddhismus sind durch und durch Mystik.

Wie kann ein Schlafender einen Erwachten finden

Im Osten, wo die Tradition der Erleuchtung viele Tausend Jahre alt ist, heißt es über das Finden eines Lehrers: „Wie kann ein Schlafender einen Erwachten finden?"

Darum wird dort andersherum argumentiert. Wenn der Schüler bereit ist, zeigt sich der Lehrer.

Sende also weiterhin spirituellen Magnetismus aus, in einer Form, die zu dir passt, zum Beispiel anhand von Gebeten, Meditation oder Affirmationen.

Wir leben in einem Übergangszeitalter, in dem große Probleme zu lösen sind, gelöst werden müssen.

Wir haben Mutter Erde ausgebeutet und verdreckt, und wir müssen schon sehr bald auf einer erschöpften und verschmutzten Erde zehn Milliarden Menschen ernähren. Es wird eine ganz neue Form der Spiritualität nötig sein, die jede Form von Leben respektiert, über Insekten und Pflanzen bis hin zu Andersgläubigen.

„Ehrfurcht vor allem Leben“, hat Albert Schweitzer (1875 – 1965) schon immer gesagt.

Die kleinste Bewegung kann die größten Folgen haben

Wir haben alle Zugang zum inneren Licht – noch deutlicher: Ob du es willst oder nicht – du kannst ihm nicht entkommen. Wohl aber kannst du es (ver)leugnen, verdrängen und ablehnen.

Es gibt Lehrer, die behaupten, dass das Erreichen der Erleuchtung gar nicht so schwer ist. Viel schwerer ist es und kostet somit unglaublich viel Energie, die kosmische Energie immer wieder zu blockieren, abzulehnen und zu leugnen.

Das innere Licht kommt vor der Dualität, dem Unterscheidungsvermögen und dem Wort. Bist du einmal eingetaucht in dieses Licht, willst du nicht mehr zurück, bist du einmal Zuhause, willst du nicht mehr umherirren. Einmal still, willst du nicht mehr sprechen, einmal leer, willst du nichts mehr haben, nichts mehr durchstöbern und ergreifen. Einmal unwissend, willst du nicht(s) mehr wissen, einmal liebevoll, kannst du nicht mehr hassen.

Taj Mahal

Die kleinste Bewegung mit den größten Folgen ist das nachhause kommen zu dem, was wir alle unbewusst so suchen. Wir suchen es an den schönsten Stränden und an stillen Orten, auf der Suche nach dem perfekten Bild im richtigen Moment mit dem perfekten Partner. Und wenn wir Glück haben, werden wir es nach viel Mühe und Aufregung kurz(zeitig) erleben dürfen.

Doch das wahre Gold wartet im ‚mystischen Herz‘, dort, wo die Strände übersät sind mit Tausenden von Diamanten, die du nur in vollkommener Offenheit, Stille und Leere erleben kannst.

Die Reichen unter uns wohnen hinter Hecken in goldenen Palästen. Aber dein innerer Tempel ist viel schöner als das Taj Mahal. Lasse ihn nicht verloren gehen, lasse ihn nicht verfallen.

Opfere all deinen Schmerz auf dem Altar deines ‚mystischen Herzens' und sei liebevoll.

Gönne dir selbst einen Schatz, und du wirst nie mehr jammern. Denn ist dies nicht das, was du suchst im Sex, in Schokolade, in Status, Geld, Macht und Wissen? Ist dies nicht letztlich nichts anderes als das Greifen nach dem, was vor deinen Augen abstirbt, vergeht, verfliegt, verfällt?

Wie subtil möchtest du es haben? Gleicht dein Leben nicht dem eines Leichenfledderers, denn ist nicht bereits alles, was du denkst und was du in deinen Händen und vor deinen Augen hast, bereits im Sterben begriffen?

Denn morgen wird nie kommen, und das, was du gerade gelesen hast, ist schon wieder vergangen, so wie das, was du jetzt gerade, in dem schon wieder vergangenen Moment, gelesen hast und wie du warst. Das alles kommt nie mehr zurück, es ist für immer verschwunden, gestorben und vergangen.

Darum suche das ewig Frische und Unvergängliche – das, was war, ist und sein wird. Das ist dein Wesen, dein Kern. Und es ist das, worauf alle spirituellen und mystischen Traditionen verweisen.

Geflüsterte Wahrheit

In einer Welt, in der uns die Lügen aus allen Ecken und von allen Plätzen mithilfe von Werbung und Smartphones zugeschrien werden, ist es schön zu wissen, dass die Wahrheit gemäß der Tradition in Stille und eine nach der anderen flüsternd übertragen wird. Auch ist es eine schöne Übung, wenn du ein solches Mantra empfangen hast, es für dich zu behalten und deine Lippen zu versiegeln. Das Wort Stille hat nicht von ungefähr im Wort Mystik seine Wurzeln.

Mein letzter Lehrer, Douwe Tiemersma, flüsterte mir auch sein Mantra ins Ohr, so wie ihm sein Lehrer Shri Nisargadatta Maharaj sein Mantra zugeflüstert und er seines wiederum von seinem Guru empfangen hat. Es ist ein sehr intimes Beisammensein, wobei beide sich in Stille auf die Übertragung der Kraft des heiligen Mantras abstimmen.

Die Tradition schreibt weiterhin vor, eine Blume als Opfergabe mitzubringen.

Nach der Zeremonie sagte Douwe: „Du brauchst keine Angst zu haben, wenn du es einmal vergessen haben solltest, es kommt von selbst zu dir zurück." Genauso geschah es auch. Auf dem Weg nach Hause war es mir entfallen, und ich geriet in Panik, doch am nächsten Tag kehrte es zurück, und danach war es wieder weg, bis es sich schließlich endgültig in mir eingenistet und Wurzeln in meinem ‚mystisches Herz' geschlagen hat. Ich trage dieses Mantra seither schweigend in mir. Worte verlieren schnell ihre Wirkung, wenn sie zu unpassender Gelegenheit geäußert werden, und genau daran leiden wir in dieser Zeit, an einem unstimmigen und nicht-emphatischen Wortgebrauch.

Mantra

Am Anfang war das Mantra, und das Mantra war bei Gott
und das Mantra war Gott, doch die Person hat
das Mantra nicht begriffen,
kann es nicht begreifen.
Mein Guru gab mir mein Mantra, das sein Mantra war,
das er empfangen hatte,
von seinem Guru, der es von seinem Guru gehört hatte.
Manchmal lausche ich meinem Mantra, dann ist da niemand,
der es rezitiert.
Wie ein Echo singt es sich selbst, es führt mich dichter und
dichter zur Quelle,
zum Urklang, wo ich lausche, bis ich mich öffne.
Mein Mantra korrigiert meinen Atem, balanciert meine Energie.
Mein Mantra öffnet Türen und saugt mich durch die Gänge
mit rezitierenden Gurus
in strahlend weißem Licht, in einer ununterbrochen Reihe,
bis hin zu mir.
So will es die Tradition.
Manchmal bin ich ein sich unendlich ausdehnender Klangkörper,
in dem sich mein Mantra selbst rezitiert – wie ein Echo –

Hier ist mein lauschendes Herz –
das sich verwandelt – bis jetzt – Unpassierbarkeit –
und dadurch ein tieferes Sehen.
Manchmal ist es ein sich selbst besingender Lobgesang,
Dieser Gesang, alt wie (älter als) die Erde, sich in mir selbst erschaffend
bis in die hintersten Winkel meines Seins.

Mein Mantra.
Ich trage es bei mir wie ein Steinchen unter meiner Zunge,
und ansonsten schweige ich darüber.
Ich bewahre das Steinchen, bis es ein Diamant geworden ist,
erst dann spucke ich ihn aus und gebe ihn der Erde zurück.

Wenn die Götter sich verbünden

Wurden deine Gebete erhört, kann es einfach so passieren, dass dein ursprüngliches Antlitz während eines Satsangs auf einmal berührt wird, durch alle Panzer hindurch, an allen Worten vorbei. Ja, dass sich alle Schleier, einer nach dem anderen, lüften, als ob ein neuer, sanft-süßer Wind dein Herz streicheln würde.

Während der Lehrer seine Geschichte(n) erzählt, fühlst du, wie du nach innen gezogen wirst, zu deinem Kern, an allen Worten vorbei. Du verweilst in Stille in dieser mühelosen Einkehr, intuitiv wissend, dass dies ist, wonach du suchtest und das du nirgends fandest.

Dankbar wiegst du sanft, was sich befreit, während der Lehrer weiter spricht. Und siehe – all dein Widerstand und Schmerz sind weg! Alles ist ausgeatmet! Wo ist er geblieben, dein alter, vertrauter Harnisch? Erleichtert atmest du nach vielen Jahren tief durch, durch das zu lange verschlossene Gebiet und belebst es auf diese Weise. Wie von allein öffnest du dich für das pulsierende Leben.

So kann es gehen, wenn sich die Götter verbünden.

Bist du nun erleichtert? Möglich, doch auf jeden Fall bist du ein bisschen erleichterter.

Bist du nun offen? Es könnte sein, auf jeden Fall bist du ein Stückchen offener.

Bist du nun die Leere? Nicht völlig, aber auf jeden Fall bist du ein bisschen leerer.

Bist du nun die Liebe? Du bist auf jeden Fall auf einem guten Weg und ein Stückchen liebevoller.

Wie der Chirurg mit seinem Skalpell eine präzise Operation durchführt, so führen die Götter eine präzise Operation durch, denn, ja, du konntest das Licht in dankbarer Empfänglichkeit zulassen. Es hängt immer von unserer Empfangsbereitschaft ab.

Am Ende das Satsangs sagt jemand neben dir: „Schöne Geschichte, findest du nicht?" Und du nickst in Stille und bleibst noch einen Moment sitzen, um alles, was geschehen ist, in deinem Herzen in Stille zu verankern. In Stille und dankbarer Empfänglichkeit, weil sich die Götter heute in dir und für dich verbündet haben, als ob eine neue, sanft-süße Brise an deinem Herzen entlangstrich, unsichtbar, und doch deutlich auf subtile Weise spürbar ...

Vollkommene Erleuchtung

In der Bibel steht, dass Jesus vierzig Tage in der Wüste verbrachte. Dort wurde er immer wieder vom Teufel heimgesucht und in Versuchung gebracht, auf dass er schließlich vor ihm knien möge. Der Teufel versprach ihm die Herrschaft über die ganze Welt, wenn er den Teufel als seinen Herrn anerkennen würde. Dem hat sich Jesus (Gottseidank!) verweigert.

Doch für unser Verstehen des Begriffes Erleuchtung in dieser Geschichte ist es wichtig zu wissen, dass der gesamte Weg zur vollkommenen Erleuchtung verschiedene Phasen kennt. Denn selbst ein Großmeister wie Jesus musste noch einige Prüfungen bestehen. Ram Dass schreibt hierzu in seinem Buch „Be love now", dass vollkommene Erleuchtung nur sehr selten geschieht. Er verbrachte Dutzende Jahre in Indien bei vielen Gurus, und ich teile seine Meinung.

So, wie Erleuchtung ein Prozess ist, so ist Gott gleichermaßen ein Prozess, mit unterschiedlichen Phasen.

Gott ist ein Prozess

Gott ist ein Prozess, ein sich ständig bewegendes Energiefeld. In der Bibel steht auch, dass Gott in einem Zelt wohnen will. Er will sich auf nichts festlegen lassen. Auf keinen in Stein gemeißelten Glauben. Keine alten Dogmas.

So sollte auch unser Glaube sein, immer wieder bereit, dass Alte zu untersuchen, ob es noch aktuell und passend ist für eine sich verändernde Zeit.

Es geht sowohl bei Erleuchtung als auch bei dem Glauben an Gott nicht darum, dass du glaubst, was bereits seit Tausenden von Jahren alle Gläubigen deiner Glaubensrichtung glauben.

Untersuche in dir, was *deine* Erfahrung ist und wie *du* zur Befreiung gelangst, zur Erleuchtung, zur Wiedergeburt, zur Vollkommenheit.

Nicht in dem Sinne, dass du als Mensch vollkommen sein musst, sondern indem du das Tor zur Vollkommenheit findest. Es geht nicht darum, dass du als Mensch das ewige Leben anstrebst, sondern dass du den Eingang zur Quelle des Bewusstseins findest, das hinter Zeit und Raum liegt, hinter Geburt und Tod.

Es geht nicht darum, dass du neu geboren werden musst aus dem Schoß deiner Mutter, sondern dass du erneut zum Leben erwachst aus deinem jetzigen Leben heraus, dort, wo es still und leer ist, an Geburt und Tod vorbei, dort, wo die Liebe wohnt.

Der Weg, den du darin in diesem Leben gehen kannst ist Umkehr, Einkehr, Bekehrung.

Beachte Momente der Absonderung und Abgeschiedenheit, versuche, zu dir zu kommen in der Stille. Lerne, auf deine Gefühle zu hören, ihnen und deinem Herzen zu lauschen. Komme dahinter, wo sich deine tiefsten Wünsche und Sehnsüchte verbergen, woraus du Energie schöpfst. Das Leben ist schnell, und die Ablenkungen sind enorm, darum ist Disziplin absolut notwendig, doch die kommt von alleine, wenn du die Dringlichkeit zur Vertiefung erfahren und gespürt hast. Es ist die Transformation von gelebt-werden hin zu das Leben-selber-leben. Hab Vertrauen, viele sind dir vorausgegangen, aber schiebe es nicht auf.

Verbundenheit

Wenn du wirklich mehr darüber wissen willst, wer du in deiner Essenz bist, dann könntest du dich auf die Suche nach einem Lehrer machen. Auch hier gilt wieder der Rat: „Komme in Bewegung!“ Vielleicht hast du Glück, und dein Herz führt dich zu einem Satsang, der dich in deinem Herzen berührt und wo du abends auf deinem Bett liegst, weinend und lachend zugleich vor Dankbarkeit darüber, dass du wieder fühlen durftest, dass du lebst, dass du offen bist, dass die Liebe durch dich strömt.

Das Schlüsselwort hierbei lautet: Verbundenheit. Wenn du dich in deinem Herzen mit ‚dem‘ verbunden fühlst, was geschieht, dann wirst du berührt. Habe Vertrauen. Erinnere dich, worum es geht:

Vom Alten zum Neuen und
Von den Lügen zur Wahrheit gehen.
Von der Gefangenschaft in die Freiheit und
von der Entfremdung zur Verbundenheit gehen.
Von unbewusst nach bewusst und
von schlafend zum Erwachen gehen.
Vom Zeitlichen zum Ewigen und
vom Unvollkommenen zur Vollkommenheit gehen.
Für weniger würde ich jedenfalls nicht gehen.

Lehrer und Schüler

Es wird übrigens stets schmerzhafter, in alten Verhaltensmustern zu verharren, da du sie nun als unecht erlebst, denn sie entstammen einer Angstreaktion, zum Beispiel aus der Angst vor Zurückweisung.

Ein spiritueller Lehrer erkennt ein hungriges Herz, fühlt intuitiv die Leere, Stille, Offenheit und Empfangsbereitschaft des Besuchers. Anders ausgedrückt: Seine Leere, Stille, Offenheit und Empfangsbereitschaft räsoniert mit dem hungrigen Herzen des vor ihm sitzenden Schüler–Aspiranten. Er wird darüber kein Gras wachsen lassen, um die Saat in diesen reifen und empfänglichen Boden fallen zu lassen, auf dass sie keimen möge. Besser gesagt, der Lehrer wird sich gezwungen sehen, dies zu tun, er hat keine Wahl, da er ein Diener der Wahrheit ist, darum wird er sich gezwungen oder besser gesagt gedrängt fühlen, der Wahrheit folgend zu handeln.

Der Lehrer opfert sich selbst, damit sich der Schüler opfert. Im Grunde ist dies also ein großes Opferfest!

Wenn der Same erst einmal im Boden ist, beginnt eine Zeit der Inkubation. So wie beim Samen im dunklen, stillen Boden oder der Raupe, die sich verpuppt, damit er als Schmetterling schlüpfen darf. So wie der Karthäuser Mönch sich hat einmauern lassen, auf dass er Gott schauen durfte.

Die absteigende Linie steht für das Eintauchen des Lehrers in die Illusion des Schülers. Der Zwischenraum bezeichnet die Inkubationszeit des Schülers, das Opfern seiner Illusionen. Die aufsteigende Linie kennzeichnet das Loslassen seiner Illusion, und das wieder und wieder, Schicht für Schicht, Schleier für Schleier.

Paradoxes Opfer

In dieser Inkubationszeit des Zwischenraumes muss altes Material auf dem Altar des ‚mystischen Herzens' geopfert werden. Das Alte basiert auf Angst und Lügen. Nach der Opferung entsteht Raum für den neuen, im Werden begriffenen Menschen, gegründet auf Liebe und Wahrheit.

Was ist das Opfer, wird nach Opfern verlangt? Ja, und das Paradoxe ist, dass das geopfert werden muss, was dich bis hierhin gebracht hat, so die Qualität, auszuharren auf deiner Suche, dein Durchsetzungsvermögen, deine Ausdauer und Entschlossenheit und dein Unterscheidungsvermögen.

Das Pferd, das dich bis zu diesem Tor getragen hat kann, darf und will nicht weiter reiten. Hier musst du absteigen und zu Fuß weitergehen, allein, nach und nach immer nackter und schließlich barfuß.

Selbst das scharfe Schwert, das du bei dir trägst, lässt du hier zurück, das Schwert, das deinen Verstand schärfte für das Unterscheidungsvermögen zwischen Wahrheit und Wahn.

Denn alle Werkzeuge haben einen begrenzten Nutzen, und es kommt der Moment, wo sich alles, was dich bis hierher gebracht hat, gegen dich wendet, wenn du nicht loslassen kannst, dich nicht traust oder dich weigerst loszulassen.

Denn auch dein Unterscheidungsvermögen wird dir im letzten Schritt im Wege stehen, da du nur nackt in voller Hingabe in die Befreiung gelangen kannst.

Nicht, dass du dich nun zurücklehnen und alles, was gesagt wurde, ohne es zu hinterfragen, annehmen kannst. Nein, es ist vielmehr eine Transformation der Eigenschaften, die dich bis hierher gebracht haben. Dein Weg war bis hierher vor allem von deinem Willen und Verstand gesteuert, von der Person, und ab jetzt wird dein ‚mystisches Herz' zu deinem Kompass, deiner Intuition aus der Liebe für die offenbarte Wahrheit. Dies ist deine innere Pilgerreise von vierzig Zentimetern von deinem Kopf zu deinem Herzen. Mehr ist es nicht. Manchmal kann dies vierzig Sekunden dauern, manchmal vierzig Stunden oder vierzig Tage, bei anderen wiederum vierzig Monate oder vierzig Jahre. Aus Sicht der Reinkarnations-Theorie auch vierzig Leben!

DER OPFERBLOCK

Der Opferblock wartet, er ist geduldig.
Er wurde besungen und bemalt,
beweihräuchert und mit Blumen verziert.
Der Opferblock wartet auf das, wofür er gemacht wurde.
Er wurde für mich gemacht,
und das ist es, worauf er wartet.
Ich habe meinen Opferblock beschrieben und ausgemessen,
ich habe ihn erkundet und verleugnet.
Doch nun scheint da nur noch der Opferblock zu sein,
als letzte Erinnerung an mich.
Meine Opfergabe ist meine Hingabe,
meine Hingabe ist meine Opfergabe.

Flüsternd brabble ich, während ich auf die Knie gehe, die Worte:
„Dein Wille geschehe ...“

Dein Wille geschehe

In dem einen Satz: „Dein Wille geschehe“ ist enthalten, dass es nicht um uns als Person geht, die sagt: „Ich möchte dies wohl und das will ich nicht.“

Das Opfer, das hier verlangt wird, ist das Opfer unseres Willens.

Das Wort ‚opfern‘ hören wir in unserer konsumorientierten Gesellschaft nicht mehr so häufig. In alten Religionen wurden für sehr viele Ereignisse Opfer gebracht. Für den Regen, für die Fruchtbarkeit, für die Sonne und den Mond, für den Sieg über den Feind, für das Finden von Wasser. Häufig waren es Tieropfer, aber es gab auch Menschenopfer, insbesondere Jungfrauen. Auch Jesus Christus stand in dieser Tradition. Vielleicht wusste Jesus besser, dass ein Blutopfer zum alten Stammesdenken gehörte, resultierend aus den zwölf Stämmen Israels. Doch allein durch dessen Erfüllung war es möglich, unbewusste Geister wachzurütteln für das neue urweiße Licht, das er vergegenwärtigte. Dies lässt auf schmerzliche Weise erkennen, wie fest eingerostete Muster sitzen, und das gilt auch immer noch für uns, insofern ist dies auch eine ‚Spiegelgeschichte‘: Unsere Opferbereitschaft hängt von unserer Motivation ab, uns selbst gründlich kennenlernen zu wollen, was zu der Kernfrage zurückführt: „Wer bin ich?“ und zu der Frage, wieviel wir bereit sind zu opfern.

Rama Polderman & Rama Maharishi

Ich möchte an dieser Stelle gerne eine Geschichte über das Lehrer-Schüler Verhältnis und die Empfangsbereitschaft des Schülers herbei mit dir teilen. Sie handelt von Rama Polderman, Pionier auf dem Gebiet von Yoga und Meditation in den Niederlanden.

Nach dem zweiten Weltkrieg wurde er aus einem japanischen Gefangenenlager entlassen. Er ging sofort nach Südindien, da er von einem spirituellen Lehrer gehört hatte, der Rama Maharashi genannt wurde. Als er dort in seinem Ashram saß, wurde sein ganzes Gesicht nass und er dachte: „Nun, das Dach könnten sie auch mal reparieren."

Doch als er nach oben blickte, sah er einen strahlend blauen Himmel, er saß mit allen unter dem freien Himmel! Und so befreite der Anblick diesen großen Gurus seinen Schmerz, den er vom Gefängnis davongetragen hatte.

Der Übergang von Grausamkeit zu Liebe hätte nicht größer sein können, der Übergang von Totschlag und Erniedrigung zum warmen Licht, das dieser große Guru ausstrahlte, konnte extremer nicht sein.

Viele betrachteten Rama Maharashi als den größten Guru des zwanzigsten Jahrhunderts. Was für ein großes Geschenk an die Welt, dass es so viele erleuchtete Meister gibt, aber was für ein Armutszeugnis, dass wir hier im Westen so spärlich damit bedacht sind.

Natürlich spricht Jesus auch vom ewigen Leben und davon zur Vollkommenheit zu gelangen, so wie unser Vater im Himmel, doch unter dem Einfluss der Kirche wurde die Vervollkommnung immer auf ein Leben nach dem Tod verschoben. Erst nach einem folgsamen Leben so wie es die Kirche diktierte, würden wir zur Belohnung des ewigen Lebens teilhaftig werden und vollkommen sein.

Und natürlich gibt es daneben auch Zeugnisse von christlichen Mystikern, aber wie hier bereits angemerkt, mussten sie ihre Erfahrung immer so formulieren, dass sie die Kirche hierdurch nicht gegen sich aufbrachten. Die Mystiker blieben immer ein verdächtiges Völkchen. Damit verglichen konnten die indischen Mystiker viel freier sprechen und im Buddhismus und Hinduismus Zeugnis ablegen, da dies mystische Gottesdienste sind. Genauer betrachtet ist der Buddhismus keine Religion, sondern eine bis zur Perfektion entwickelte Form der transpersonalen Psychologie.

Ein Mystiker will das alles nicht im Jenseits erreichen, sondern im Diesseits.

Komme in Bewegung

Die Frage hierbei ist: „ Wer untersucht wen?" Selbstuntersuchung ist eine seltene Eigenschaft. Dies kann nur der Mensch, Tiere nicht (so nehme ich an, doch bewiesen ist das nicht). Der Selbstreflexion steht die Selbsttäuschung gegenüber; darin sind wir bis ins Äußerste perfekt.

Wir machen uns alles Mögliche vor, nur, um nicht fühlen zu müssen. Denn was meistens gefühlt wird, ist ein unerfülltes Sein, ein gähnendes Unerfüllt sein oder eine unangenehme Unruhe. Es ist sicherer, das Gefühl weg zu argumentieren und zu rationalisieren, wegzuessen oder zu übertönen.

Selbsttäuschung funktioniert so raffiniert, zum Beispiel sagt der Hausarzt: „Sie sollten sich mehr bewegen. Sie haben doch einen Garten oder etwa nicht?"

„Ja, das stimmt, einen kleinen Vor- und Hintergarten."

Voller guten Mutes fahren wir zum nächsten Gartencenter und kaufen dort einen Aufsitzrasenmäher, einen Laubbläser und eine elektrische Heckenschere. Hauptsache keinen gewöhnlichen Rechen, keine gewöhnliche Heckenschere oder gewöhnlichen Rasenmäher, das könnte zu viel von dem in Bewegung bringen, was nun schön sicher gedeckelt ist. Warum haben wir so viel Angst vor Bewegung?

Vielleicht, weil unser Unerfüllt sein, das wir gerade so schön eingemauert haben, in Bewegung gerät, wenn wir uns bewegen. Und dann müssen wir dabei auch noch bedenken, dass unser Körper am besten funktioniert, wenn er arbeiten muss, wenn er in Bewegung ist.

Die erste und die letzte Lektion

Das erste, was wir auf dem Pfad der Befreiung erlernen und erfahren müssen, ist der Unterschied zwischen Verengung und Ausdehnung, zwischen Anspannung und Entspannung, zwischen Verschlossenheit und Offenheit. Dies ist zudem Lektion einhundert. Weil Ausdehnung unbegrenzt ist, so wie Offenheit und Entspannung. Denn wenn wir offen sind, entdecken wir, dass wir noch offener sein können, und wenn wir entspannt sind, können wir entdecken, dass wir noch entspannter sein können, und wenn wir weit sind, entdecken wir, dass wir noch weiter sein können. Das hat damit zu tun, dass die Ausdehnung in einem Raum erlebt wird, der größer ist als die Erfahrung der Ausdehnung.

DER SUCHENDE UND DAS GESUCHTE – 2

Der Suchende begibt sich aus der Erfahrung des Nichterfülltseins auf die Suche nach Erfüllung. Das Erleben des Nichterfülltseins ist der Motor für diesen Prozess. Ohne den Suchenden keine Bewegung in Richtung Buchladen, Lesung, Kursus, Pilgerreise... oder alles zugleich.

Doch das Paradoxe ist, dass der Suchende seinem eigenen Befreiungsprozess ab einem bestimmten Zeitpunkt selbst im Wege steht, was damit zu tun hat, dass der Prozess sich verselbständigt hat, vergleichbar mit einem Staudamm, der bricht, sodass das sich Bahn brechende Wasser nicht mehr aufzuhalten ist. Dann kann es sein, dass ein Befreiungsschlag erst dann möglich ist, wenn der Suchende (der doch alles in Bewegung gesetzt hat, um bis hierher zu gelangen), geopfert wird.

Das verursacht Unsicherheit, da der gesamte Prozess des Suchens bis hierher von der Kontrollinstanz des Suchenden gesteuert wurde. Wie kann der Prozess ohne den Suchenden weiterlaufen? Obendrein ist im Suchenden derselbe Überlebensmechanismus verankert wie in allem, was erschaffen wurde. Doch wenn du deinen Fahrradschlüssel verloren hast, suchst du ihn, und wenn du ihn gefunden hast, hörst du mit dem Suchen auf. Das ist logisch, aber Spiritualität ist nicht das Gleiche wie ein Fahrradschlüssel. Sie findet in den dünneren psychischen Sphären statt, die oft für den Suchenden noch nicht sichtbar sind. In der Tradition heißt dieser Moment sehr treffend und kurz gesagt:

„Der Suchende ist das Gesuchte."

Wenn der Suchende losgelassen wird, entstehen wirkliche Entspannung, Raum und Ruhe und kann der Befreiungsprozess ungehindert weitergehen. Doch auch hier verbirgt sich wieder so ein Fallstrick, denn ein Suchender, der sich selbst nicht bis in seine tiefsten Tiefen untersuchen will, wird mit folgendem weisen Spruch selbstzufrieden mit der Suche aufhören, denn er kann ja sagen:

„Der Suchende ist das Gesuchte!"

Hieran lässt sich einmal mehr erkennen, wie wichtig Ehrlichkeit ist und der Kontakt zu einem lebenden Lehrer anstelle eines ausschließlichen Kontaktes via Computerbildschirm, denn auch hier verbirgt sich wieder die Gefahr der Selbsttäuschung, denn wir können unsere Entwicklung weder prüfen noch vorstellen.

Einerseits gibt es also den Suchenden, andererseits ist da das Vermögen sich zu öffnen und zu empfangen. Wir können uns dies folgendermaßen vorstellen:

Die absteigende Linie steht für den Suchenden – für den, der liest, zu Satsangs geht und der Fragen stellt.

Dann folgt der Zwischenraum, und in ihm geschieht das Gleiche, was mit dem Samen in der Erde geschieht.

Etwas erweckt im Suchenden neues Leben, etwas öffnet sein ‚mystisches Herz', etwas lässt ihn das Licht erleben, etwas in ihm erinnert sich des vollkommenen Lebens, etwas schenkt ihm endlich den ersehnten Frieden. Dies wird auch Gnade genannt. In dem Maße, wie die Gnade im Suchenden ihr Werk vollbringt, werden die Suche und die Fragen weniger werden.

Die aufsteigende Linie bezeichnet die Flügel, die sich langsam zur Rechten und Linken des ‚mystischen Herzens' entfalten, so wie eine Raupe sich zu einem Schmetterling verpuppt. Es ist dies die Geburt des neuen Menschen. Auch hier gelten dieselben Bedingungen wie für die Saat im Boden oder für die Verpuppung der Raupe zum Schmetterling, nämlich: Nicht stören, sondern in Liebe und Aufmerksamkeit geduldig und gut darum kümmern.

Und auch hier ist wieder folgende Anmerkung passend: „Tue, was du tun kannst, und empfange, was du empfangen kannst."

Drei Perspektiven zum Suchenden

Insgesamt lassen sich drei verschiedene Annäherungsmöglichkeiten bezüglich der Suche unterscheiden:

1. „Suche! Und du wirst finden!“ ist ein bekannter Rat von Jesus, aus der Perspektive, dass du durch das in-Bewegung-kommen darauf vertrauen darfst, dass du finden wirst, wonach du suchst.
2. „Höre auf zu suchen, denn der Suchende ist das Gesuchte!“ So lautet insbesondere in den *Advaita*-Kreisen (Satsang) der Rat aus der Perspektive, dass das, was du suchst, der Suchende ist, den es loszulassen gilt. Dadurch hört die Suche und die damit zusammenhängende Anspannung und Unruhe auf.
3. „Suche und du wirst gefunden werden!“ So etwa klingt mein Rat aus der Perspektive des Gesetzes des kosmischen Magnetismus und der kosmischen Resonanz. Der Suchende sendet aus dem Verlangen nach Heilung seine Gebete, die vom Kosmos empfangen werden, der hierauf wiederum laut den Gesetzmäßigkeiten reagiert. Was ist deine Perspektive?

Eine bestimmte Sorte Mensch

Du kannst dich fragen, was mehr Energie kostet: Dich selbst dein ganzes Leben lang in die Irre zu führen oder einmal das Heft in die Hände zu nehmen und dich selbst anhand der Kernfrage zu untersuchen: „Wer bin ich wirklich?“

Wer bist du wirklich, ohne all deine Konditionierungen, Überzeugungen, Gewohnheitsmuster und alles, was von dir implizit und explizit erwartet wird? Und schau dir an, was letztlich aus der Angst entstanden ist. Und dann schau auf das, was zu dir gehört, was von innen heraus kommt und dich froh und frei macht. Vielleicht ist es auch die Art eines bestimmten Menschen, der sich um seiner selbst willen untersuchen möchte. Vielleicht ist es auch eine unstillbare Sehnsucht nach Ursprünglichkeit, nach Frieden, nach etwas, wo wir alle herkommen und früher oder später wieder zurückkehren. Und vielleicht ist es diese bestimmte Art von Menschen, die sich nicht (ganz) Zuhause fühlt in unserer überdrehten Konsumgesellschaft, wo sich jeder am Konkurrenzkampf beteiligt und allem hinterherjagt, um ja nicht den ‚neuesten Schrei‘ zu verpassen. Vielleicht durchschauen wir das alles, durchschauen die Oberflächlichkeit dessen, das Unechte, die Hypnose, in der ein jeder lebt. Mit dem Erwachen unseres inneren Lichts wird auch unsere klare Wahrnehmung und in gleichem Maße unser Mitgefühl für unsere ermüdeten Mitmenschen zunehmen. Jeder sucht Erfüllung, und der auf der Hand liegende Weg auf der Suche nach Erfüllung ist Konsum, auch weil wir hierzu permanent angeregt werden und nichts verpassen wollen.

Doch wenn du dich darin nicht wiederfinden kannst, suchst du Erfüllung im umgekehrten Weg: Nicht im Weg des alles-haben-Wollens, sondern im Weg des alles-Loslassens, um dann zu schauen, was übrig bleibt. Es ist und bleibt ein Wagnis.

Von ‚Alles ist heilig' zu ‚Nichts ist heilig'

Bist du eine denkende Person, nichts weiter oder bist du eine denkende Person, die ein Licht in sich trägt oder, als dritte Möglichkeit, bist du ein Licht, das eine denkende Person in sich trägt? Im letzten Fall steht die Person im Dienste des Lichts.

Im zweiten Fall handelt es sich um eine Person, die sich vom Licht angezogen fühlt und zur Untersuchung übergeht. Im ersten Fall lebt dieser Wunsch nicht, und somit steht auch keine Opferbereitschaft für diesen Weg zur Verfügung.

Wir haben schließlich eine Reise als Menschheit gemacht von Pantheismus zum Polytheismus hin zum Monotheismus und Atheismus. Oder auch von ‚Alles ist heilig' zu ‚Nichts ist heilig'. Hierin könnte eine Begründung dafür liegen, warum wir die Erde so gleichgültig verschmutzt haben bzw. verschmutzen. In der Zeit des Pantheismus und des Polytheismus gab es für jede mögliche Gelegenheit im alltäglichen Leben Götter. Würden wir unsere Flüsse auch so verschmutzen mit dem Bewusstsein, dass in den Flüssen Götter wohnen und die Erde bevölkert ist und aufrechterhalten wird von Göttern?

Die Götterwelt in der Zeit des Pan- bzw. Polytheismus regelte das gesamte menschliche Leben – sowohl alles Gute als auch alles Schlechte. Dies ist auffällig und in diesem Sinne holistisch.

Warum tanzt du nicht?

Der Zwischenraum, der bereits viele Male mittels des Schemas einer absteigenden und einer aufsteigenden Linie erwähnt wurde, ist im Grunde eine natürliche Unterbrechung, der wir in Vielem, wenn auch nicht in Allem, um uns herum begegnen können.

Das Licht ist zum Beispiel ein durchgehendes Strahlenbündel, doch in einer mikroskopischen Untersuchung zeigt sich, dass diese Wellenbewegung aus vielen unterbrochenen Segmenten aufgebaut ist, den sogenannten Photonen. Das gilt auch für Musik, denn sie erreicht uns als Wellenbewegung, die sich aus aneinandergereihten Tönen mit dazwischenliegenden Unterbrechungen zusammensetzt.

Nirgends in der uns umringenden Welt gibt es Masse. Der Stuhl zum Beispiel, auf dem du vielleicht gerade sitzt, besteht aus umher tanzenden Atomen, das Gleiche gilt für das Buch, das du in den Händen hältst. Alles ist in Bewegung, alles ist Tanz.

Auch dein Haus, in dem du wohnst. Alle Steine, die dich beschützen und alle Dachpfannen bestehen aus einer Kombination von umher tanzenden Atomen. Alles tanzt. Auch dein Körper. Wenn du also in Übereinstimmung mit der dich umgebenden Welt leben möchtest, denn ist tanzen der Ausdruck, der dem am nächsten kommt. Also: Warum tanzt du nicht?

Leela

Gott schwimmt im Fisch und schlüpft in den Fuchs
und fordert den Menschen zum Tanz auf.
Gott weht im Wind und biegt sich im Baum
und lädt dich zum Tanz ein.
Gott riecht in der Blume und wächst im Gras
und möchte mit dir tanzen.
Gott galoppiert im Pferd und flattert im Schmetterling
und fordert dich zum Tanz auf.
Gott schnurrt in der Katze und klettert in der Ziege
und würde dich gerne tanzen sehen.

Gott summt in der Biene und erstrahlt in der Sonne
und wartet darauf, dass wir tanzen.
Gott lässt den Schnee gefrieren und scheint im Mond
und vermisst unseren Tanz.
Frage:
„Warum tanzen wir nicht?"

ZWISCHENDURCH

Wenn du darauf achtest, werden dir in deinem alltäglichen Leben viele Arten von Zwischenräumen begegnen. Hierbei geht es vor allem um die Zwischenräume in Form von Zeit und Raum, also in Relation zur Person, und nicht als spirituelle Erscheinung, so wie in den oben genannten Beispielen, wo es genau darum geht, sich für einen Moment von dieser Illusion der Person in Beziehung zu Zeit und Raum zu befreien.

Ich nenne hier einige Beispiele:

- Der Zauberer macht immer eine Pause – lässt also einen Zwischenraum entstehen –, bevor er seine Zuschauer mit einem Zaubertrick überrascht. Der Zauberer ist ein Illusionist, der uns aus der allgemein geltenden Illusion zu seiner Illusion entführt.
- Der Kabarettist lässt ebenfalls immer eine kleine Pause entstehen, bevor er seine Pointe zum Besten gibt, das nennt sich ‚timing'.
- Auch ein Richter macht während der Verlesung des Urteils einige Pausen.
- Jeder gute Redner kennt den Effekt der Pause in seiner Rede, um das Aufmerksamkeitslevel seiner Zuschauer zu halten.
- Jeder Komponist verwendet Pausen in seiner Komposition, um eine Veränderung anzuzeigen oder einen Akzent zu setzen.
- Du kannst selbst eigene Beispiele hinzufügen.

SCHRITT 8

DIE NEUE ZEIT

Annäherung an unsere gegenwärtige, mehrfache, globale Krise aus der Sicht von 7 Perspektiven:
1 – Expansives Wachstum der Götter – 2 – Unterbrochene Verbundenheit – 3 – Unsere Entfremdung – 4 – Spiegelgeschichte – 5 – Wir sind gleichzeitig arm und reich – 6 – Eile – 7 – Eine Transformation unseres Bewusstseins – Von *Kali Yuga* zu *Satya Yuga* – Unsere Evolution von Instinkt zu Intellekt zu Intuition zu Inspiration – Erdentribunal – Was wir tun – Zum Abschluss

1. Perspektive: Expansives Wachstum der Götter

Unser Weltall ist ein sich endlos ausdehnender Körper, ewig expandierend, so zumindest beschreiben wir es. Doch das stimmt nicht ganz, denn auf Expansion folgt Implosion, auf Ausdehnung folgt Schrumpfung. Es ist eine sich ausdehnende und wieder zusammenziehende Bewegung, als ob sich eine Hand öffnet und dann wieder zu einer Faust zusammenballt. Auch vergleichbar mit unserer nach außen strömenden Ausatmung und nach innen strömenden Einatmung. Alles geschieht gemäß eines kosmischen Rhythmus, den wir als Biorhythmus kennen.

Diese Expansionsbewegung lässt sich überall auf unserer Erde finden – alle Pflanzen verbreiten ihren Samen, Tiere pflanzen sich fort, und auch wir Menschen wurden auf die Erde mit dem Auftrag gesandt: „Seid fruchtbar und mehret Euch."

Unternehmer versuchen gewohnheitsmäßig ebenfalls, ihr Unternehmen stets weiter wachsen zu lassen, und auch unsere Ökonomie basiert auf Wachstum. Wachstum heißt das Mantra, das allen Produktionsweisen zu Grunde liegt. Bis hierhin läuft die sich ausdehnende Bewegung kongruent mit dem kosmischen Rhythmus des Universums, doch geraten wir in Panik, wenn gemäß desselben kosmischen Rhythmus hierauf eine Periode der Stagnation, der Rezession und des Schrumpfens folgt; das empfinden wir als unnatürlich und beängstigend.

Das Gebet: „Seid fruchtbar und mehret Euch“, scheint die Tatsache zu ignorieren, dass unser Planet nicht mitwächst und dass es Grenzen des Wachstums gibt.

Hat das fehlende Bewusstsein, dass wir nur an unbegrenztes Wachstum glauben, damit zu tun, dass unsere Verbindung zu unserer Lebensumgebung unterbrochen ist, was in der Bibel als Sündenfall bezeichnet wird? Beruht unser Leiden nicht darauf, dass wir uns außerhalb der, besser gesagt, über die Natur gestellt haben?

Würden wir in Verbundenheit mit der Natur leben, flösse daraus von selbst eine Verantwortung, die sich durch Respekt und eine Erkenntnis in das Vertrauen von Wachstum und Verfall auszeichnet.

Dass keine Bäume in den Himmel wachsen gilt auch für unsere Ökonomie. Auch anhand unserer physischen Maße lassen sich die Grenzen des Wachstums erkennen. Kaum jemand ist größer als zwei Meter, doch in unserem Kopf scheint etwas zu existieren, das ins Grenzenlose denkt. „Seid fruchtbar und mehret Euch.“ Doch wir können diesen Aufruf transformieren in: „Mehret Eure Erkenntnis, Euer Wissen, Euer kosmisches Bewusstsein, Euer Gefühl, Eure Verbundenheit, Eure Ganzheit, Eure Zugewandtheit, Eure Offenheit und vor allem Euer Mitgefühl aus Liebe.

2. Perspektive: Unterbrochene Verbundenheit

Wahrscheinlich besteht unsere größte Qual darin, dass wir uns stets weniger verbunden fühlen mit uns selbst, miteinander, mit der uns umgebenden Natur, mit dem Transzendenten und mit unserem inneren Licht. 2018 wurde eine Studie in den Niederlanden zur Verwendung von Smartphones bei jüngeren Menschen durchgeführt. Sie zeigte unter anderem, dass bei jüngeren Menschen, die viel auf ihr Smartphone gucken, die Empathie abnimmt. Dabei ist Empathie der Zement, der unser Zusammenleben zusammenhält. Des Weiteren hat sich gezeigt, dass sich die Konzentrationsfähigkeit von 20 Minuten in den 90er Jahren auf 8 Minuten im Jahre 2018 verringert hat. Wir wischen im wahrsten Sinne ganz schön was weg. Doch Konzentration ist ausgerechnet eine der Grundbedingungen für Meditation und eine unerlässliche Voraussetzung, wenn wir uns selbst untersuchen und auf den Grund gehen wollen.

Es ist zudem eine besorgniserregende Entwicklung, dass stets mehr Kinder geboren werden, die nachweislich autistisch sind.

Wir leben also in einem seltsamen Paradoxon, denn einst war alles, worüber ich hier schreibe, eine geheime Lehre, die von Lehrer zu Schüler weitergegeben wurde, und auch nur dann, wenn der Schüler reif genug war für die nächste Unterweisung. Inzwischen steht all dieses ehedem verbotene Wissen in allen Buchhandlungen und auf vielen Webseiten jedem quasi im Wohnzimmer zur Verfügung. Die Gefahr einer Entwertung des Inhalts liegt auf der Hand.

Die Hippie-Kultur mit ihrer Flucht nach Indien in den sechziger Jahren des vorigen Jahrhunderts hat sicherlich zur Verbreitung esoterischen Wissens beigetragen.

Und der furchtbare Einfall Chinas in Tibet in den fünfziger Jahren des vorigen Jahrhunderts hat leider ebenfalls dazu beigetragen. Das dem tibetanischen Buddhismus anhängende Volk mit seinem hoch entwickelten transzendental-psychologischen Wissen wurde aufgrund ihrer Verbannung weltbekannt.

Weil wir so schnell an Wissen kommen können, scheint es, als ob wir bereits alles wüssten und begriffen hätten. Doch Selbstreflexion erfordert Ruhe, Stille, Zeit, Zuwendung und Disziplin. Dieser Prozess ist vergleichbar mit dem Samen in der Erde und der Verpuppung der Raupe zum Schmetterling, so wie hier bereits einige Male erwähnt.

Auf deine Mutter spucken

Die unterbrochene Verbindung zu heilen, erfordert ebenfalls Ruhe, Stille und Zeit, doch auch Mut und Offenheit.

Auf Grund unserer Entfremdung fühlen wir nicht mehr, dass wir eins sind mit dem Leben. So wie Häuptling Seattle sagte: „Wenn Menschen auf die Erde spucken, bespucken sie sich selbst."

Ich möchte dem hinzufügen: „Pass auf, die Erde spuckt zurück!"

Wir haben im letzten Jahrhundert sehr viel auf Mutter Erde gespuckt. Die Seen und Flüsse, die Erde und die Luft und auch die Tiere und damit auch wir Menschen sind verschmutzt.

Wir können uns nicht verschließen vor der uns umgebenden Verschmutzung.

Es ist traurig, dass der erste Bericht des Club of Rome, der in den turbulenten Jahren Anfang der Siebziger des letzten Jahrhunderts erschien, bis heute (so gut wie) unbeachtet blieb. So, wie viele Berichte danach. Seit ungefähr dieser Zeit ist im Durchschnitt ein Fußballfeld Regenwald pro Minute für immer vom Erdboden verschwunden.

Jetzt, fünfzig Jahre später, nachdem viele Pflanzen und Tiere ausgestorben sind und die Welt zu einer großen Mülldeponie verkommen ist, haben wir endlich einen Lösungsplan entworfen.

Wie konnte es nur soweit kommen? Der Mensch hat sich als Plage für die Erde erwiesen, möge der neue Mensch ein Segen sein!

In diesem Buch gehe ich von der Annahme aus, dass eine der Hauptursachen hierfür unsere unterbrochene Verbindung mit unserem inneren Licht ist, wobei die gute Nachricht lautet, dass wir die unterbrochene Verbindung heilen können. Dazu gebe ich in diesem Buch an verschiedenen Stellen Anregungen.

Wir fühlen nicht mehr, dass wir eins sind, dass wir miteinander und der Natur eins sind. Dass wir das, was wir den Tieren und der Natur antun, uns selbst antun. Und dass dies gleichzeitig das ist, was unser Leiden verursacht, denn wir sind durch unsere Taten nicht glücklicher geworden.

Ein anderes Wort für unsere unterbrochene Verbindung lautet Entfremdung.

3. Perspektive: Unsere Entfremdung

Unsere Entfremdung von unserem Wesen, unserer Verbindung mit unserem inneren Licht, hat in den letzten fünfzig Jahren offensichtlich seinen Tribut gefordert. Dadurch, dass wir zum Beispiel unseren Biorhythmus nicht mehr respektieren, gibt es stets auch mehr junge Menschen mit Burnout, Schlafproblemen und Depressionen.

Aufgrund unserer Entfremdung von unserer Verbindung, der Einheit mit der Natur, wurde alles und jedes Wesen vergiftet. Jeder Mensch trägt ungefähr zwei Kilo Gift in sich, unter anderem Schwermetalle; Jüngere etwas weniger als Erwachsene.

Und dies gilt auch für die Seen und Flüsse, die Tiere und Pflanzen. So war ich es gewohnt, meinen Moosgarten mit der Asche aus meinem Ofen zu bestreuen, denn die Asche enthält Nährstoffe. Doch als ich dies meinem Schornsteinfeger erzählte, sagte dieser: „Das können sie besser lassen, denn im Holz, das sie verbrennen, sind Schwermetalle, die der Baum aus der Luft und aus dem Boden aufgenommen hat."

Manche mögen Wild, zum Beispiel Wildschwein oder Reh (weil sie frei leben und darum keine Hormone und Antibiotika enthalten), doch diese Tiere fressen Gras und Kräuter, die aus der Luft und dem Boden Schwermetalle aufgenommen haben. Auch sie sind nicht mehr frei von Gift. Und so weiß fast ein jeder Mensch etwas über die globale Verschmutzung zu berichten – aufgrund seines Berufes oder aus Interesse.

4. Perspektive: Spiegelgeschichte

Diese Tatsachen zeigen wieder einmal, dass wir miteinander verbunden sind, ob wir wollen oder nicht.

Sie spiegeln auch unser Verhalten. Denn, so wie wir die Erde ausbeuten, Raubbau mit ihren Ressourcen betreiben – so lange, bis die Erde aufgibt, erschöpft ist und einen Burnout bekommt –, so beuten auch wir uns entsprechend aus. Wir betreiben Raubbau mit unseren Ressourcen, so lange, bis wir aufgeben, erschöpft sind und einen Burnout haben!

So versauert, wie die Erde und die Ozeane sind, so sind wir es auch, mit allen gesundheitlichen Folgen, die dies mit sich bringt.

Die Geschichte der Erde ist eine Spiegelgeschichte: „Erzähle mir, wie du mit der Erde umgehst, und ich werde dir sagen, wer du bist." Oder: „Erzähle mir, wie es um die Erde steht, und ich erzähle dir, wie es um deine Gesundheit steht."

Schon allein aus diesen Gründen kann ich dir nur anraten, Lebensmittel zu konsumieren, die biologisch, also ohne Pestizide, Antibiotika, Hormone und Gentechnik, hergestellt wurden.

So vergiftest du deinen Körper nicht weiter und nimmst noch ausreichend Nährstoffe zu dir, denn viele Supermarktprodukte enthalten nur noch vierzig oder fünfzig Prozent ihres ursprünglichen Nährwertes. Obendrein unterstützt du so die Bauern, die die Erde und die Tiere noch mit Ehrfurcht behandeln, und diese dünne Linie muss fortgesetzt werden.

Die Natur holt ihre Kraft aus der Winterpause (außer in den Tropen), und wir denken, dass wir unsere Kraft aus einem stets schneller werdenden Tempo schöpfen können, mit immer mehr Kaffee. Alles muss noch schneller wachsen, die Pflanzen und Tiere, auf Kosten ihrer Kraft und Gesundheit.

Das Reinigen unserer Erde ist eine große Aufgabe. Die Gnade und Kraft liegt darin, dass wir wieder in die Verbindung miteinander und mit der Erde kommen, und allein das wird uns glücklich machen. Und dies kann wiederum eine Stimulanz sein, um den ‚guten' Weg weiterzuverfolgen. Das neue Denken, das neue Leben, das neue Fühlen schimmert bereits am Horizont.

Hierbei wird der Spiritualität eine große und neue Rolle zugewiesen werden, mit Schlüsselbegriffen wie Ehrfurcht vor allem, was lebt, um mit allem in Einheit zu leben, Einheit in Verschiedenheit, in wiedergewonnener und wiederhergestellter Verbindung. Wir sind ein Mikrokosmos in einem Makrokosmos, wir sind untrennbar mit allem verbunden. Wenn wir lernen, mit unserem Leben ehrfürchtig umzugehen, werden wir automatisch auch so miteinander umgehen als auch mit den Tieren, der Erde und allem, was lebt. Die Erde spiegelt unser Verhalten. Und momentan spiegelt sie unsere Entfremdung. Doch viele Menschen geben trotzdem immer wieder aufs Neue ihr Bestes – im Bildungsbereich, der Gesundheitsfürsorge, im Sicherheitsdienst, in der Pflege; es steht bereits so viel Liebe und Positives zur Verfügung. So viel liebevolle Aufmerksamkeit für die Mitmenschen. Die Umkehrung muss gar nicht so weit weg sein, manchmal sind ein Stupser, ein Tropfen genug, um eine Massenbewegung in Gang zu setzen.

Entfremdungstest

Wenn du nicht mehr mit den Ameisen sprichst und die Sonne nicht mehr anlächelst,
wenn du nicht mehr für einen vorbeiflatternden Schmetterling bremst,
weißt du, dass der Entfremdungstest erfolgreich war.
Wenn du anstatt zu hüpfen marschierst,
wenn dein Singen ein Argumentieren geworden ist.
Wenn aus Teilen Ausbeuten geworden ist,

wenn du sprichst, um die Stille zu vermeiden,
dann weißt du, dass der Entfremdungstest erfolgreich war.

Frieden schimmert

Ich habe die schwärzeste Nacht,
die Schwärze der letzten Nacht gesehen.
Ich habe den Totenkopf,
den lachenden Totenkopf des Henkers gesehen.
Und ‚Jenes', was der Tag sah,
war vom klarsten Orange,
das morgens die Erde erstrahlen lässt.
Es war so strahlend transparent.
Ich habe den ersten Mönch gesehen,
der Tee aus dem Schädel des Henkers trank.
Ich habe gesehen, wie das Licht
den letzten grinsenden Schädel zerbrach,
allein dadurch, dass es ihn beschien.
Es wird Millionen von Mönchen geben,
Tee–einschenkende Mönche,
für die Erschöpften, die Frieden suchen.
Sieh, es beginnt bereits zu dämmern.
Sieh, es wird bereits strahlend transparent.

5. Perspektive: Wir sind arm und reich zugleich

Ein Widerspruch unserer Zeit ist die Tatsache, dass wir es in materieller Hinsicht noch nie so gut hatten und gleichzeitig noch nie so arm an sauberer Luft, sauberem Essen oder an reinem Äther, reiner Stille und reinen Antworten waren. Der Mensch leidet hierunter auf allen möglichen Ebenen: physisch, emotional, psychisch und spirituell.

Die Folgen dessen zeigen sich bei immer mehr Menschen anhand von chronischer Müdigkeit, Burnout, Schlafstörungen und Depressionen. Und das nicht nur bei den Erwachsenen und Älteren, sondern auch die Jugend leidet in zunehmendem Maße unter denselben Beschwerden.

Doch all diese krankmachenden Faktoren, die so bezeichnend sind für unsere zivilisierte Gesellschaft, haben keinen Einfluss auf unser inneres Licht, und das ist die gute Nachricht.

Denn die Kraft des Lichts blieb und bleibt immer von allen vergiftenden Einflüssen unberührt. Es ist für uns nur eine größere Aufgabe, durch all diese begrenzenden Einflüsse, all diese Schleier zu unserem inneren Licht durchzubrechen.

Hinzu kommt, dass alle Völker, die uns hätten lehren können, wie wir ehrfürchtig und dadurch in Harmonie mit unserer Mitwelt umgehen können, von uns ermordet oder ihr Wissen für nichtig und falsch erklärt wurde. Wir können dabei an die amerikanischen Ureinwohner, die Aborigines und letztlich die Tibeter denken.

TIBET

Chinesische Soldaten zogen vergewaltigend, mordend,
plündernd und brandschatzend
durch das dünn besiedelte – und einst so heilige – Tibet,
wo sie vor allem unbewaffnete, wehrlose Mönche und Nonnen vor ihren
Lauf bekamen.
Was zurückblieb waren glimmende Trümmerhaufen einer einst spirituellen
Hochkultur, deren aufgewirbelte Ascheteilchen
vom Wind fortgetragen wurden.
All ihre Namen und heiligen Texte
wurden noch einmal in den Wind geschrieben,
um danach im Himalaya zu landen.

Im Frühling verschmolzen sie mit den schmelzenden Gletschern, um stromaufwärts mit den heiligen Flüssen in einer höheren Verdünnung mitgeführt zu werden.

Dorthin, wo die Hindus in ihren heiligen Flüssen ein Bad nehmen und ihre Gebete, wie das „Ohm Sad Chid Ananda" rezitierend, zum Himmel senden. Um dann in einer noch höheren Verdünnung in den Indischen Ozean zu münden, wo sie in einer noch höheren Verdünnung verdampfen und als Wolken aufsteigen.

Um vom Wind zu den Flanken des Himalaya getragen zu werden und sich dort mit den Millionen von gemurmelten Gebeten der Hindus zu vermengen, um danach höher und höher aufzusteigen und über den Himalaya zu ziehen. Und dann letztlich als friedlicher Frühlingsregen auf die Helme und Läufe der chinesischen Soldaten zu fallen, auf dass sie – irgendwann – ihr inneres Licht erfahren dürfen und Frieden finden.

Um die wartenden Samen des Bodhibaumes in der versengten, einst so heiligen Erde, zu bewässern, auf dass sie keimen und heranwachsen mögen zu schattenreichen Parks. Unter ihnen können sich dann die chinesischen Soldaten ausruhen, während ihre Kinder friedlich spielen, auf dass sie – irgendwann – ihr inneres Licht realisieren und Frieden finden mögen.

Visionen der Verwüstung

All diese Völker – die amerikanischen Ureinwohner, die Aborigines und die Tibeter –, deren Vorväter während Tausenden von Jahren in Harmonie mit der Natur lebten, sind Augenzeugen, wie der moderne Mensch dieselbe Natur in wenigen Jahrhunderten gewissenlos ausgebeutet und verschmutzt hat.

Und all diese Völker wussten bereits, dass dies geschehen würde. Einige ihrer Seher hatten schon vor Tausenden, andere vor Hunderten von Jahren in ihren Visionen die Verwüstung kommen sehen und verschriftlicht. Auch die uralte hinduistische Kultur hat(te) ihre Seher.

So steht zum Beispiel in der ungefähr Tausend vor Christus verfassten *Mahabharata* folgendes geschrieben:

„Und die Windrichtung wird verwirrend sein... Krawalle, Aufruhr und große Brände... das Feuer ist überall."

In der Prophezeiung der *Shambala*, siebenhundert Jahre vor Christus, können wir lesen:

„Dürren, Hungersnöte, Krankheiten und Kriege werden die Welt überziehen. Die Menschen haben keinen Gottesdienst mehr, an den sie sich wenden können, um Trost und Linderung zu finden. Die Doktrinen des Materialismus werden sie überwältigen ..."

Auf der *Stupa Padmasambhava* (achtes Jahrhundert vor Christus) steht geschrieben:

„Hungersnöte und Hagel verursachen unproduktive Jahre und Krankheiten, Epidemien werden sich unter Mensch und Vieh verbreiten."

Eine buddhistische Prophezeiung lautet: „Religion wird nur ein zum Tode verurteilter Mann sein, der in seiner Todeszelle auf die Vollstreckung seines Urteils wartet, bevor ein neuer Buddha erscheinen kann."

Und doch sollten wir nicht verzweifeln, denn das innere Licht erschöpft sich nicht, kann nicht verschmutzt, verwechselt, gespalten oder verdunkelt werden, im Gegensatz zu der uns umgebenden Welt.

Denn wenn wir erleben, dass sich das Licht verdunkelt, dann ist dies aus Sicht unseres verdunkelten, verschleierten Blicks. Aus Sicht des inneren Lichts betrachtet, erleben wir, dass unser Licht ewig und unveränderlich strahlt.

Glücklicherweise haben wir alle Zugang zu den uralten Quellen, deren Wirkung sie bewiesen haben.

In der *Maitrayaniya Upanishad* können wir lesen:

„Wenn jemand, nachdem das Denken aufgehört hat, durch sein Selbst seines wundervollen Selbst gewahr wird, das kleiner ist als das Kleinste, wird er selbstlos: Denn er hat durch sein Selbst sein Selbst gesehen."

Atma

Im Hinduismus wird das innere Licht *Atma* genannt. Es ist der unfälschbare Teil Brahmans, der nicht nur in allen Wesen – allem Lebendigen – vorhanden ist, sondern in allem. Immer und überall. *Atma* ist in den Pflanzen und Tieren, auch in den Tälern und Bergen, wo die Flüsse entspringen. Und wenn alles heilig ist, führt das dann nicht unvermeidlich zu einem ehrerbietigeren Umgang mit der gesamten Schöpfung? Ist es nicht genau das, was in dieser Zeit so sehr gebraucht wird?

Und von eben diesem Licht springt ein Funke während einer herzlichen Umarmung von Mensch zu Mensch über. Nennen wir es Funkenregen.

6. Perspektive: Eile

Eines der Probleme unserer Gesellschaft ist Eile. Eile führt unvermeidlich zu Oberflächlichkeit und diese wiederum führt zu Leere, es kann nicht anders. Denn ist es nicht so, dass nur eine tiefe existentielle Erfahrung unserem Wesen Erfüllung geben kann? Dies aber erfordert Zeit und Ruhe.

Alles andere ist Füllung und Ablenkung. Es ist sonderbar, dass reine Lebensqualitäten wie Stille, Ruhe, saubere Luft und Reizarmut ursprünglich jedem Menschen zur Verfügung standen, in unserer Konsumgesellschaft nun stets knappere Güter geworden sind.

Eile ist außerdem ein weiterer Tatbestand, der unserer Meditation im Wege steht, ja für unsere Meditation hinderlich sein kann. Meditation erfordert Ruhe, Stille und Entspannung. Eile findet sich selbst in unserer Naturschutzpolitik wieder, denn wo sehen wir denn noch einen wirklich alten Baum? Bekommen die Bäume noch Zeit, um alt zu werden? Wann beschließen wir, dass die wilden Tiere an Altersschwäche sterben dürfen und nicht durch die Jagd?

Doch auch unsere tägliche Nahrung bekommt nicht mehr die Zeit, um in Ruhe zu wachsen; all unser Essen wird künstlich zum schnellen Wachstum gedrängt.

Liegt nicht die Kraft der Natur und damit auch des Menschen, der ein untrennbarer Teil von ihr ist, in der Balance zwischen Ruhe und Wachstum, so wie es uns die Jahreszeiten zeigen? Nenne es Biorhythmus.

Die Eile hält uns so in ihrem Bann gefangen, dass wir schlichtweg nicht mal mehr anhalten können, um ein überfahrenes Tier an den Straßenrand zu legen und es ehrfürchtig zu begraben. Aufgrund der Schnelligkeit des Verkehrs dringt dieses Bild einfach nicht mehr bis zu unserem Gewissen vor. Denn, seien wir mal ehrlich, wann hast du zum letzten Mal einen Autofahrer anhalten sehen, nachdem er ein Tier überfahren hat, um niederzuknien und es um Vergebung für sein sinn- und ruchloses und gehetztes Verhalten um Vergebung zu bitten?

Wenn uns denn die Eile so vertraut geworden ist, dann sollten wir uns beeilen, unser ewig strahlendes inneres Licht zu entdecken und zu umarmen, um von da aus unsere Erde zu retten und damit uns selbst!

7. Perspektive: Eine Transformation unseres Bewusstseins

Wenn wir die Zeichen der Zeit versuchen, richtig zu deuten, dann können wir auch ein anderes Geräusch hören, eine andere Energie wahrnehmen, eine andere Mentalität entdecken. Stets mehr Menschen sind sich bewusst, dass wir massiv in einer Sackgasse gelandet sind. Stets mehr Menschen sind sich bewusst, dass, wenn wir als Spezies überleben wollen, eine radikale und weltweite Veränderung stattfinden muss. Eine Transformation unseres Bewusstseins.

Es macht durchaus einen Unterschied, ob wir unsere Zeit als eine Zeit der Zerstörung auf allen möglichen Gebieten betrachten, ohne Aussicht auf Besserung. Oder ob wir dieselbe Zerstörung als notwendigen Zusammenbruch betrachten, um Platz zu machen für ein ebenso zwingend notwendiges neues Zeitalter. Mit Hilfe der letzten Perspektive können wir über diese äußerst gewalttätige Zeit hinausblicken, und dann bietet sie eine hoffnungsvolle Perspektive. Die Funktion und Wirkung einer veränderten Perspektive ist in der Spiritualität eine häufig erprobte Technik. Zudem lässt sich Vertrauen und Kraft aus den heiligen Büchern schöpfen. So können wir in den *Veden* lesen:

„Um die dem Licht Hingegebenen zu befreien
und die Gottlosen zu vernichten
und um die Anfänge des Gottesdienstes wiederherzustellen
erscheine ich selbst von Zeitalter zu Zeitalter.

Von Kali–Yuga und Satya–Yuga

Ich habe bereits erwähnt, dass Lehrer wie Krishnamurti, Osho und Sri Nisargadattha vorhergesagt haben, dass die Menschen aus dem Westen der Spiritualität wegen noch in den Osten kommen werden. Aber es wird eine Zeit kommen, wo es andersherum ist; dann wird der Osten aus Gründen der Spiritualität in den Westen kommen.

Obendrein hat der Buddha gesagt, dass eine Zeit kommen wird, in der es verboten sein wird, seinen Namen auszusprechen. In Tibet ist das bereits eine Tatsache.

Das Licht scheint sich stets mehr zu verdunkeln, denn wo in demselben Tibet vor fünfzig Jahren noch Mönche und Nonnen meditierten, stehen nun Bordelle für die chinesischen Soldaten. Nach einem Tag des Folterns von Mönchen und Nonnen und dem Verbrennen esoterischer Bibliotheken lassen sie sich dort verwöhnen!

Dass sich alles verändert passt zur indischen Weltanschauung, die davon ausgeht, dass es aufeinanderfolgende Zeitalter gibt.

Das erste Zeitalter war das Satya-Yuga, was durch das hellste Licht gekennzeichnet war und in dem Erleuchtung überall ‚zum Aufsammeln herumlag'. So wie überall dort, wo Buddha seinen Fuß hinsetzte, Blumen aus dem Boden sprossen. Unser Zeitalter macht eine Entwicklung durch, in der sich das Licht immer mehr verdunkelt, bis es im finstersten, dunkelsten Zeitalter endet, dem so genannten Kali-Yuga. Die Kennzeichen dieser letzten Phase sind tiefste Finsternis, Entartung, Korruption, ungebremste Habgier, globale Zerstörung aller Lebensformen, Gewalt, Egoismus, Gewissenlosigkeit und Entfremdung voneinander, der Natur und dem inneren Licht. Wir befinden uns nun am tiefsten Punkt des Kali-Yuga, in der Übergangsphase dieses letzten Zeitalters hin zu dem strahlenden Lichtzeitalter des Satya-Yuga. Kali-Yuga steht für Schein, Satya-Yuga für Sein.

Der Besitzer eines sehr alten Familienbetriebes erzählte mir folgende Anekdote, die unser Zeitbild von Kali sehr schön illustriert:

Als mein Großvater diesen Betrieb gründete, bestand der Kaufvertrag aus einer DIN A4-Seite. Wenn ich ihn nun übernehmen möchte, kommen auf beiden Seiten Juristen ins Spiel, und das Ganze endet mit einem dicken Papierstapel. Vertrauen und Ehrgefühl spielen keine Rolle mehr."

Nach dieser Übergangsphase entwickeln wir uns in Richtung eines strahlenden Lichtzeitalters, das des Satya-Yuga.

Doch auch die Wissenschaft stellt bereits seit Jahrzehnten fest, dass wir uns einem sehr kritischen Punkt angenähert haben; laut einiger Wissenschaftler haben wir diesen sogar bereits überschritten. Früher lautete die Warnung: „Es ist fünf vor Zwölf." Nun hören wir immer öfter: „Es ist fünf nach Zwölf!" Und es wird versucht zu retten, was noch zu retten ist.

Es gab noch nie so viele Menschen auf der Erde, und noch nie waren die Anforderungen an so viele Menschen so groß. Ganz einfache Rechenbeispiele zeigen, dass unsere Erde all diese an sie gestellten Anforderungen und Aufgaben schlichtweg nicht erfüllen kann. Und vor allem droht Wasser – unsere wichtigste Lebensgrundlage! – in stets mehr Ländern immer knapper zu werden.

Es ist ein Wettrennen gegen die Zeit, denn es kommt der Moment, wo die ausgemergelte und verschmutzte Erde bricht und stirbt. Um diesem Moment zuvorzukommen, muss auf globaler Ebene eine radikale Bewusstseinsänderung stattfinden.

Darum lasst uns *jetzt* mit der Wiederherstellung der Verbindung mit unserem auf uns wartenden inneren Licht beginnen. Dies wird uns zur ersehnten Heilung von uns selbst, einander und allen Bewohnern der Natur – den Pflanzen und Tieren –, aber auch den Flüssen, dem Boden und der Luft führen. Auch hier gilt, wenn wir nur einen Schritt auf Gott zugehen, dann geht er hundert Schritte auf uns zu. Wir müssen es also nicht alleine tun! Die „himmlischen Helfer“ werden uns führen und mit Rat und Tat zur Seite stehen. Es gilt, auf einen kollektiven Durchbruch geöffneter und somit empfänglicher Herzen zu warten und zu vertrauen.

Die absteigende Linie steht für das Ausklingen und damit Verlöschen des Kali-Yuga. Wir sind die Kinder, die jetzt im Zwischenraum leben und noch den letzten Rest des Kali-Yuga miterleben. Und bekanntermaßen sitzt das Gift im Ende des Schwanzes, so wie ein sterbendes wildes Tier noch ein letztes Mal heftig zum Schlag ausholen kann. Die aufsteigende Linie kennzeichnet das helle Zeitalter des Satya-Yuga.

Diesbezüglich wurde in den vorigen Kapiteln wiederholt erwähnt, dass gerade in den Zwischenräumen optimale Bedingungen zu finden sind und Möglichkeiten liegen, um an der Befreiung von der Illusion der Person und damit von Zeit und Raum zu arbeiten.

Somit bedeutet dies: Wenn wir uns *jetzt* mit einer der Übungen aus den vorigen Kapiteln beschäftigen – dem Zwischenraum zwischen Ein- und Ausatmung oder zwischen unseren Gedanken, unseren Identifikationen und unserer Wahrnehmung –, dann kann jetzt, im Zwischenraum zwischen dem Wechsel von zwei Zeitaltern, in dem wir nun leben, ein äußerst wertvolles Phänomen eintreten, das ich zunächst mit dem bekannten Symbol illustrieren möchte:

Die Person übt während des Atemholens mit den dazwischenliegenden Zwischenräumen.

Sie tut dies im Zwischenraum des Wechsels zwischen zwei Zeitaltern, in der sie *jetzt* lebt!

Wir sehen hier symbolisch ausgedrückt, in was für einer besonderen Zeit wir *jetzt* leben. Aus folgenden Gründen:

1. Weil die Himmelstür sperrangelweit offen steht, kann es *jetzt* viel häufiger und einfacher als in der Zeit davor geschehen, dass wir während einer unserer Übungen mit den Zwischenräumen unsere Muster verlassen!
2. Dies wissend haben wir nun enorme Chancen, an unserer Befreiung zu arbeiten, denn das Satya–Yuga hat Tausende von Jahren auf sich warten lassen.
3. Obendrein ist das nun kommende Satya-Yuga ein erleuchtetes Zeitalter von kollektivem Ausmaß. Sehr viele Menschen werden die erleuchtete Stufe erreichen und demzufolge auch verantwortungsvolle, administrative Posten besetzen und entsprechende Funktionen ausüben. Der Vorteil ist, dass nach dem zweiten Weltkrieg bereits eine große Anzahl an global agierender Organisationen aufgebaut wurden. Die Strukturen sind also bereits vorhanden. Es gibt nur noch zu viel Korruption und Machtmissbrauch – die alten Einflüsse des Kali-Yuga –, doch dies wird sich sehr schnell ändern.
4. Aus dieser Perspektive betrachtet ist es denn auch möglich, dass wir die Erde zu einem Paradies für jeden machen, inklusive aller Tiere und Pflanzen. Etwas, was aus Sicht des Kali-Yuga betrachtet, noch wie Uto-

pie und vielleicht sogar naiv klingt.

5. Weil die Himmelstür sperrangelweit offen steht, findet in uns ein enorm kräftiger kosmischer Einstrom statt, und dies ist erst der Anfang. Kraft, Intensität und Häufigkeit werden noch zunehmen, was auch sehr vonnöten ist, um zu retten, was noch zu retten ist und um einen katastrophalen dritten Weltkrieg zu verhindern. Es wird sogar fast schwieriger sein, den Einstrom zu ignorieren, zu leugnen oder zurückzuhalten, als ihn zuzulassen. Jetzt müssen wir uns noch darauf einstimmen und hierfür empfänglich werden. Jetzt muss der Perlentaucher noch tief tauchen, in der Hoffnung, eine Perle zu finden. Dies wird immer leichter werden und auf stets natürlichere Weise geschehen. Der zunehmende kosmische Einstrom wird eine allgemeine Erscheinung werden, von dem jedes Wesen profitiert. Eines Tages wird der Perlentaucher den Strand entlang laufen und eine mit Perlen übersäte Strandlinie vorfinden, mehr als Sterne am Himmel stehen.

6. Was macht diese Vorstellung *jetzt* mit dir?

Um eine noch genauere Vorstellung von der Situation zu bekommen, in der wir jetzt leben, möchte ich folgendes Bild kreieren:

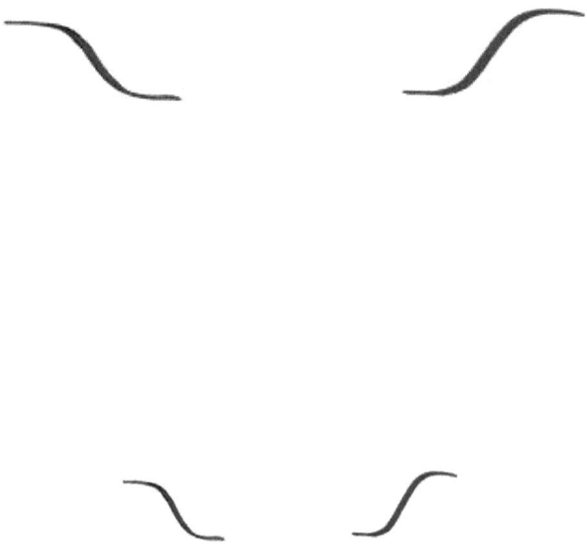

Zur Meditation

Es ist der Himmel über uns, von dem wir den kosmischen Einstrom empfangen, und das auf eine besonders kräftige und dadurch bewusste Weise und immer, wenn wir uns im Zwischenraum unseres Daseins zu verankern wissen.

Der Beginn einer neuen Zeit

Wenn wir uns genau umsehen, können wir erkennen, dass das neue Zeitalter bereits am Horizont schimmert. Die Flut an spirituellen Büchern ist unübersehbar. Und der Hunger nach Spiritualität nimmt weiter zu. Noch nie gab es so viele spirituelle Lehrer, und es herrscht ein wachsendes Bewusstsein darüber, dass es einen radikalen Wandel geben muss – und noch wichtiger –, dass es tatsächlich auch anders geht.

Mehrere alte Zeitberechnungen verweisen auf unsere aktuelle Übergangszeit, so der Maya-Kalender, der rund um unsere Jahrtausendwende (genau 2012) endete. In der Bibel im Buch der Offenbarungen ist die Sprache vom 1000-jährigen Friedensreich. In der Astrologie wird sie der Übergang vom Fische–Zeitalter zum Wassermann-Zeitalter genannt.

Ich persönlich sehe die neue Zeit sich in Wellen manifestieren. So betrachte ich die Französische Revolution mit ihrer Parole „Liberté, egalité, fraternité" (Gleichheit, Freiheit, Brüderlichkeit) als erste Welle.

Die zweite Welle sind laut meiner Vision die Zwanziger Jahre des vorigen Jahrhunderts, in denen ein großer Bewusstseinssprung dafür sorgte, dass das Frauenwahlrecht durchgesetzt wurde. Zu diesem Zeitbild und dieser Geistesströmung gehört auch das Erscheinen von C.G. Jung, Alice Baily, der Theosophie, Krishnamurti, Gurdjieff, Rudolf Steiner und der gesamten Anthroposophie sowie K. Graf von Dürckheim.

Die dritte Welle kam mit der Emanzipationsbewegung der *Flower-Power-Bewegung* der Sechziger auf verschiedenen Ebenen.

Momentan befinden wir uns mitten in einem kräftigen Bewusstseinsschub, von dem das Fortbestehen allen Lebens auf diesem Planeten abhängt.

C.G. Jung und Ramana Maharshi

Zu Beginn des Zwanzigsten Jahrhunderts entstand Psychologie als neue Wissenschaft mit Freud als Dreh- und Angelpunkt und seinen Anhängern mit unter anderem Fromm und Jung. Jung war übrigens der Einzige, der der Spiritualität offen gegenüber stand. Von ihm handelt die folgende Anekdote: Jung war auf einer Reise durch Süd-Indien, als sein Begleiter ihm erklärte, sie seien nicht mehr weit entfernt von einer erleuchteten Person, vielleicht sogar der größten seiner Zeit. Vielleicht wolle er ihn treffen, es sei nur ein Umweg von fünfzig Kilometern. Es handelte sich um Ramana Maharshi, der in Tiruvannamalai lebte. Doch Jung soll geantwortet haben: „Warum sollte ich das tun?" Wäre er doch hingefahren und hätte ein empfängliches Herz gezeigt, dann hätte dies die Geburt der transzendenten Psychologie im Westen sein können. Dann hätten wir nun, ein Jahrhundert später, bereits ein sehr brauchbares Konzept rund um Begriffe wie Erleuchtung, Befreiung, Meditation, aber auch Geist, Bewusstsein und Verstand entwickelt. Leider sollte es nicht sein, aber zum Glück sind wir nun mit einem sehr schnellen Aufholprozess beschäftigt.

Knappe Geschichte der Erleuchtung in den Niederlanden

Ein kleines Problem stellt die Tatsache dar, dass wir erst seit knapp einhundert Jahren mit dem Thema Erleuchtung in Berührung gekommen sind. Krishnamurti kam vor einhundert Jahren aus Indien nach Ommen, um dort zum ersten Mal in der niederländischen Geschichte einen Satsang zu geben. Hieraus entstand eine Bewegung, die sich Morgenstern nannte. Doch so richtig los ging es erst, als die Hippies in den Sechzigern in Massen nach Indien reisten und dort der transzendentalen Meditation von Maharishi folgten. Auch die Beatles waren eine Zeit lang bei ihm. Aus dieser Bewegung entstanden in den Niederlanden die ersten Yoga-, Zen- und Meditationszentren sowie die Makrobiotik. Mittlerweile kannst du keine Zeitschrift mehr aufschlagen, in der sich kein vegetarisches Rezept finden lässt oder wo schöne Frauen im Lotussitz vor einem Sonnenuntergang meditieren.

Unsere Evolution von Instinkt über Intellekt und Intuition zu Inspiration

Vielleicht ist die älteste und damit erste Ausdrucksform von Gottes Licht der Instinkt, der sich vom Revierverhalten leiten lässt. Danach entwickelte sich im Menschen der Intellekt, anschließend wuchs in unserem Herzen die Intuition und als letzte und höchste Form entwickelte sich die Inspiration.

Gott hat uns scheinbar auf vier Säulen gestellt – Instinkt, Intellekt, Intuition und Inspiration.

Doch aufgrund unserer soziokulturellen Prägung haben wir vor allem gelernt, unserem Intellekt zu vertrauen, sodass er am stärksten entwickelt ist. Wir wohnen fast alle in unserem Kopf.

Unseren Instinkt unterdrücken wir lieber, unserer Intuition misstrauen wir, und die Inspiration haben wir den Geistlichen und Künstlern überlassen. Doch auf einem Bein, dem Bein des Intellekts, lässt es sich nicht gehen, nur umfallen. Es gibt bei diesen vier evolutionär aufeinanderfolgenden Begriffen noch etwas anderes zu entdecken, nämlich das zunehmende Maß an Freiheit.

Der Instinkt ist vollkommen determiniert. Es gibt kaum eine Wahlmöglichkeit im Verhalten der Tiere.

Beim Intellekt lässt sich feststellen, dass er beim Menschen kulturell konditioniert ist. Auf dem Pfad der Befreiung können wir die unerwünschten und überflüssigen Konditionierungen loslassen. Je mehr wir loslassen und befreien, desto stärker werden unsere Flügel wachsen. Letztlich sind es die Flügel der Intuition und Inspiration, auf denen sich unser ‚mystisches Herz' zum göttlichen Licht emporschwingt.

Die Transformation von Instinkt und Intellekt zu Intuition und Inspiration ist kennzeichnend für das Übergangszeitalter, in dem wir uns jetzt mittendrin befinden.

Die absteigende Linie steht für die vollendete Evolution von Instinkt nach Intellekt. Wir befinden uns jetzt im Zwischenraum, in dem wir auf die Transformation von Instinkt und Intellekt nach Intuition und Inspiration vorbereitet werden.

Die aufsteigende Linie bezeichnet die zunehmende Anzahl an Menschen, die aus dieser Transformation heraus leben.

Eine Krone auf deinem Scheitel

Dass der Mensch die Krone der Schöpfung ist, so wie es in der Bibel steht, verweist meiner Meinung nach auf diese Transformation, auf diese Krone. Die Krone der Offenheit und des In-Verbindung-Tretens mit dir selbst, dem Gegenüber, den Tieren, der Natur und dem Transzendenten. Denn dann ist die Krone auf unserem Scheitel eine funkelnde, strahlende Krone, da durch unseren Scheitel die ‚Erhörung' unseres heiligen Anrufs in uns einströmt.

Zurzeit ist es eher eine Dornenkrone, die alles Leben bedroht und Gefahr läuft, alles Leben für immer zu vernichten – uns inbegriffen.

Wenn wir somit aus einem gekrönten, unter allen Umständen weit geöffneten Scheitel heraus leben, können wir mit Fug und Recht als Krone der Schöpfung bezeichnet werden. Dies ist meiner Meinung nach auch die Bedeutung des Wortes Verbindung, dass hunderte Male im Alten Testament wiederholt wird, denn die Verbindung muss immer aufs Neue wiederhergestellt werden.

Verbindung im Sinne von Anbindung in der Bedeutung eines gekrönten, geöffneten Scheitels zum Transzendenten. Der gekrönte Scheitel, der unseren Kopf erleuchtet, unser Herz erwärmt und unser Handeln verbindend sein lässt.

So einfach das ist, so kompliziert macht es die Dornenkrone auf unserem Kopf; sie lässt unser Herz ängstlich sein und unser Handeln grausam. Grausam gegenüber uns, unserer Umgebung, den Tieren und der Natur, aus der Entfremdung heraus, aus einer zerbrochenen, unterbrochenen Verbindung – unsere Dornenkrone. Doch wer ist dieser Krone würdig? Wer lebt in Verbindung mit seiner Krone? Und wer erinnert uns an sie?

Die Dornenkronen-Armee

Als Kind hatten wir keine Wahl, wir kamen zwar potentiell als Krone der Schöpfung zur Welt, doch wenn da niemand ist, um unsere Krone zu beschützen, zu putzen, uns auf sie aufmerksam zu machen, uns darauf hinzuweisen, dass wir aufrecht gehen müssen, da die Krone sonst herunterfällt und zerbricht. Wenn da niemand ist, um uns darauf hinzuweisen, dann dürfen wir zu recht sagen, dass wir ein Opfer der Dornenkronen-Armee waren. Dabei sollte der Akzent auf ‚waren' gelegt werden, denn nun wissen wir es besser, können uns selbst befreien und die Verbindung wiederherstellen – religieren.

Jetzt ist es an uns und haben wir die Wahl, ich und du. Und wir werden einen kräftigen kosmischen Einstrom erleben, denn die goldenen Krüge des Himmels sind bis zum Rand mit strömender Heilenergie gefüllt.

Es hängt nun von dir und deiner Empfänglichkeit ab, von mir und meiner Empfänglichkeit und von uns allen und unserer Empfänglichkeit. Wenn wir bereit sind, werden sich die goldenen Krüge des Himmels in uns ergießen und uns füllen. Die goldenen Krüge des Himmels warten schon viel zu lange unangetastet auf unseren heiligen Anruf. Die Engel wollen nur *eines*: sich entleeren – in mich, in dich und in uns, und zwar *jetzt*!

1. Wandlung

Diese Übergangszeit, in der wir uns nun befinden, von Kali-Yuga zu Satya-Yuga ist natürlich auch ein großer Wandlungsprozess vom alten zum neuen Menschen. Wir wandeln täglich Nahrung in Energie um, die wir wiederum in denken, fühlen und handeln umsetzen. Unser Darm ist von Milliarden von Bakterien bevölkert, zum Glück, denn sehr viele Krankheiten sind auf die Störung der Bakterienkolonien zurückzuführen.

Dank eines gefüllten Magens kann ich diesen Text zu Papier bringen, und du liest nun diesen Text und setzt ihn in Bilder, Gefühle, Gedanken und vielleicht in ein Gespräch oder eine Handlung um.

Sowohl die alten Religionen als auch der Hinduismus, Buddhismus, das Judentum und der relativ junge Islam haben ausgesprochen komplizierte Essensvorschriften. Dies hat womöglich mit dem Wandlungsprozess zu tun. Denn es ist bekannt, dass Essen unser Verhalten beeinflusst.

So gibt es viele Studien, die mit Gefangenen durchgeführt wurden, in denen die eine Gruppe vegetarisches Essen und die andere Fleisch bekam. Die Vegetarier waren nach Ablauf einer gewissen Zeit viel entspannter und offener. Dieses Experiment wurde auch zu Meditation mit den gleichen Ergebnissen durchgeführt. Die Kombination aus vegetarischem Essen und Meditation führte zu noch auffallenderen Ergebnissen. Und doch hat all das mit der Schaffung idealer Umstände zu tun, um den Weg zu Gott, zur Befreiung, so optimal wie möglich umzusetzen. All dies kann den Prozess unterstützen.

Doch es gibt Beispiele aus der Geschichte, dass Menschen, die gefoltert wurden und ab und an ein wenig verdorbenes Essen bekamen, ihren Folterknecht beinahe widernatürlich liebten. Sie schienen also imstande zu sein, unter den extremsten und ungesündesten Umständen ihre natürliche Flucht– und Kampfreaktion und sogar ihre natürlichen Hassgefühle in Liebe zu verwandeln. Irgendwo in ihrem System konnten sie die natürlichen Reaktionen ins Gegenteil verwandeln.

Auch die Worte Jesu weisen auf diese ultimative Wandlung hin: „Liebe deine Feinde!"

Dies ist wohl die höchste Form der transzendenten Umwandlung, die zu der Zeit Abscheu hervorrief und auch jetzt noch als eigenartig und sonderbar empfunden wird. Glücklicherweise sind wir in der glücklichen Lage, unsere gesunde Nahrung in gesunde Gedanken, Worte und Taten umzusetzen. Aber stimmt das wirklich?

2. Wandlung

Alles was lebt isst, um zu überleben, und alles, was wir essen, wird mittels der Verdauung in Energie umgesetzt. Bei allen Säugetieren wird Energie in Milch verwandelt. Kühe können Gras in Milch umwandeln. Das würde die Industrie auch gerne können, doch gelingt das immer noch nicht. Vegetarisch lebende Tiere fressen übrigens den ganzen Tag, während Raubtiere den ganzen Tag ausruhen, bis sie Hunger ver- und eine Beute aufspüren. Meistens ist ihre Beute ein vegetarisch lebendes Tier, das sie töten und auffressen. Danach ruhen sie wieder. Interessanterweise sind die vegetarisch lebenden Tiere die stärkeren, wenn wir zum Beispiel an Elefanten, Büffel oder Kamele (Wüstenschiff) denken. Kein Raubtier kann die Arbeit leisten, wie sie es können.

3. Wandlung

Auch der Tod ist ein großer Wandlungsprozess. Nehmen wir zum Beispiel einen sterbenden Baum. Schnell wachsen Schwämme, um den Zersetzungsprozess zu beschleunigen, und schließlich bricht der Baum auseinander und zerfällt zu Humus. Und der wiederum ist voller Leben und kann prima zur Bodenverbesserung über einen Moosgarten gestreut werden. Die Form des Baumes, der einst so voller Leben war, wurde in eine neue Form verwandelt, die ihrerseits voller Leben ist. Denn wenn du nur eine Hand voll Erde in die Hand nimmst, dann enthält sie mehr Leben als Menschen auf unserem Planeten leben. Und so ist es auch mit den anderen Pflanzen, Tieren und uns Menschen.

Einer meiner entfernten Verwandten ist Künstler, und seine Kunst besteht unter anderem aus toten Tierkörpern, die in luftleeren gläsernen Kästen ausgestellt sind. Auf den toten Körpern hat er überall Sensoren angebracht, die mit einem Computerbildschirm verbunden sind, auf dem alle bewegten, lebenden Prozesse dargestellt werden.

Was wir sterben nennen, das ist in Wirklichkeit ein ewig andauernder Umwandlungsprozess. Sowohl beim Baum als auch beim Tier und beim Menschen hat der ‚Geist'/'Spirit' den Körper verlassen.

Der Spirit verwandelt sich in eine dünnere, transparentere Energieform in Richtung seines jeweiligen Himmels auf. Warum sollte es nicht mehrere Himmel geben? Also einen Himmel für Pflanzen, Tiere und Menschen. Dies glauben auch einige amerikanische Urvölker. Es stellt sich jedoch die Frage, ob auch Jesus hierauf verwies, als er sagte: „Im Haus meines Vaters gibt es viele Wohnungen." Der Glaube an Reinkarnation basiert unter anderem auf den natürlichen Prozessen allen Lebens.

PARADOXA

Vielleicht hast du schon einmal vom französischen Paradoxon gehört. Das französische Paradoxon besagt, dass die Franzosen bereits von Kindesbeinen an das Trinken von Wein gewöhnt werden, sei es anfangs auch in verdünnter Form. Demnach gibt es in Frankreich keine nennenswerten Leberschäden, wie zu erwarten wäre. Und das stellt die Wissenschaft vor ein Rätsel.

Ich habe hier ein zweites Paradoxon hinzugefügt, welches ich das indische Paradoxon nenne. Es beruht auf der Tatsache, dass die Mehrheit der Inder Vegetarier ist, die ihren Vitaminbedarf an B12 vor allem durch Reis abdecken müssen, der jedoch nicht viel Vitamin B12 enthält.

Und doch gibt es unter der Bevölkerung keinen auffallend hohen Vitaminmangel, während Vegetarier in der westlichen Welt häufig einen Vitamin B12-Mangel aufweisen.

Unsere Darmbakterien können selbst Vitamine produzieren, doch das dauert seine Zeit, wahrscheinlich Generationen. Dies könnte auch eine Erklärung für den Unterschied zwischen Menschen im Westen und Indern sein.

Bis vor kurzem wurde angenommen, dass wir hauptsächlich von unseren Hormonen gesteuert werden, doch vielleicht werden diese auch von unseren Darmbakterien gesteuert. Und dies bringt uns wieder zu der einen Kernfrage zurück: Wer bin ich? Damit hängt die Frage zusammen: Wo sitzt mein freier Wille, und was ist er?

Das Beispiel aus Indien aufgreifend ließe sich vermuten, dass unser Körper imstande ist, die ihm zugeführte Nahrung mithilfe chemischer Prozesse in Stoffe (die dort ursprünglich nicht vorhanden waren) umzuwandeln.

Bezüglich des Beispiels aus Frankreich zeigt sich, dass unser Körper in der Lage ist, sich so anzupassen, dass Alkohol nicht mehr so schädlich für ihn ist wie zum Beispiel bei Völkern, die nur ab und zu Alkohol trinken. Dies soll übrigens kein Aufruf sein, um sich von klein auf an Alkohol zu gewöhnen! Doch es spielen noch mehr Bedingungen eine Rolle, so wie Sonnenstand, Bodenbeschaffenheit und wie lange die Gewohnheit bereits anhält. In Indien leben die Menschen zum Beispiel bereits seit vielen Tausenden von Jahren so und in Frankreich wahrscheinlich bereits seit ungefähr tausend Jahren. So ist auch bekannt, dass Flüchtlinge, die in den Westen kommen, anders auf unsere Medizin reagieren als wir. Dies hat wahrscheinlich damit zu tun, dass sie eine andere Zusammensetzung der Darmbakterien haben. Es ist auch bekannt, dass Frauen anders reagieren auf Medikamente als Männer.

Es gibt mehr Formen der Umwandlung als nur die der Nahrung. Wir kennen den Ausspruch: „Pläne in die Tat umsetzen." Du kannst im Kopf einen Plan ausbrüten, zum Beispiel, dass du einen Feinkostladen eröffnen möchtest. Dann sprichst du darüber, und schließlich beginnst du mit der Umsetzung. Du hast dann deinen Plan in die Realität umgesetzt. Doch auch jetzt, da du dies liest, findet eine Umwandlung in dir statt, denn du überträgst die Worte in Bilder, Gedanken, Gefühle und eventuell sogar in Taten.

Transzendente Umwandlung

Um unsere Ideen in Taten umsetzen zu können, müssen wir oft viele Hürden nehmen. Dies hat unter anderem mit dem bürokratischen Papierkram und materiellen Kräften von zum Beispiel Holz und Stein zu tun (die widerspenstigen physischen Gesetze der Materie).

In den höheren Sphären, außerhalb der Materie, sieht das anders aus. Aus der Meditation kennst du vielleicht die Dimension außerhalb von Zeit und Raum. Aufsteigend bis in den siebten Himmel gibt es unendlich viele Dimensionen. So können wir zum Beispiel in der Bibel lesen, wie Gott seine Ideen ohne Mühe oder großen Zeitaufwand in die Tat umgesetzt hat. Denn in der Schöpfungsgeschichte sprach Gott nur Worte aus, die sich sofort manifestierten. Er sprach: „Es werde Licht!" Und das Licht erschien. Und so war es auch mit den Tieren, der gesamten Natur bis einschließlich der Menschen. Gott denkt uns.

Auf dem Weg des Abstiegs vom siebten Himmel Richtung Erde sind auf halber Strecke die Engel aktiv, um uns zu unterstützen und Gottes Wort für uns erleb- und verstehbar zu machen, sodass wir diese Inspiration unsererseits in inspirierendes Denken, Fühlen und Handeln umsetzen können.

So betrachtet ist die gesamte kosmische Manifestation ein einziges

Umwandlungsfest: Von leicht zu schwer, von schnell zu träge, von einfach zu vielschichtig, von im Handumdrehen zu beschwerlich. Im Abstieg von oben nach unten findet ein Verfestigungsprozess von Explosion zu Vibration zu Kreation statt. Um die Schöpfungsgeschichte besser verstehen zu können, macht es Sinn, den Satz ‚Gott sprach' durch ‚Gott sang' zu ersetzen. Denn bei allen heiligen Büchern handelt es sich nicht um eine Gebrauchsanweisung, sondern um ein Gedicht, einen Liedtext, das/der rezitiert oder auch gesungen werden kann, als Ausdruck der Ehrerbietung, des Respekts und der Liebe.

Die größten Umwandler aller Zeiten

Wie bereits erwähnt spielt Nahrung in allen Weltreligionen und Weisheitslehren eine große Rolle. In der Bibel wurden ihr sehr lange, für uns unbegreifliche und langweilige Kapitel, gewidmet. Nahrung ist ein Wandlungsprozess. Das beginnt bereits bei ihrem Anbau. Dann landet sie in der Küche, wo nur bestimmte Hände sie zubereiten dürfen und endet damit, wie wir uns während der Mahlzeit ihr gegenüber verhalten – ob wir andächtig kauen und schlucken oder ob wir sie achtlos herunterschlingen. Nahrung verbindet uns mit der Erde und dadurch miteinander und mit Gott, der alles erschaffen hat.

Eine Mahlzeit zu sich zu nehmen bedeutet, in Gemeinschaft mit der Erde zu sein. Wir verbinden uns miteinander und mit der Erde. Hierfür ist auch das letzte Abendmahl ein gutes Beispiel.

So betrachtet ist essen eine heilige, verbindende Handlung, die unseren Fortbestand sichert, denn wir müssen für gewöhnlich mehrere Male am Tag etwas essen.

Und doch rechnete Jesus mit all den Nahrungsvorschriften mit nur einer Bemerkung radikal ab: „Nichts, was von außen in den Menschen hineinkommt, kann ihn unrein machen, sondern was aus dem Menschen herauskommt, das macht ihn unrein" (Markus 7, 15).

Jesus gehörte somit wie auch Buddha und andere Weisheitslehrer zu einem der größten Umwandler aller Zeiten. Jesus wusste Hass in Liebe zu verwandeln und es radikal vorzuleben. Dies ist die größte und uns am meisten forderndste Tat, die uns jeden Tag aufs Neue herausfordert und die noch nie nötiger war als in dieser unserer Übergangszeit: Die Wandlung von Hass in Liebe.

Doch auch in unserer eigenen jüngsten Geschichte gibt es Beispiele von Menschen und Gruppierungen, die dies vorgelebt haben, so wie:

Etty Hillesum, Martin Luther King, der Dalai Lama, Nelson Mandela, Mahatma Gandhi, Desmond Tutu, Aung San Suu Kyi, Thich Nhat Hanh, Kim Puach, aber auch ‚Ärzte ohne Grenzen', um nur einige bekannte Namen zu erwähnen, wissend, dass Millionen von Menschen täglich unerwähnt und anonym innerhalb ihrer Möglichkeiten die Wandlung von Hass in Liebe versuchen vorzuleben und weiterzugeben.

Hass in Liebe verwandeln

Wenn wir alle heiligen Bücher aller Weltreligionen und Weisheitslehren über alle Zeiträume hinweg und alle Botschaften aller großen erleuchteten Meister aus dem Osten und dem Westen aus früheren Zeiten und der Gegenwart zusammenfassen, dann enden wir meiner Meinung nach bei diesem einen Satz: Es gilt, Angst in Liebe zu verwandeln.

Wenn wir etwas wissen dürfen von den Gesetzen und Geboten der höheren Dimensionen, dem siebten Himmel (zu dem unter anderem Jesus und Mohammed Zugang hatten), dann ist dies das höchste Gesetz, das höchste Gebot, mit dem alle Sonnensysteme stehen oder fallen: Das Gebot und das Gesetz der Liebe.

Und sowohl für die aufeinanderfolgenden Himmel als auch für uns hier auf Erden, dem Boden des Himmels, lautet die Alchemie dieses Gesetzes wie folgt:

Angst in Mut und
Misstrauen in Vertrauen verwandeln
Verzweiflung in Hoffnung und

Abgrenzung in Verbundenheit verwandeln.
Egoismus in Altruismus und
Gleichgültigkeit in Betroffenheit verwandeln.
Haben-wollen in Teilen und
Herrschen in Dienen verwandeln.
Zerstören in Bewahren und
Habsucht in Großzügigkeit verwandeln.
Verfluchen in Segnen und schließlich
Hass in Liebe verwandeln.

Was unseren Umgang mit den Tieren und Pflanzen, den Meeren und Flüssen betrifft, so gilt das große Wandlungsgebot: Ein Fluch und eine Plage zu sein, in einen Segen zu wandeln, indem wir der Erde ehrerbietig dienen und sie lieben.

Die spirituelle Transformation, die bereits im Gange ist, wird uns das Bewusstsein schenken, dass wir den Schmetterling als einen Teil von uns betrachten, den wir Schmetterling nennen, dass wir den Baum als einen Teil von uns betrachten, den wir Baum nennen und unsere Mitmenschen als einen Teil von uns, den wir Mitmensch nennen sowie uns selbst als einen Teil des Ganzen sehen, den wir Gott nennen. Es fängt immer bei uns selbst an. Es ist somit an uns, unseren Selbsthass in Selbstliebe zu verwandeln. Doch auch dies ist nichts, was wir uns aufbürden sollten, denn dann werden wir noch unechter, legen noch mehr vorgetäuschtes Verhalten an den Tag, werden dadurch noch gefährlicher, jedoch aus einer intensiv im Inneren gefühlten Dringlichkeit nach Transformation.

Das Erdtribunal

Die Erde hat eine Klage gegen den modernen Menschen eingereicht. Diese Klage lautet wie folgt:

1. Der moderne Mensch, hier fortan als der Angeklagte bezeichnet, hat das ihm anvertraute Wasser vergiftet, welches er nota bene (wohlgemerkt) selber trinkt.

2. Der Angeklagte hat den ihm anvertrauten Boden vergiftet, der ihn wohlgemerkt ernährt.
3. Der Angeklagte hat die Luft vergiftet, die er wohlgemerkt selbst einatmet.
4. Der Angeklagte hat aufgrund dieser Vergiftungen unzählige Tier- und Pflanzenarten ausgerottet, was einen nicht wiedergutzumachenden Verlust darstellt.

Dies wird ihm als Straftat zur Last gelegt.

In einem Satz zusammengefasst lautet die Anklage weiterhin, dass der moderne Mensch Verachtung gegenüber allen Lebensformen, die ihm anvertraut wurden und die ihn am Leben erhalten, gezeigt hat. In einem Wort zusammengefasst lautet die Anklage:

VERACHTUNG

Die Strafe, die diesem Vergehen einigermaßen gerecht würde, müsste lauten, dass dem respektlosen modernen Menschen der Zugang zum Wasser, zum Boden und zur Luft und zu den Tieren und Pflanzen nicht länger gewährt wird.

Doch wir sind nicht hasserfüllt. Wir alle sind aus dem liebevollen Gott hervorgegangen, so wie der moderne Mensch auch, doch augenscheinlich hat er das vergessen, es kann nicht anders sein.

Denn die Flüsse strömen aus reiner Liebe von den Bergen durch die Täler, sodass der Mensch, ebenso wie die Pflanzen und Tiere ihren Durst löschen können. Es ist aus reiner Liebe, dass der Boden Früchte hervorbringt, von denen sich der Mensch ebenso wie die Tiere ernähren kann. Die Winde wehen aus reiner Liebe, sodass Mensch und Tier ewig, Tag und Nacht, atmen können.

Die Forderung des Gerichts lautet denn auch wie folgt:

Gehe hinunter zum Ufer des Flusses, ziehe deine Schuhe aus,
stecke deine Füße ins Wasser

und lerne zuzuhören. Lerne, der Geschichte des Flusses zu lauschen.
Entdecke zum Beispiel, dass sich das Wasser
nie dem Lauf der Dinge widersetzt
und seinem Wesen treu bleibt.
Werde dir klar darüber, dass du nur wenige Tage
ohne Wasser sein kannst.
Küsse das Wasser.
Stelle dem Wasser Fragen, und lausche
aus dem Inneren deines Herzens.
Jetzt lege dich mit deinem Bauch auf die fruchtbare Erde,
und lausche ihrer Geschichte.
Jetzt nimm eine Handvoll Erde in deine Hand, und werde dir gewahr,
dass hierin mehr Leben ist als Menschen auf der Erde.
Werde dir gewahr, dass du nur ein paar Wochen
ohne Nahrung auskommen kannst.
Küsse die Erde.
Lerne, dem Leben zuzuhören, wertschätze es, hege es, liebe es,
reibe sie sanft zwischen deinen Händen.
Stelle der Erde deine Fragen, und lerne mit deinem Herzen zuzuhören, was die Erde dir erzählen möchte. Dann erklimme einen Hügel, und beobachte den weiten blauen Himmel.
Schau, wie schnell die weißen Wolken mit dem Wind vorbeiziehen.
Lausche dem Wind, fühle, wie der Wind durch dich hindurchweht.
Öffne dein Herz für den Wind, und sieh, wie der Wind mit allen Winden zusammen weht.
Werde dir gewahr, dass du keinen Moment ohne Sauerstoff sein kannst.
Küsse die Luft.
Opfere all deinen Schmerz auf dem Altar deines
‚mystischen Herzens' und sei Liebe.
Und dann, wenn dir bewusst geworden ist, dass du eins bist
mit allem was lebt
und dass alles Leben aus einer großen Liebesexplosion
entstanden ist aus Gott,
dann steige den Hügel hinab, und erzähle die Geschichte

deinen Mitmenschen,
und lese ihnen deine Diagnose vor:

Eine heilsame Pilgerreise

Ich küsste das Wasser,
und in meinem Begehren griff ich nach ihm,
doch das Wasser entglitt mir
und das Wasser sagte: „Warte! Tue nichts!" Ergreifen ist eine überholte Handlung!
Empfange unsere Geschichte, fühle sie, öffne dein Herz und sei still."
Ich küsste die Luft,
und in meinem Begehren griff ich nach ihr,
doch die Luft entglitt mir
und die Luft sagte: „Warte! Tue nichts!" Ergreifen ist eine überholte Handlung!
Empfange unsere Geschichte, fühle sie, öffne dein Herz und sei still."
Ich küsste die Erde,
und in meinem Begehren griff ich nach ihr,
doch die Erde entglitt mir
und die Erde sagte: „Warte! Tue nichts!" Ergreifen ist eine überholte Handlung!
Empfange unsere Geschichte, fühle sie, öffne dein Herz und sei still."
Dies ist, was ich fragte und was ich sodann als Antwort empfing:
„Sind wir ein Fluch oder sind wir ein Segen für die Erde?"

Ich fragte es die Bäume, und die Bäume ließen ihre Kronen hängen.
Ich fragte es die Erde, und die Erde ächzte und stöhnte.
Ich fragte es die Flüsse und die Meere, und sie weinten.
Dann fragte ich die Fische, und ihre Antwort schockierte mich.
Ich fragte es die Vögel, und ihre Antwort schmerzte mich.
Ich fragte es alle eingesperrten Tiere in der Tierindustrie,

und ihr einheitlicher Hilferuf schnitt mir ins Herz.
Es war alles zu beschämend.
„Aber", fragte ich, „was können wir tun, um es wieder gut zu machen?"
Und einstimmig klang es wie ein mehrstimmiger Chor aus den Wassern, aus der Erde,
aus der Luft und aus den Fischen, den Vögeln, den Bäumen und den gefangenen Tieren,
das eine Wort, das durch das gesamte Weltall widerhallte:
„STOPP!"

Diagnose des modernen Menschen

Im Namen des modernen Menschen und der Menschenhand betete ich und bat in aller Demut und von Schuld und Scham durchdrungen alle ausgestorbenen Tiere und Pflanzen um Vergebung. Voller Scham und Schuldgefühle aufgrund unserer Habsucht und in aller Demut bat ich alle: „Vergebt uns, denn wir wissen nicht, was wir tun."

Wir denken, dass wir alles wissen, wir bilden uns ein, alles zu wissen, doch im Grunde sind wir unwissend.

Wir sind krank, wir leiden an einer kollektiven, tödlichen Krankheit. Tödlich für alles, was wir berühren, und dadurch letztlich tödlich für uns selbst. Unsere Krankheit weist einige Symptome auf. Einige seien hier genannt:

Obwohl wir krank sind, bilden wir uns kollektiv ein, dass wir gesund sind. Ein jeder, der anmerkt, dass wir doch offensichtlich krank sind, wird vom Kollektiv verurteilt, verteufelt, ausgeschlossen und als verdächtig angesehen.

Des Weiteren hat die Krankheit mehrere Ursachen, die sich gegenseitig verstärken, als da wären (um nur einige zu nennen):

Eine erste wichtige Ursache für unsere kollektive Krankheit ist wohl die Tatsache, dass der Mensch als Letztes auf der Weltenbühne erschien, als Letzterschienener trotzdem sofort die Führung übernahm und sich damit alle ihm vorausgegangenen Kreaturen unterwarf. Noch bevor er all diesen Kreaturen mit all ihren Millionen Jahren an Überlebens- und Lebenserfahrung ehrfürchtig, bescheiden und zurückhaltend gegenübertrat. Damit missachtete er Millionen Jahre an Überlebens- und Lebenserfahrung.

Der moderne Mensch – 1

Aufgrund der Tatsache, dass der Mensch als Letztes auf der Weltenbühne erschien, ist er verängstigt, unsicher und fühlt sich einsam. Das alles ist überhaupt nicht schlimm, es ist sogar völlig normal, doch der moderne Mensch hat diese Gefühle abgetötet und sich an ihrer Stelle eine maßgefertigte Maske aufgesetzt, die Sicherheit, Mut und Tatkraft ausstrahlt.

Doch das Abtöten der Grundgefühle Angst, Unsicherheit und Einsamkeit zieht wieder eine Anzahl sehr nachteiliger Nebenwirkungen nach sich: Der moderne Mensch hat sein Gefühl verloren und damit seine Verbundenheit mit allem, was lebt. Er ist ein gefühlloses Wesen geworden. Mit anderen Worten: Er hat die Verbindung mit allem Lebendigen unterbrochen, sich selbst inbegriffen, und das macht ihn zu einem gebrochenen, einsamen und ängstlichen Menschen.

Hierdurch ist der moderne Mensch auf eine sehr einfache und schlaue Weise stark beeinflussbar. Dies ist eine weitere nachteilige Nebenwirkung.

Denn aufgrund seiner Einsamkeit möchte er unbedingt irgendwo dazugehören. Und aufgrund seiner Unsicherheit lässt er sich gerne und schnell von etwas überzeugen, das ihm ein sicheres Gefühl gibt. Und so flüstert seine Angst ihm ein, dass er nichts verpassen darf.

Nun gibt es sehr gerissene Menschen, die haargenau wissen, wie sie den modernen Menschen beeinflussen und ihn mit nur einem Wort in Hypnose versetzen können.

Das eine Wort lautet: ‚Neu!'

Warum ist dieses Wort so stark? Warum gerät der moderne Mensch hierdurch sofort in Hypnose? Warum durchschaut er diesen Mechanismus trotz all seiner sozialwissenschaftlichen Studien nicht?

Der moderne Mensch – 2

Weil der moderne Mensch nicht gänzlich, vollkommen lebt. Denn er lebt ohne Verbindung zu sich selbst, zu seinem Herzen, und dadurch lebt er sehr oberflächlich, fast wie ein Roboter und wie unter einer Art Hypnose. Doch er atmet, wenn auch sehr oberflächlich. Und am liebsten möchte er sich selbst erneuern, möchte er ein neuer Mensch sein, ein neues lebendes Wesen, immer wieder aufs Neue. Warum sollte er das wollen?

Aus zwei Gründen: Der erste Grund ist sein altes und verschlissenes Konsumverhalten, der zweite Grund ist, dass Erneuerung seine wahre Natur, sein wahres Wesen ist.

Das Konsumverhalten des modernen Menschen ist überholt und leer, es wird ihn nie aus– und erfüllen, und das weiß und fühlt er auch tief in sich drin. Im Grunde ist er von seinem Konsumverhalten, seinen routinierten Gesten und seinem oberflächlichen Leben todmüde und vollkommen erschöpft. Doch er ist komplett in ihm gefangen und hat Angst davor, abzuweichen oder radikal auszubrechen. Er ist gefangen in diesem Unvermögen, und obendrein weiß er nichts von dem großen Glück, das Meditation ihm schenken würde. Der zweite Grund ist, dass in ihm ein Bewusstsein wohnt und leuchtet, ein göttliches Bewusstsein. Das göttliche Bewusstsein pulsiert, es kennt keine Vergangenheit und keine Zukunft. Dieses göttliche Bewusstsein erneuert sich ewig pulsierend jede Millisekunde selbst.

Dies ist auch das Geheimnis des Lebens. Ein Mensch, der in Verbundenheit lebt, wird jeden Moment als neu empfinden und sich darüber in heller Freude wundern. Nur ein Mensch, der unter Hypnose steht, kennt Kontinuität.

Diese pulsierende Kraft ist in allen und allem immer und ewig gleichbleibend lebendig vorhanden, schon seit dem ersten Urmenschen. Doch hat sie der gefühllose und dadurch ängstliche, unsichere und einsame moderne Mensch ganz tief weggedrückt. Und doch kann diese, jede Millisekunde pulsierende, Kraft nicht weggedrückt werden!

Wenn eine neue Mode, ein neuer Trend, ein neuer Hype und ein neuer Wahn am modernen Himmel auftauchen, dann wird dies vom modernen, gefühllosen Mensch bestaunt, weil es neu ist. Dann vergisst er für einen kurzen Moment, wie alt er ist, wie tot er sich anfühlt und wie leblos er sich bewegt.

Die neue Küche ist noch nicht installiert, die neue Mode ist noch nicht vorbei, und schon überfallen die Angst, die Unsicherheit und die Einsamkeit den modernen Menschen wieder. Jede Millisekunde. Tag und Nacht.

Dieses eine Wort ‚neu' versetzt den nicht völlig lebendigen Menschen direkt in Hypnose, denn es klingt wie eine Verheißung – wie die Verheißung der Selbsterneuerung!

Und genau das ist er vom Wesen her.

Auf der Zeitleiste der Evolution ist der Mensch noch ein Pubertierender, und so verhält er sich auch. Er experimentiert mit allem Möglichen und greift aus hemmungsloser Habsucht nach allem, was verführerisch aussieht. Er überblickt die Folgen dessen nicht und übernimmt ebenso wenig Verantwortung für sein Handeln. So wie es so vielen Pubertierenden ergeht, lernt er erst aus seinen Fehlern, wenn der Schaden angerichtet ist. Doch würde er seine Lehren auch aus einem guten und liebevollen Gespräch ziehen.

Denn gerade ein Kind in der Pubertät kann sich sehr unsicher, verängstigt und einsam fühlen, und das darf es auch, daran ist nichts Verkehrtes. Abgesehen davon, dass er sich die ganze Welt unterwerfen möchte und dass ihm sehr gefährliche Waffen zur Verfügung stehen, mit der er die gesamte Weltbevölkerung zehnfach ausrotten könnte.

In der ersten Phase lebte der Mensch in Verbindung, war der Natur sogar selbst unterworfen, was als Phase des Pan- und Polytheismus bekannt ist. Darauf folgten der Monotheismus und Jahrhunderte später der Atheismus. Es ist eine Evolution von ‚alles ist heilig' zu ‚nichts ist heilig'.

WAS IST ZU TUN? – 1

Wir leben in einem Übergangszeitalter, aus Sicht der Astrologie vom Fische- zum Wassermann-Zeitalter, aus Sicht des Hinduismus vom Kali-Yuga zum Satya-Yuga. So gibt es noch mehr visionäre Bilder von der Zeit, in der wir uns nun mittendrin befinden. Alle Ansätze kommen zu dem Schluss, dass wir in einem Übergangszeitalter leben. Aus Sicht des Zeitstrahls der Evolution ist es der Übergang vom Pubertierenden zum Erwachsenen.

Jeder Übergang kennt einen Anfang, eine Zwischenperiode und ein Ende.

Und wir befinden uns am Ende der absteigenden Linie, so wie im untenstehenden Symbol dargestellt:

Denn es kann fast nicht mehr schlimmer werden. Die Lügen regieren, der gesamte Planet ist vergiftet. Pro Tag sterben viele Pflanzen- und Tierarten aus. Und es sterben jeden Tag unzählige Kinder an Hunger, was alles haargenau zum Bild des Kali-Yuga passt, das sich durch Korruption, Lügen, Betrug und Egoismus, mit Angst als treibende Kraft, auszeichnet.

Doch es gibt Hoffnung, denn das Merkmal eines Übergangszeitalters ist, dass es sich vom Alten zum Neuen bewegt.

Es ist somit also ein vorübergehender Prozess, mit verschiedenen Phasen, so wie der Zwischenraum eine Phase ist. Dieser Zwischenraum wird von stets mehr feinfühligen, offenen Menschen als intensiver werdend erlebt. Das Neue, was sich anbahnt, ist der neue Mensch. Dies ist die aufsteigende Linie. Es ist der Mensch, der aus der Verbundenheit mit allem Lebendigen heraus lebt und der auf diese Weise dienend, heilend und bewahrend tätig ist.

Es gibt mehr, was Hoffnung macht, denn wie bereits erwähnt, stehen in einem Übergangszeitalter die Himmelspforten sperrangelweit offen!

Um Spekulationen darüber, ob die Himmelspforte sperrangelweit offen steht, weil wir in einem Übergangszeitalter leben oder weil die Himmelspforte immer sperrangelweit offen steht und wir dafür jetzt empfänglicher sind, können wir uns später kümmern.

Was ist zu tun? – 2

Stelle dir selbst die Frage, ob du in einer unterbrochenen Verbindung mit allem Lebendigen, dich eingeschlossen, lebst. Hinweise sind zum Beispiel Gleichgültig- und Gefühllosigkeit gegenüber dem Verschwinden der Biodiversität.

Entdeckst du diese Anzeichen in dir (auch wenn es nur zum Teil Erkennungsmerkmale sind), dann tue folgendes: Kehre in dich, suche die Stille und Abgeschiedenheit, und öffne dich der Natur – den Tieren und Pflanzen. Unternimm lange, einsame Spaziergänge, und lausche wertfrei. Werde empfänglich, und empfange, was dir die Umgebung (deine Mitwelt!) mitteilt.

Empfange die wiederhergestellte Balance in dir von der wiederhergestellten Balance mit allem Lebendigen, und bewahre und liebe sie.

Schreibe deinen ‚himmlischen Helfern' einen Brief, und bitte sie darin um Hilfe, Unterstützung, Ratschläge, Signale und Botschaften, und achte darauf, ob du eine Veränderung wahrnimmst. Denn jedes Gebet, das aus einem sich sehnenden Herzen heraus zum Himmel gesendet wird, wird erhört werden.

Gehe deinen Weg in heilender Verbindung weiter, halte durch, und sei nicht zu schnell zufrieden. Die himmlischen Helfer haben unendlich viel zu geben, doch es ist auch an unendlich Vielem Bedarf.

Suche Mitstreiter und Gleichgesinnte, doch entdecke zunächst deinen eigenen Weg; so lautet die Reihenfolge. Denn wenn du zuerst mit dem Suchen im Außen beginnst, entsteht die Neigung, sich schnell ‚aneinander anzulehnen', und das führt zu Abhängigkeit voneinander. Finde zuerst deine eigene Kraft und dein eigenes, pulsierendes, ‚mystisches Herz'. Tritt erst dann nach außen, um dich mit Mitstreitern und Gleichgesinnten zu verbinden. So kann es funktionieren und gelingen.

Opfere all deinen Schmerz auf dem Altar deines ‚mystischen Herzens'
und sei Liebe.
„Denn siehe! Ich mache alle Dinge neu!"
sagte Gott.
Lasse Gott sein Werk verrichten.

Die absteigende Linie steht für deine Selbstreflexion, deine Einkehr, deine

Suche in und nach der Stille, deine Abgeschiedenheit. Der Zwischenraum bezeichnet deine Öffnung für die Natur, die Tiere und Pflanzen, die langen einsamen Spaziergänge und dein Lauschen ohne zu bewerten. Dies ist deine Inkubationszeit. Die aufsteigende Linie stellt die Erfahrung der geheilten Verbindung dar. Hiermit ist der neue Mensch geboren.

Nimm dir die Zeit und betrachte die Zeit, in der du nun lebst, als Verpuppung – so wie die Raupe, die sich erst verpuppen muss, um zum Schmetterling zu werden. Dafür sind Ruhe und Stille nötig, ohne Störung. Oder betrachte es wie die Saat im Boden, denn dort vollzieht sich ein Wunder in Stille und Abgeschiedenheit. Nimm dir darum die Zeit für Abgeschiedenheit, für die Verpuppung, für das Stillwerden, um Zeuge des Wunders zu sein, das sich in dir vollziehen will. Lasse dir das nicht entgehen!

Wohne im Zwischenraum.

Zum Schluss

Ich sah eine schweigende Armee mit nur einer Waffe,
die sie mitten auf ihrer Brust trug: Liebe.
Niemand weiß, wie viele sie sind.
Es war nicht eine Liebe vom Hörensagen, sondern eine wirkliche,
pulsierende Liebe, von innen heraus, so fühlte ich es.
Ich kletterte auf einen Baum und lauschte aufmerksam ihrem Rat,
der wie folgt lautete:

„Wir sind die älteste Armee der Welt, du findest uns in Höhlenzeichnungen
und in Einkerbungen auf Tonplättchen. Wir haben uns immer mitgeteilt.
Die Schamanen liefen uns tanzend und trommelnd voraus, aber auch die
Druiden des keltischen Volkes. Dann folgten die Priester mit ihren Opfern,
und später waren da umherziehende Mönche in Sandalen oder barfuß.
Wir haben uns immer mitgeteilt – durch Zeichen, Symbole, Musik, Schrift,
immer verweisend auf die Liebe.

Wir sind die Laus im Pelz, der Kanarienvogel in der Mine. Wir sind eine stille Armee,
mit einer stillen Kraft und nur einem Auftrag,
und Gott wacht über uns.
Unser Auftrag lautet: Bleibe zentriert in deiner Essenz, kehre immer wieder zu ihr zurück,
sie wird dir stets öfter, schneller und stärker gegenübertreten.
Nichts schenkt mehr Freude, nichts macht dich stärker und nichts erfüllt dich mehr
als aus dieser Verbundenheit heraus zu leben.
Nirgendwo sonst als in deinem ‚mystisches Herz' ist dieser freudvolle Frieden zu finden,
und es wartet auf dich mit offenen Armen.
Du brauchst nur umzukehren, in dich zu kehren, dich zu bekehren.
Es ist die kleinste Bewegung mit den größten Folgen.
Worauf wartest du noch? Verschiebe nichts, deine Tage sind gezählt.
Folge dem ‚mystisches Herz', und alle Fragen werden schweigen,
und alle deine Wünsche werden in diesem Feuer der Liebe,
das in uns brennt und auf uns wartet, verdampfen.
Warte nicht länger, Gott war noch nie so nah.
Begegne Gott mit all deiner Empfänglichkeit.
Empfange Gott in all deiner Demut, und sei bereit, sterben zu lassen,
worauf du so stolz warst, woran du dich angelehnt hast,
was du konntest und wofür du eingestanden bist.
Und opfere es auf dem Altar des ‚mystischen Herzens'.
Dein Spiegelbild wird sich verändern von hart zu sanft, von verspannt
zu entspannt, von verschlossen zu offen, von gejagt zu empfangend,
um letztlich immer leerer zu werden. Bis es keine Reflexion mehr gibt.
„Kein Wasser, kein Mond."

Vermeide die lärmende Masse. Für sie ist die Stille verdächtig, und damit verspielt sie das höchste Gut.

Und doch wird häufig auf sie gehört, wenn auch nur, um die unangenehme Stille zu füllen.

Zerbrich die Ketten des vernichtenden Konsums!

Das kompensatorische Konsumieren hat dich deines göttlichen Potenzials beraubt.

Gott ist kein Konsumartikel, Gott ist ein Prozess, ein ewig fortschreitender, liebevoller Prozess.

Der Prozess ‚Gott' kennt kein Ende, doch der Anfang liegt bei dir, *jetzt*!

Jede Millisekunde aufs Neue.

Wie viele Weltreisen willst du noch machen, bis du bereit bist für diese echte, wahre Reise von deinem Kopf zu deinem Herzen, deinem ‚mystisches Herz', deiner Pilgerreise nach innen?

Unser Instinkt wohnt in der linken und rechten Hälfte unseres Körpers.

Unser Intellekt wohnt in der linken und rechten Hälfte unseres Kopfes.

Doch unser ‚mystisches Herz' wohnt in unserem Zentrum und hat zwei Flügel. Auf dem linken Flügel wohnt die Intuition, und auf dem rechten die Inspiration.

Fliege hoch hinauf, und sei ein Segen für dich selbst und damit für deine Umgebung (Mitwelt) und die Erde.

Unsere Armee trägt nur eine Waffe, es ist das Schwert des Unterscheidungsvermögens.

Bei uns hörst du keine Marschmusik, auch keinen Lobgesang. Wir loben Gott, in der Nacht und am Tag. „Halleluja! Oh holy Lord."

Wir kennen nur einen Krieg, und wir haben nur einen Feind: Unwissenheit.

Unser Schwert der Unterscheidung kennt nur eine Kriegsbeute: Es trennt Hass von Liebe, Angst von Vertrauen, und Unwissenheit trennt es von Wissen.

Danach opfern wir unsere Beute auf dem Altar des ‚mystischen Herzens'.

Wir tragen keine Stiefel, sondern Sandalen, doch es gibt auch welche, die barfuß laufen.

Wir hinterlassen keine Spuren der Verwüstung und keine rauchenden Trümmerhaufen, sondern errichten überall Altäre.

Denn, wenn alles zum Altar wird, wirst auch du sicher barfuß laufen. Aus Ehrerbietung vor deiner Asche, die du einst warst.

Wir töten niemanden, sondern erwecken jeden zu diesem ewigen Leben.

Wir machen keine Gefangenen, sondern befreien jeden, der es möchte.

Bei uns gibt es keinen erstickenden Leichengeruch, sondern den Duft von

Weihrauch.

Wir rauben nicht eure Jungfrauen, wir kennen nur die Gemeinschaft mit unseren Lieben und die Gemeinschaft mit Gott in Liebe.

Zusammen trinken wir den roten Wein aus demselben Becher von den mit Blut durchtränkten Weinfeldern.

Wir kennen nur eine Trunkenheit, die Trunkenheit von Gott.

Worauf wartest du noch? Aufschieben führt zu Aufheben. Wir kennen nur einen Moment: *Jetzt*!

Manchmal stellen wir uns unterwegs gegenseitig die drei bekannten Fragen:

Wer – Was – Wo.
„Wer ist Gott?"
„Wer ist nicht Gott?"
„Was ist Gott?"
„Was ist Gott nicht?"
„Wo ist Gott?"
„Wo ist Gott nicht?"

Manchmal werden wir gefragt, warum wir uns so langsam fortbewegen. Das hat mit dem Prinzip zu tun, dass du oberflächlicher wirst, je hastiger du lebst.

Die Oberflächlichkeit ist mittlerweile eine globale Krankheit, wodurch die Eile noch mehr und schneller zunimmt, mit der Folge, dass die Menschen kein Gefühl mehr haben.

Wer hält noch für ein überfahrenes Tier, kniet bei ihm nieder und bittet es um Vergebung?

Wir laufen bedächtig und langsam. Unser Schritt ist langsam, um mit dem Gefühl ganz dicht bei uns selbst zu bleiben und so in Verbindung zu sein mit der Erde, uns selbst, dem anderen und mit Gott.

Für uns bedeutet Zeit nicht Geld, sondern sie ist ein kostbares Geschenk, das es zu zelebrieren gilt. Nur mit einem empfangenden Herzen wirst du unterwegs den Abdruck unserer Sandalen – oder manchmal auch unsere Fußabdrücke – entdecken, denn wer sucht, wird gefunden werden.

Opfere all deinen Schmerz auf dem Altar deines ‚mystischen Herzens' und sei Liebe.

Das ist das Gesetz der Liebe.

So lautet eine schöne arabische Weisheit:

Sei die Dattel
die stetig süßer wird,
auch wenn der Boden, der sie nährt
steinhart und rau ist.

Und so ist auch dies ein Gesetz der kosmischen Resonanz,
gehe mit Gott,
lasse Gott sein Werk verrichten.
Amen
Ohm!

Ich kletterte von meinem Baum herunter und lief zu diesem Menschen,
dieser Laus im Pelz, diesem Kanarienvogel in der Bergmine,
diesem Menschen mit der Kraft eines Elefanten.
Ich streichelte das sehr intelligente Äffchen, das gehorsam auf seiner rechten Schulter saß,
und da fragte er mich:
„Hast du dein Zuhause bereits gefunden?"
Ohne Zögern rief ich lachend:
„Ja, ich wohne im Zwischenraum!"

Zum Abschied küsste ich das Mahl auf seiner Stirn,
und ermutigt und inspiriert folgte ich meiner eigenen Pilgerreise,
meiner Pilgerreise nach innen,
zum inneren Licht,
Schritt für Schritt für Schritt.

SCHRITT 9

HUNDERT LICHTZITATE AUS DEN VERGANGENEN DREITAUSEND JAHREN

Zur Inspiration, Kontemplation und Verbildlichung, für unterwegs oder um den Tag damit zu beginnen beziehungsweise ihn damit abzuschließen.

– 1 –
VOR CHRISTI GEBURT

Zarathustra (1300 v. Chr.)

„Als Ihr mir befahlt: „Gehe nach Asha im Vollbesitz deines Wissens", habt Ihr mir die ungehörten Dinge nicht offenbart: Doch dann offenbartet Ihr sie mir, um alle Dunkelheit aus mir zu verbannen, Sraosha, göttliche Gehorsamkeit, begleitet vom Segen des göttlichen Lichts, das sich in mir erhob."

Buddha (563–480 v. Chr.)

„Dieser Geist ist ein Lichtbrunnen. Er ist vom Wesen her hell, doch wird er von den Anhaftungen, die an ihm kleben, verdunkelt. Dies ist dem unwissenden Menschen nicht bekannt, und so entwickelt er seinen Geist nicht. Dieser Geist ist ein Lichtbrunnen. Er ist hell und frei von Anhaftungen. Dies ist dem Edlen, der dem Weg folgt, vollkommen deutlich, und so richtet er sich aus auf das Erwachen des Geistes."

„Sei ein Licht für dich selbst."

In jener Zeit erstrahlte aus dem weißen Haar des Buddha zwischen seinen Augenbrauen ein Licht. Dieses glückbringende Zeichen des Lichts ist das wichtigste und seltenste aller durch Buddha vervollkommneten spirituellen Lichter."

Buddha Amida (der Buddha des unendlichen Lichts)

„Sein Körper strahlt das Licht aus, das alle Welten erleuchtet – nicht nur eine Welt, sondern das gesamte Universum: So viele Welten, dass alle menschlichen Versuche, sie zu berechnen, ihr spotten. Jeder Lichtstrahl, den sein Körper aussendet, aus jeder Pore seiner Haut, ist ein Buddha unter zahllosen anderen Buddhas."

Shin-Buddhisten rezitieren: „Namu Amida Buts" (Ich nehme meine Zuflucht in Buddha und dem unendlichen Licht).

Maitrayaniya – Upanishaden

Wenn jemand, nachdem das Denken aufgehört hat, durch sein Selbst seines leuchtenden Selbst gewahr wird, das kleiner ist als das Kleinste, wird er selbstlos. Denn er hat durch sein Selbst sein Selbst gesehen."

Tibetisches Totenbuch

„Ohm! Ehrerbietung den Lamas in ihrer dreifaltigen Seinsweise: Im wahren Sein als grenzenloses Licht von Amitabha, im offenbarenden Sein und im wirkenden Sein!"

Sohn von edlem Geschlecht, weil nun die Zeit für dich gekommen ist, einen Weg zu suchen, und nachdem dein Atem fast aufgehört hat, soll das, was das Urlicht des ersten Zwischenzustandes genannt wird und dessen Sinn dir dein Lama bereits gezeigt hat, das Sein an sich, leer und nackt wie der Himmel, dir deutlich werden."

Ehrwürdiger, nun wird sich dir das Urlicht offenbaren. Erkenne es als solches! Ich ersuche dich, diese Übung auf dich zu nehmen."

Tantra

„Lasse die Yogis auf folgende Vorstellung meditieren: In ihren Herzen ist ein großes Meer aus Nektar, in der Mitte des Meeres ist eine Insel aus Edelsteinen, und der Sand besteht aus pulverisierten Edelsteinen."

Meister Yuan-Koeng (West-China)

„Die Kraft des höheren Menschen besteht im Wissen darum, dass lebendige Ströme die Welt durchziehen, die aus geheimen Strahlungszentren hervortreten."

Lao Tse

„Jener, der weit reist, ist von äußeren Dingen abhängig. Wer in sein Inneres reist, findet alles, was er sucht, in sich selbst. Dies ist die höchste Form des Reisens: Armselig ist jedoch jener Mensch, der von äußeren Dingen abhängig ist."

„Jener Mensch, der das Licht wie den Himmel besitzt, die Sonne und die Sterne, verkörpert den ewigen Menschen. Das Licht breitet sich in alle Richtungen aus und vernichtet nie sich selbst."

Zenmeister Ejo

„Die so genannte Schatzkammer des Lichts ist die ursprüngliche Quelle aller Buddhas, das Wesen, das allen Wesen innewohnt, die Substanz aller Erscheinungen, der Schatz des großen Lichts des spirituellen Vermögens und des vollkommenen Bewusstseins."

„Der Körper Buddhas (Dipankara) strahlt ein großes Licht mit unzähligen Farben aus, das vollkommen rein ist und überall, wie die Wolken, die über alle Länder hinwegziehen, das Loblied von den Tugenden der Buddhaschaft singt. Es erfreut alle, die von diesem Licht erleuchtet werden."

Bhagavad Gita

„Das Licht von Atman wird durch die Finsternis der Sinnestäuschung und des Selbstbetrugs verdunkelt, und so werden die menschlichen Wesen fehlgeleitet."

„Ich bin so groß wie Gott, Er ist so klein wie ich. Er kann nicht über mir, ich kann nicht unter ihm sein. Gott ist in mir das Feuer, ich bin in ihm die Glut. Sind wir dann nicht im tiefsten Wesen eins?"

Rigveda

„Seit der Unendlichkeit aller Zeiten leuchtet die Morgenröte, die Göttin, und schenkt heute dieses Licht, ausgestattet mit Reichtum. So wird sie leuchten in allen Tagen, die da kommen, unsterblich bewegt sie sich fort aus eigener Kraft, nie verkümmernd."

Gyatri Mantra

OM!

„Om, wir meditieren auf den Glanz des verehrungswürdigen Göttlichen, den Urgrund der drei Welten, Erde, Luftraum und himmlische Regionen. Möge das höchste Göttliche uns erleuchten, auf dass wir die höchste Wahrheit erkennen."

Upanishaden

„Das Selbst ist der Honig aller Wesen, alle Wesen sind der Honig des Selbst. Das strahlende ewige Selbst, das überall ist, das strahlende ewige Selbst, das in einem Menschen lebt, sind ein und dasselbe: Es ist unsterblich, es ist Geist, es ist das All-Eine."

„Wahrlich, die Sonne dort drüben ist der Honig der Götter. Der Himmel ist der Querbalken: Der Mittelbereich ist die Honigwabe, die Lichtteilchen sind die Brut."
Ich bringe den Weltenbaum in Bewegung! Mein Ruhm ist wie der höchste Berggipfel, äußerst rein, wie die Sonne, bin ich ihr Nektar, glänzender Juwel, weise, unsterblich, unzerstörbar."

Samkhya-Karika

„Die Wirkung der drei Gunas ist zielgerichtet, wie eine Lampe setzen sie sich aus verschiedenen Bestandteilen zusammen, um gemeinsam das eine Phänomen Licht hervorzubringen.
Gunas sind die drei (sattva, rajas und tamas) Urbestandteile aller stofflichen und mentalen Erscheinungen."

Brihadaranyaka Upanishad

„Doch wenn die Sonne untergegangen, Yadsjnawalkya, der Mond unter dem Feuer erloschen und die Sprache verstummt ist, was ist dann der Menschen Licht? Atman ist dann sein Licht, denn er sitzt beim Licht von Atman, geht mit ihm umher, verrichtet seine Arbeit mit ihm und kehrt zu ihm zurück."

Mundaka Upanishad

„In der obersten goldenen Hülle ist Brahma unbefleckt, ungeteilt. Großartig ist das Licht der Lichter.
Atma wird erreicht durch Wahrheit, Nachsinnen, durch wahres Wissen, durch ein standhaftes Schülerleben. Im Körper lebt er, einzig Licht, durchsichtig, das die Asketen ohne Sünde schauen."

Atharva – Veden

Einst irrte ein Vratya umher. Er weckte den Herr der Schöpfung auf.
Er, der Herr der Schöpfung, erblickte in sich Gold. Er brachte es zum Vorschein. Das Gold wurde das Eine: Er wurde der, der das Zeichen auf der Stirn trägt: Lakama. Es wurde das große Mahat; dies wurde das führende Jyeshtha; dies wurde Brahman; dieser wurde das schöpferische Vermögen: Tapas; dies wurde die Wahrheit: Satya; hierdurch erschuf er sich selbst.

Patanjali (220 v. Chr.)
„Yoga ist das Sehende, in sich selbst Zuhause, wie ein klarer Kristall,

andernfalls identifiziert es sich mit den Verwirbelungen."
„Beseitige den Schleier, der das Licht verdeckt."

– 2 –
NACH CHRISTI GEBURT

Thomas-Evangelium

„Ich bin das Licht, das auf alle Dinge scheint. Ich bin das All: Aus mir ist das All entstanden und zu mir ist das All zurückgekehrt."
„Und Er veränderte für sie seine Erscheinung, und sein Gesicht leuchtete wie die Sonne, und seine Kleider wurden weiß wie das Licht."
„Und Er veränderte für sie seine Erscheinung, und seine Kleider begannen zu leuchten, so weiß wie Schnee, derart wie es niemandem auf Erden gelänge, solch ein Weiß zu hervorzubringen" (Vers 77).

Johannes-Evangelium

„Gott ist das Licht, und in Ihm ist keine Finsternis. Wenn wir sagen, dass wir mit ihm Gemeinschaft haben, und wir wandeln in Finsternis, so lügen wir und tun nicht die Wahrheit; wenn wir aber im Licht wandeln, so wie er im Lichte ist, so haben wir Gemeinschaft miteinander" (**1:5–7).**

„Während ihr das Licht habt, glaubet an das Licht, auf dass ihr Söhne des Lichtes werdet" (12:36).

Lukas-Evangelium

„Wenn nun dein Leib ganz licht ist und kein Teil an ihm finster ist, dann wird er ganz licht sein, wie wenn dich das Licht erleuchtet mit hellem Schein" (11:36).

Paulus auf dem Weg nach Damaskus

„Saul, Saul, warum verfolgst du mich?“ Und ich antworte: „Wer seid Ihr, Herr?“ Dieser sagte: „Ich bin Jesus, den du verfolgst (…). Und die bei mir waren, sahen wohl das Licht und fürchteten sich sehr. Sie hörten zwar die Stimme, sahen aber niemanden“ (9:1–5).

Wüstenvater Simeon (zu Beginn des Christentums)

„In einer Nacht, als er im Gebet versunken war und sein Geist sich mit dem ursprünglichen Geist verbunden hatte, sah er am Himmel ein Licht, welches plötzlich auf ihn nieder schien, ein großes, reines Licht, dass alle Dinge erleuchtete. Und ein anderes Mal: „Er sah, wie sich das Licht auf eine unbeschreibliche Weise mit seinem Leib vereinigte und langsam seine Glieder durchdrang.“

Plotinus (204 – 274 n. Chr.)

„Das letzte Stadium wird erreicht, wenn die Seele, in der allerhöchsten Anspannung der Konzentration, in schweigender Anschauung und oberster Vergessenheit gegenüber allen anderen Dingen, imstande ist, sich gleichsam selbst zu vergessen. Dann können wir Gott schauen, die Fontäne des Lebens, die Quelle allen Seins, den Ursprung alles Guten, die Wurzel der Seele. In diesem Moment erfreut sie sich der höchsten und unsäglichsten Seligkeit; es ist, als ob sie gänzlich aufginge im Göttlichen, im Licht der Ewigkeit badend.“

Augustinus (354 – 430 n. Chr.)

„Das Ziel meiner Kontemplation ist eine Art geistigen Kontakts mit dem unveränderlichen Licht.“

Koran (Mohammed 570 – 632 n. Chr.)

„Allah ist das Licht der Himmel und der Erde. Das Gleichnis seines Lichtes ist das einer Nische, in der eine Lampe ist. Die Lampe ist in einem Glas. Das Glas ist, als wäre es ein funkelnder Stern. Ihr Brennstoff kommt von einem gesegneten Baum, einem Ölbaum, weder östlich noch westlich, dessen Öl beinahe schon Helligkeit verbreitete, auch wenn das Feuer es nicht berührte. Licht über Licht“ (Quran Sure 24 Aya 35).

„Es war die Nacht, die die Araber „Al Kadr“ oder „Die Nacht der göttlichen Eingebung“ nennen, die Nacht, in der dem Koran zufolge die Engel auf die Erde hinabsteigen und Gabriel die Eingebung Gottes verkündet. Während dieser Nacht währt Frieden auf Erden, und bis zum Anbruch der Morgenröte herrscht eine heilige Stille in der ganzen Natur.“

„Als Mohammed in diesen nächtlichen Stunden in seinen Mantel gehüllt dalag, hörte er eine Stimme, die seinen Namen rief. Er entblößte sein Haupt und sah sich plötzlich umgeben von einem Lichtstrom, dessen Glanz ihn so überwältigte, dass er das Bewusstsein verlor. Wieder zu sich gekommen wurde er eines Engels gewahr in Gestalt eines Menschen, der vor ihm einen mit Schriftzeichen bedeckten seidenen Stoff ausbreitete.“

Sufismus (ab 700 n. Chr.)

Gott strahlte sein Licht über jeden Geist aus,
doch nur die Gesegneten hielten ihre Röcke hoch,
um das Licht aufzufangen.
Und nachdem sie die reiche Gabe des Lichts empfangen hatten,
wandten sie ihr Antlitz voneinander ab, außer von Gott.
Wer kann sagen, wer von uns zu den Gesegneten gehörte?

Omar Khayyam Rubayiat (1048 – 1123 n. Chr.)

„Ich rief den rotierenden Himmel an:
Welches Licht habt Ihr für eure Kinder gesammelt,
dass sie strauchelnd im Dunkel umherirren?
Und die Antwort des Himmels lautete: Blind weitergehen!

Hildegard von Bingen (1098 – 1179 n. Chr.)

„Seit meiner Kindheit habe ich immer im Geiste dieses Licht, dieses lebendige Licht gesehen, leuchtender als die Sonne.“

Rumi (1207 – 1273)

„Die Gnade von Salah-e Dil strahlte mitten in mein Herz, er ist in dieser Welt die Kerze des Herzens. Und wer bin ich? Die Kerzenform."

„Es gibt weder zwischen Körper und Seele einen Schleier noch zwischen Seele und Körper, doch es ist keinem Menschen beschieden, *die* Seele der Seele zu schauen."

„Nichts auf der Welt ist so wunderbar wie die Sonne, doch ewig ist die Sonne des Geistes, sie kennt kein Gestern. Auch wenn die äußere Sonne noch so einzigartig ist, es ist immer noch etwas vorstellbar, das ihr gleicht. Die spirituelle Sonne jedoch übersteigt den Äther, sie hat Ihresgleichen nicht."

„Euer liebliches Antlitz ist das Licht meines Herzens,
eure guten Eigenschaften verleihen mir Flügel und Federn.
Wenn Ihr lacht, feiere ich ein Fest und gehe auf Wallfahrt,
mein Moschus und meine Rosen entlehnen ihren Duft von euch."

Gregorius vom Sinai (1255 – 1346 n. Chr.)

„Der Verstand des betenden Menschen löst sich von allen äußeren Dingen, seine Augen sind nach innen gerichtet und schauen das in ihm wirkende Licht des Geistes. Dann löst sich der Geist, auf unbeschreibliche Weise mit Gott vereinigt, von der Materie und wird immateriell wie das Licht."

Dante Alighieri (1265 – 1321)

„Oh glänzendes, durch alle Ewigkeiten hindurch wirkendes Licht. Jener, der sich im Schatten des Parnas verzehrte oder sich auf das Trinken aus seiner Quelle beschränkte, fühlte nicht, wie sich sein Geist in der Nacht befand."

„Die Herrlichkeit des Einen, der alle Dinge bewegt, durchdringt das Weltall und sendet seine Strahlen, durch einige Kreise mehr, durch andere weniger. Ich sah den Himmel seinen größten Glanz malen."

Auf das Rad, das in seiner ewigen Rotation glühte, hielt Beatrice ihren Blick gerichtet. Ich richtete meinen Blick auf sie, die sich weg vom Licht entfaltete."

Meister Eckhart (1269 – 1327)

Ein Licht, das in der Seele und das nicht erschaffen und nicht zu erschaffen ist."

Jan van Ruusbroec (1293 – 1381)

„Der Kontemplative muss selbst lernen, sich in der Finsternis zu verlieren, und im finsteren Abgrund findet er Gott, denn in dieser Finsternis erstrahlt und wird geboren ein unbeschreibliches Licht, welches der Sohn Gottes ist; in ihm schauen wir das ewige Leben. Und in diesem Licht werden die Menschen sehend."

„Und so, wie die Luft von der Sonne durchdrungen wird, so empfangen wir in der Leere des Geistes das unbegreifliche Licht, das uns umschließt und durchdringt."

Martin Luther (1483 – 1546 n. Chr.)

„Wenn Menschen durch das wahre Licht erleuchtet werden, nehmen sie Abstand von jedem Verlangen und jeglicher Vorliebe. Sie vertrauen dann sich selbst und alle Dinge der ewigen Güte an, sodass jeder erleuchtete Mensch sagen kann: „Ich wäre gerne für die ewige Güte das, was die Hand ist für einen Menschen."

Johannes vom Kreuz (1542 – 1591)

Jemand sagte über ihn: „Teufel bestürmten ihn, er sah die schrecklichsten Qualen der Hölle und blieb innerlich völlig desolat zurück.

Nach einer gewissen Zeit wurden die Nebel von besonderen Lichtstrahlen, Trost und göttlicher Milde vertrieben und die Seele in ein Paradies geführt. Bei vielen Gelegenheiten erstrahlte auf seinem Antlitz ein gewisser Glanz."

Später, als er in Gefangenschaft lebte, sah ein Nachtwächter auf seiner nächtlichen Runde dieses göttliche Licht: „Seine Zelle füllte sich mit Licht, das mit dem physischen Auge gesehen werden kann."

Über seine Flucht wird erzählt: „Er sah ein wundervolles Licht, das zu ihm sagte: „Folge mir!" Er erhörte es, das Licht bewegte sich vor ihm, glitt über die Klostermauer, und er folgte dem Licht ohne Mühe."

Francis Bacon (1561 – 1626)

„So hat auch meine Sonne meine Stirn an einem frühen Morgen mit einem goldenen Licht erleuchtet. Ach! Für eine Stunde! Denn alsbald verbargen ihre schwarze Wolken mein betrübtes Gesicht."

Jacob Böhme (1575 – 1624)

„Als ich nun, mit Gottes Hilfe, rang und stritt, erhob sich in meiner Seele ein wunderliches Licht. Ein Licht, das meiner widerspenstigen Natur vollkommen fremd war, und doch erkannte ich darin das wahre Sein Gottes und des Menschen. In diesem Licht hat mein Geist sogleich durch alles hindurch gesehen. So wurde auch in diesem Licht mein Wille von dem großem Trieb ergriffen, das Wesen Gottes zu beschreiben. Die sichtbare Welt ist eine Offenbarung der inneren, geistigen Welt, aus dem ewigen Licht und der ewigen Finsternis, aus dem geistigen Stoff."

„Die Hölle bleibt an allen Orten bis in den letzten Winkel der Welt bestehen und doch verborgen für das Himmelreich, so wie die Nacht im Tag verborgen ist. Das Licht strahlt ewig in der Finsternis, und die Finsternis kann es nicht löschen. So ist das Licht das Reich von Christus und die Finsternis die Hölle, in der die Teufel und die Gottlosen wohnen."

Angelius Silesius (1624 – 1677)

„Bleib stehen, wo gehst du hin? In dir ist der Himmel, auf ewig!

Suchst du Gott irgendwo anders, dann wirst du Ihn für immer verlieren!"

Emanuel Swedenborg (1688 – 1772)

„Menschen, die aus Sicht der Natur denken, können nicht erfassen, dass das Licht im Himmel ist. Jedoch ist das Licht im Himmel dergestalt, dass es das weltliche Licht der Mittagsstunde viele Male übertrifft. Ich habe dieses Licht oft gesehen."

Baal-Shem-Tov (1698 – ?)

„Die heiligen Funken, die herabfielen, als Gott die Welten erschuf und vernichtete, muss der Mensch aufnehmen und läutern, aufwärts, von Gestein zu Gewächs zu Getier zu Vernunftwesen; er muss den heiligen Funken läutern, der von einem mächtigen Polster umschlossen ist.
Wer imstande ist, mit der guten Kraft seines Geistes den heiligen Funken von Gestein zu Gewächs zu Getier zum Vernunftwesen zu erheben, führt ihn in die Freiheit, und keine Befreiung Gefangener ist größer als diese."

„Weh, die Welt ist voller gewaltigen Lichts und Geheimnissen, und der Mensch macht sie mit seiner kleinen Hand unerkennbar."

Russische Mystik (Quelle unbekannt)

„Um das geistige Licht zu erhalten und ein aufmerksamer Mensch zu werden, musst du den einen oder anderen Text der Heiligen Schrift nehmen und so lange wie möglich deine gesamte Aufmerksamkeit und alle deine Gedanken darauf richten. Dann wird dir das Licht des inneren Verstehens aufgehen."

Gregorius Skoworoda (1722 – 1794)

„Ein Strom von unaussprechlicher Herrlichkeit erfüllte meine Seele, mein gesamtes Inneres entflammte wie in einem Feuer, und es kam mir vor, als wenn ein Feuerstrahl durch meine Adern ging. Statt langsam zu gehen begann ich schnell zu laufen, als würde ich von einer wunderbaren Entzückung getragen werden, ohne, dass ich meine Hände und Füße fühlte, als ob ich gänzlich aus Flammen bestand, wurde ich in einen spiralförmigen Raum getragen."

Walt Whitman (1819 – 1892)

„Als wäre ich ohnmächtig, so blendete mich für einen Augenblick eine andere, unaussprechliche Sonne."

„Und strahlender als alle Weltkugeln, die ich kannte und noch strahlender."

„Ein Versuch noch, dieser bleiche Sand, mein Altar; mein Leben, das Du, oh Gott, erleuchtet hast mit Deinem ewig strahlenden, unaussprechlichen Licht, das Du geschenkt hast. Ein seltsames, unaussprechliches Licht, das alles Licht entzündet. Außerhalb aller Zeichen, Beschreibungen und Sprachen. Davor, mein Gott, knie ich nieder, sei es auch mein letztes Wort. Alt, arm, gelähmt, sage ich Dir Dank."

GEGENWART

Frederik van Eeden (1860 – 1932)

Die Wasserlilie

Ich hab die weiße Wasserlilie lieb
weil sie so weiß ist und so still die Krone
faltet aus im Licht.

Steigend hinauf aus dunkel–kühlem Grund
hat sie das Licht gefunden und öffnete
erfreut das goldne Herz.

Nun ruht sie sinnend auf der Wasserfläche

und wünscht nichts mehr...

Rabindranath Tagore (1861 – 1941)

„Das Licht akzeptiert die Finsternis als seine Gattin der Schöpfung zuliebe. Die Finsternis ist die verschleierte Braut. Sie wartet schweigend, bis das umherschweifende Licht in ihren Busen zurückkehrt.

In seinem Sternentempel wartet Gott auf den Menschen, der ihm sein Licht bringt. Der Himmel nimmt keinen Strick, um den Mond zu fangen. Es ist seine eigene Freiheit, die ihn bindet. Das Licht, das den Himmel erfüllt, sucht seine Begrenzung im Tautropfen auf dem Grashalm. Durch Grashalme sendet das Leben seinen stillen Lobgesang hinauf zum namenlosen Licht. Die Flamme traf das irdene Licht in mir. Und was für ein Wunder an Licht!"

G. de Purucker (1874 – 1942)

„Die letztliche Bestimmung der Söhne der Sonne, der Brüder des Lichts, ist Göttlichkeit, selbstbewusst verwirklicht."

Ramana Maharshi (1879 – 1950)

„So, wie der Raum eine lichtspendende Flamme ohne jeden Unterschied oder jegliche Begrenzung sowohl von innen als auch von außen füllt, so erfüllt auch der Raum der Erkenntnis, der sich im Inneren des Lichts des Selbst im Herzen befindet, ohne einen Unterschied oder eine Begrenzung dieses Licht des Selbst."

Krishna Menon (1891 – 1958)

Das Licht, das wir in Objekten wahrnehmen, ist Atma, das keine Veränderung kennt und das überall als Essenz vorhanden ist. Es ist das Eine, neben dem es kein Zweites geben kann."

J. C. Van Schagen (1891 – 1985)

Wenn du alt wirst

dann füllst du dich mit Tränen
nein – nicht der Traurigkeit
sondern mit etwas, das zu groß ist für Worte
hinter den Sternen – eine Traurigkeit
die durch die Tränen lacht
manchmal singt sie
ist dies nun Gott?
Das Licht ist ganz still
alle Dinge sind ganz still
ich schreibe dies ganz still

J. W. F. Werumeus Buning (1891 – 1958)

Das Licht, das dich im schwarzen Schmetterlingsauge
ansieht, ist aus dem Licht geschaffen,
in dem die Engel vor Gottes Antlitz stehen
und aus der Liebe, die die Sonne bewegte.

Spiegle dich nicht mehr, du musst der Spiegel sein, suche kein Gesicht,
denn Gott kennt dein Gesicht
Suche kein Geheimnis,
denn es ist nur Licht, durch das sich Gott dir mitteilen wird.

J. Krishnamurti (1895 – 1986)

„Wir müssen ein Licht sein für uns selbst: Dieses Licht ist das Gesetz. Ein anderes Gesetz gibt es nicht. Alle anderen Gesetze sind aus dem Denken entstanden und somit fragmentarisch und widersprüchlich. Ein Licht für dich selbst zu sein bedeutet, dass du nicht dem Licht eines anderen folgst, so vernünftig, logisch oder überzeugend es auch zu sein scheint."

„Frei sein von der Struktur des Denkens an sich, das bedeutet es, ein Licht für sich selbst zu sein. In diesem Licht findet alles Handeln statt, und dann ist es nie widersprüchlich. Widersprüchlichkeit gibt es nur, wenn dieses Licht vom Handeln getrennt ist, wenn derjenige, der handelt, getrennt ist vom Handeln.

Dieses Licht, dieses Gesetz, ist weder von dir noch von jemand anderem. Es ist nur Licht. Dies ist Liebe."

„Wir sind alle geneigt, jemandem zu folgen, der uns alles verspricht, weil wir das Licht in uns vermissen. Doch niemand kann uns dieses Licht geben: Kein Guru, kein Heiland – niemand."

„Um gänzlich ein Licht für dich selbst sein zu können, musst du frei sein. Ein Licht für dich selbst. Das ist ein Licht, das weder ein anderer dir geben kann, noch kannst du es an der Kerze eines anderen anzünden. Entzündest du es am Licht von jemand anderem, dann ist es nur eine Kerze, die du so wieder auspusten kannst. Zu untersuchen und herauszufinden, was es bedeutet, ein Licht für dich selbst zu sein, ist auch Meditation."

„Es gibt also niemanden, der dich führt, in der Meditation muss du vollkommen auf eigenen Beinen stehen ... Und dieses Licht für dich selbst kann nur entstehen, wenn du in dir selbst untersuchst, wer du bist. Nicht, wer du anderen zufolge bist oder sein solltest."

Gerrit Achterberg (1905 – 1962)

Wir sind eine dunkle Erscheinung,
solange nicht in unserem Leben
das Licht des Heiligen Geists emporsteigt.

Henk van Randwijck (1909 – 1966)

Ein Volk, das vor Tyrannen kapituliert,
nicht nur Leib und Gut verliert,
sondern dann verlöscht das Licht.

Jean Klein (1912 – 1998)

„Nur in einem Geist, der seine Grenzen kennt, gibt es Fenster, Fenster, durch die das Licht des Bewusstseins fällt. In einem verwirrten Geist existiert kein Licht der Wirklichkeit."

Erik van Ruysbeek (1915 – 2004)

„Wenn du nichts mehr weißt, dann ist da immer noch etwas, das du nicht weißt.

Aus diesem Unendlichen tauchen wir kurz auf. Tief aus und in unserem Nichts leuchtet noch das unbegrenzte Nichts."

U. G. Krishnamurti (1918 – 2007)

„Wenn ich meine Augenlider bedecke, dann ist in mir noch stets ein Licht. In Indien ist das Licht goldfarben, in Europa blau. Eine Art von Eindringen von Licht gibt es auch auf der Rückseite des Nackens.

Innen ist nichts anderes als dieses Licht."

Anasuya devi (1923 – 1985)

„Dieses Licht ist alles, es ist in allen Formen, es ist überall, es ist nicht nur innen, es ist alles, was du siehst und hörst und berührst. Da ist nichts anderes als Licht."

Sai Baba (1926 – 2011)

„Ich bin gekommen, um das Herz der Menschen zu erleuchten mit dem Licht Gottes und den Mensch zu befreien vom Wahnbild, dass ihn vom Weg des Friedens und der vollkommenen Gleichmütigkeit der Verwirklichung fortreißt. Gott ist die Sonne, und wenn seine Strahlen, von keinen Wolken des Egos zurückgehalten, auf dein Herz treffen, dann erblüht der Lotus und entfalten sich seine Blütenblätter. Bedenke wohl, dass nur die Knospen, die hierzu bereit sind, aufgehen werden. Der Rest muss geduldig warten."

„Sei dein eigener Guru, dein eigener Lehrer; du hast das Licht in dir. Entzünde es und gehe furchtlos weiter. Der Intellekt kann dir nur ein kleines Stückchen weiterhelfen auf dem Weg, der zu Gott führt; das Übrige wird durch die Intuition erleuchtet. Die Seele ließ sich in diesen Körper gebären, um so die Pracht des göttlichen Funkens zu offenbaren, der sie ist.

Der Körper ist wie ein Docht, und die innständige Sehnsucht nach Gott ist das Öl, das der Flamme Nahrung schenkt.

Dein Herz muss so durchsichtig sein wie Glas, und das Licht des Geistes darin muss die ganze Welt erhellen.“

„Ein strahlendes Äußeres, glänzende Augen, ein fester Blick, ein edler Augenaufschlag, eine schöne Stimme, warme Nächstenliebe, standhafte Güte: Dies sind die Merkmale eines nicht nachlassenden Willens, Gott schauen zu wollen.“

Osho (1931 – 1990)

„Du brauchst dir kein Licht zu leihen, das Licht brennt immer in dir, die innere Flamme. Sobald du deine innere Flamme gefunden hat, hast du das gesamte Universum in all seiner Vollkommenheit gefunden.“

„Für einen Buddha ist selbst die Finsternis der Nacht hell, weil er selbst Licht ist. Überall, wo er geht, ist er von seinem Licht umgeben.“

„Wo du auch bist, selbst in der finstersten Nacht, verbindet dich ein Lichtstrahl mit Gott.

Deswegen lebst du. Suche diesen Faden, denn da entlang findest du den Weg nach Hause.“

Djwal Kuhl (1937)

Der große Anruf

„Aus dem Punkt des Lichts im Denken Gottes,
Ströme Licht in das Denken der Menschen.
Auf dass Licht auf die Erde hinabfalle.
Aus dem Punkt der Liebe im Herzen Gottes,
Ströme Liebe in die Herzen der Menschen.
Möge Christus auf die Erde zurückkehren.
Aus dem Zentrum, wo Gottes Wille bekannt ist
Richte das Ziel des kleinen Willen der Menschen –

Das Ziel, das den Meistern bekannt ist und dem sie dienen.
Von dem Zentrum, das wir Menschheit nennen,
Verwirkliche sich der Plan von Liebe und Lichtbrunnen
Und möge es die Tür versiegeln, wo das Böse wohnt.
Lasse Licht und Liebe und Macht den Plan auf Erden wiederherstellen."

Joni Mitchell (1943)

„We are stardust
We are golden
And we've got to get ourselves
Back to the garden."

(Wir sind Sternenstaub
Wir sind golden
Und wir müssen uns wieder
zurück begeben in den Garten.)

Sri Parabrahmadatta Maharaj Alexander Smit (1948 – 1998)

„Über alle Zeiten hinweg,
Tage, Monate, Jahre, Jahrhunderte und Weltzyklen,
Vergangenheit und Zukunft,
ist das bewusste Sein dasselbe.
Es geht weder auf noch geht es unter,
so wie die Sonne.
Es strahlt aus sich selbst heraus."

Marianne Willamson (1952)

Unsere größte Angst ist nicht, unzulänglich zu sein.
Unsere größte Angst besteht darin, unermesslich mächtig zu sein.
Unser Licht, nicht unsere Dunkelheit, ängstigt uns am meisten.
Wir fragen uns, wer bin ich überhaupt,
um strahlend, bezaubernd, begnadet und phantastisch sein zu dürfen?

Wer bist du denn, dass du das nicht sein darfst?
Du bist ein Kind Gottes.
Es dient der Welt nicht, wenn du dich klein machst.
Sich herabzusetzen, nur damit unsere Mitmenschen sich nicht verunsichert fühlen,
hat nichts mit Erleuchtung zu tun.
Uns allen ist es bestimmt, wie Kinder zu strahlen.
Wir wurden geboren, um die Herrlichkeit Gottes in uns zu verwirklichen.
Es ist nicht nur in einigen Menschen, sondern in jedem von uns.
Und wenn wir unser Licht leuchten lassen,
geben wir damit anderen unwillkürlich die Erlaubnis, dasselbe zu tun.
Wenn wir losgelöst sind von unserer eigenen Angst,
wird unsere Anwesenheit andere befreien – ganz ohne unser Zutun.

Amma – Mata Amritanandamayi

„Du träumst, dass du ein Bettler bist, doch wenn du aufwachst
wirst du dir dessen gewahr, dass du das göttliche Licht bist.
Bis zu dieser Zeit wartet das Universum."

„Meditiere auf die Flamme,
oder meditiere auf die Flamme zwischen deinen Augenbrauen,
oder in deinem Herzen.
Oder meditiere auf die Gottheit, die du liebst,
inmitten der Flamme."

Pseudonym J. L. H.-S.

Leitfaden
„Ich gehe allein, doch ich gehe sicher,
denn, von anderen unbemerkt,
führt mich ein Licht; groß, stark und heilig.
Dem folge ich, wo ich auch hingehe.
Vielleicht wird es mich eines Tages zum Himmel führen
wenn ich nur an die Führung glaube,
wenn ich meine Zeit nur erwarten kann

und wenn ich meinen Glanz nicht selber lösche...“

Assalam Alaikum

„Möge die Liebe, die wir hier teilen, ihre Flügel spreizen
und über die Erde fliegen und ihr Lied singen
für jede lebende Seele.
Mögen die Segnungen Deiner Gnade,
möge Liebe von jedem gefühlt werden und
mögen wir alle das Licht in uns, in uns, in uns erkennen.
Assalam Alaikum
Alaikum Assalam

Persönliches

Zu verspielt – absorbierende Fähigkeit – Ein kaleidoskopischer Rundgang – Erden – studieren und arbeiten – Esoterischer Koordinator – die Stelle des Unheils – Schwer erziehbare Kinder – Zwei Engel – Schwarze Einsamkeit – Amrito-Jan Foudraine & Alexander Smit

Ich wurde am 20. Februar 1950 um 12 Uhr und zwanzig Minuten in Amsterdam geboren. Meine Mutter erzählte mir, dass es an dem Tag enorm viel geschneit hat. Meine Schulzeit war bis zur zweiten Klasse sehr schön, doch dann blieb ich sitzen und das sogar zweimal hintereinander. Dabei blieb es nicht. Bis zu meinem siebzehnten Lebensjahr hatte ich eine problematische Schulzeit. In den Berichten der Grundschule stand stets: „Paulchen könnte, doch er ist zu verspielt."

Doch wie kann ein Kind zu verspielt sein?

Nicht-spielende Erwachsene haben die Norm festgelegt, wie und wann gespielt werden darf, und das Gebot heißt: „Du sollst nicht verspielt sein. Halte dich an die Norm, sonst lautet die Strafe Ausschluss."

Doch es wollte in der Schule einfach nicht gelingen. Oft saß ich da und schaute nach draußen, den vorbeiziehenden Wolken hinterher und wollte am liebsten draußen spielen. Es war, als ob ich die Wolken hören konnte, wie sie mir zuriefen: „Wo bleibst du denn?"

Als mich die Lehrerin einmal unvermittelt zum Vorlesen drannahm und ich nicht wusste, wo wir stehen geblieben waren, erklang ihre schmerzhafte und verletzende Warnung: „Passt auf, Kinder, denn wenn ihr nicht aufpasst, dann endet ihr wie Paulchen."

Inzwischen hatten sich in mir bereits einige „Schleiertexte" entwickelt, die ungefähr so lauteten:

„Ob ich hier wohl willkommen bin?" und „Ob es hier wohl sicher ist?"

Als Folge meiner entstandenen ‚Schleiertexte' entwickelte ich eine Aversion gegen Autoritäten. Und als Folge meiner Ohnmacht, der Situation nicht entkommen zu können, zog ich mich stets mehr vor Autoritäten zurück.

Wäre ich jetzt in der Grundschule, bekäme ich wohl sehr schnell das Label ‚ADHS' verpasst und würde ich nur in der Klasse toleriert werden, wenn ich das mir verordnete Ritalin nähme.

Doch es waren die fünfziger Jahre, und labeln war noch nicht so verbreitet und die Verordnung von Medikamenten für Kinder schon gar nicht. Das war mein Glück.

Hohe Aufnahmefähigkeit im Kindesalter

Als Kind war ich sehr empfänglich für Stimmungen, ich absorbierte sie regelrecht. Wenn bei uns eine bedrohliche Stimmung in der Luft hing, was manchmal der Fall war, weil mein Vater zu viel getrunken hatte, dann sog ich diese Stimmung auf. Ich lud sie mir auf die Schultern und tanzte mir dann den entstandenen Buckel zu wilder Musik wieder vom Leib.

Ich tanzte zu den Platten, die mein Vater bisweilen aus einem Café mitbrachte, wenn die Jukebox mit neuen Platten bestückt wurde. Dafür bin ich ihm immer noch dankbar.

Doch damals war ich noch zu jung, um es zu begreifen. Zu der Zeit führte noch mein Körper Regie. Mein Körper sagte mir, wonach ihm war, was er abarbeiten wollte, und das Kind gehorchte ihm.

Ich tanzte, um die unbewusst gefühlte Disharmonie in mir und der häuslichen Atmosphäre wiederherzustellen und zu reinigen.

Und doch begann ich aufgrund der häuslichen Widrigkeiten, wegen meines Vaters und der Schule zu stottern und entwickelte einige Ticks.

Dass etwas mit mir nicht stimmte, war deutlich, denn ich blieb während meiner gesamten Schulzeit einige Male sitzen.

Aufgedeckte Schleier

Doch als ich nach einem langweiligen und frustrierenden Schultag nach Hause kam, war da meine Mutter, die auf mich mit einer Tasse starken, schwarzen Tee, einer Schale mit Keksen und einem großen Stück Zartbitterschokolade wartete.

Sie ließ mich dann wohl eine halbe Stunde lang all meine Fantasiege-

schichten erzählen, und als ich fertig war, sagte sie:
„Jetzt geh' schön draußen spielen!"

Und auf der Straße war immer was los! Es war eine kinderreiche Zeit, wir spielten frei, so wie wir waren. Zudem war unsere Straße noch nicht von geparkten Autos erobert worden.

Meine Mutter war keine Psychologin, doch sie hatte ein gutes Gespür dafür, was ich brauchte. Denn draußen an der frischen Luft wartete das Licht auf mich, das mit dem Sonnenkind räsonierte, das ich vom Wesen her war.

Studieren

Ich habe nie wirklich herausgefunden, wie es dazu kam, dass ich studierte, was die Ursache hierfür war. An meiner Intelligenz kann es nicht gelegen haben. Ich habe ungefähr vierzehn Jahre lang berufsbegleitend und in Abendkursen studiert. Zunächst absolvierte ich ein Studium auf MBA-Niveau (Master of Business Administration) und dann zwei Studiengänge an Fachhochschulen; jedes Studium habe ich mit guten Noten abgeschlossen. Zu guter Letzt machte ich noch eine Weiterbildung, mit der ich mich zum Lehrer qualifizierte.

Eine auf der Hand liegende Erklärung dafür könnte die manchmal unsichere und bedrohliche Situation Zuhause aufgrund meines Vaters sein als auch die strengen und schnell strafenden Lehrkräfte in der Schule. Für ein hochsensitives Kind sind solche Situationen besonders prägend. Doch habe ich zum Glück nie lange darunter gelitten, wenn ich sitzen blieb.

Wenn ich draußen spielte, fühlte ich mich frei, glücklich und sorglos. Auch in der Schule litt ich nie lange darunter, dass ich der Klassenälteste war. Ich war ein glückliches Kind. Doch manchmal, in der Klasse und wenn mein Vater Zuhause keine spielenden Kinder vertrug, implodierte mein Sonnengeflecht zu einem eiskalten Loch, und dies blieb für sehr lange Zeit eine offene Wunde.

Sie warf mir sieben Seile zu

Während meiner Pubertät war ich in ein Mädchen verliebt, sie jedoch nicht in mich. Ich war davon so am Boden zerstört, dass ich nachts in meinem Zimmer im Bett lag und weinte. Ich blickte durch mein Zimmerfenster zum Vollmond, und plötzlich erschien die heilige Jungfrau Maria in den Wolken. Sie saß auf ihrem Thron und warf mir sieben Seile zu. Ich habe darüber ein langes, zwei Seiten füllendes Gedicht geschrieben. Als ich später auszog, wohnte ich in besetzten Häusern in Amsterdam und zog mit meinem ‚bakfiets' (Lastenrad) von einem besetzten Haus zum nächsten, und dabei kann dann schon mal das eine oder andere Gedicht verloren gehen.

Ich weiß nur noch die erste Zeile: „Du warfst mir sieben Seile zu."

Etliche Jahre später war ich mit meiner Frau in Florenz, Italien, um einige Museen zu besuchen. Eines Tages waren wir in einem Museum, wo ich ein kleines Hinterzimmer betrat. Zu meinem Erstaunen sah ich dort ein Gemälde mit der Heiligen Jungfrau Maria, die in den Wolken auf ihrem Thron saß und sieben Seile auswarf. Doch leider durfte ich kein Foto machen.

Ein kaleidoskopischer Rundgang

Nachdem ich endlich die letzte Schule verlassen hatte, in der ich mit anderen Schülern Teil einer Gruppe chancenloser Pubertierender war, die wussten, dass sie nicht zur Universität gehen würden, das aber nicht so schlimm fanden, konnte ich endlich meine Flügel in der ‚echten' Welt ausbreiten, in der gearbeitet und Geld verdient wurde.

Ich identifizierte mich mit einigen Jobs.

Ich war Getränkelieferant, Vertreter, Werkzeugmacher, machte das Layout für eine Tageszeitung, war Verwaltungsangestellter bei einem Großhändler für Noten, Barkeeper und stellvertretender Rezeptionist bei einigen Hotels, darunter das ‚Amstel Hotel'. In diesem wundervollen Hotel habe ich viele Größen der damaligen Zeit gesehen – weltberühmte Artisten, steinreiche Adelsfamilien, Politiker und religiöse Führer sowie Unternehmer großer Betriebe.

Während meiner Arbeit im Hotel- und Gaststättengewerbe entdeckte ich, dass ich gerne mit Menschen arbeitete. Als dann eine neue Einrichtung für Menschen mit geistigen und körperlichen Einschränkungen im Herzen des Jordaan-Viertels in Amsterdam gebaut wurde, bewarb ich mich, wurde als stellvertretender Gruppenleiter angestellt und machte gleichzeitig eine Ausbildung zum Sozialarbeiter.

Ich musste jeden Tag die Medikamentengabe vorbereiten und die Medikamente an eine Gruppe älterer Menschen mit geistigen und körperlichen Einschränkungen ausgeben; und an Samstagen wurden alle Bewohner geduscht.

Ich bin oft umgezogen und merkte sofort, als ich beispielsweise nach Friesland zog, dass die Friesen ziemlich zurückhaltend auf mich reagierten. Das wiederholte sich später an verschiedenen Orten im Norden. Doch ich lernte, dass es nicht schlimm war, ein Außenseiter zu sein und nicht ganz dazuzugehören. Das war ich ja bereits von der Schule gewöhnt. Ich habe akzeptiert, dass Menschen einen spüren lassen, wenn du nicht ‚von hier', Ihresgleichen, bist.

Ich wollte weg aus dem hektischen Amsterdam. Mir waren all die Reize zu viel. Damals wusste ich noch nicht, dass es so etwas wie ‚Hochsensitivität' gibt. Wir wohnten im Untergeschoss eines prächtigen, von Hausbesetzern okkupierten Hauses, direkt an der Amstel, und doch zogen wir an den äußersten Rand der Niederlande und kauften ganz im Norden Frieslands in 't Bildt ein Deichhaus an der Wattenmeerküste. Das Land haben Mönche dem Meer mit der Schaufel abgerungen. Daher der Name der Straße ‚Monnikenbildtdijk' (am Deich der Mönche von Bildt), wo wir wohnten.

Vom ersten Tag an, als wir dort wohnten, sah ich immer, wenn ich spazieren ging, einen alten Mönch vor meinem geistigen Auge am Horizont vor dem blauen Himmel, wie er in mir Erde aufschüttete. Darüber habe ich damals folgendes Gedicht geschrieben:

ERDEN

Der alte Mönch schüttete Erde in mir auf
zu einer friesischen Warft
immer, wenn ich zum hellen Horizont blickte
und das Land in mir strömen fühlte.
Der alte Mönch schüttete eine Warft in mir auf

immer, wenn ich in die unendliche Weite starrte
wurde Ton in mir aufgeschüttet.
Der alte Mönch schüttete Erde in mir auf
und ich wurde schwerer
Erde wurde mein Atem.
Der alte Mönch schüttete Erde in mir auf
schweigend sah ich dich in mir arbeiten
Schaufel um Schaufel ließ ich dich Erde in mir aufschütten
und ich wurde schwerer.
Ich war ein Kind der Luft
und wurde ein Kind der Erde
Den alten Mönch gibt es nicht mehr
doch der Boden ist geblieben
dein Werk in mir ist vollbracht
deine Erde verleiht mir Ruhe und Kraft.
n' alter Mönch schüttete Erde in mir auf
in schweigender Regelmäßigkeit.
n' unbekannter, alter Mönch leistete (in) mir
einen Freundschaftsdienst.

Ich fand schnell eine Stelle in einem Kinderheim in Leeuwarden, und in Groningen machte ich eine Weiterbildung zum Internatsmitarbeiter. Ich hatte so viele Identifikationen, auf die ich stolz war: Ich war ein verheirateter Mann, arbeitete in der Jugendarbeit, studierte in Groningen und war stolzer Besitzer eines freistehenden Deichhauses, das mindestens zehntausend Gulden wert war und verdiente tausend Gulden im Monat netto – zu der Zeit konnte man ein einfaches Haus für ein Jahresgehalt kaufen. Ich empfand dies als eine gesunde und übersichtliche Art zu wirtschaften, denn wir leben schließlich nicht nur, um zu arbeiten.

Allein auf der Welt

Ich wollte mit dem Kiffen aufhören, ich wollte arbeiten und studieren, darum war ich aus Amsterdam weggezogen. Doch dann stellte sich heraus, dass anderthalb Kilometer entfernt von unserem Haus ein großes Bauernhaus stand mit viel Land dabei, das dem Poptempel ‚De Melkweg' (Die Milchstraße) aus Amsterdam gehörte, wo regelmäßig Partys stattfanden und Gras angebaut wurde, um daraus ‚spacecakes' zu machen.

Ich wollte etwas aus meinem Leben machen, doch meine Frau wollte weiter Partys feiern. Nach anderthalb Jahren war ich mit meiner Geduld am Ende, und so haben wir uns getrennt, und ich zog nach Leeuwarden. Einsam und allein. Ich verlor meine Identität als Hausbesitzer, Ehemann und Hippie.

Was bedeutet einsam und allein? In dem Kinderheim, in dem ich arbeitete, war ein ungefähr acht Jahre alter Junge. Er fragte uns, ob wir nicht herausfinden könnten, ob er irgendwo einen Cousin, eine Cousine, Großtante oder Onkel hatte. Das haben wir getan, doch das Ergebnis war sehr enttäuschend. In der Tat war er ganz allein auf der Welt.

Ein paar Wochen später fand ein Kollege ihn morgens tot in seinem Bettchen.

Als soziale Wesen haben wir ein Bedürfnis nach menschlichem Kontakt. Das niederländische Wort ‚relatie' ist mit dem Wort Religion verwandt, es stammt vom lateinischen Wort ‚relegare' ab und bedeutet ‚Wiederherstellung der Verbindung'. Hiermit ist nicht nur die soziale Bindung gemeint, sondern vor allem die Verbindung mit dem Transzendenten.

Studieren und arbeiten

Zehn Jahre, nachdem der letzte Schulleiter der Schule für problematische Schüler (die einzige, die mich noch hatte aufnehmen wollen!) mir riet, arbeiten zu gehen, saß ich als Student plötzlich in Leeuwarden in einem Hörsaal und lauschte einem Professor von der Universität Groningen. Wir hatten interdisziplinäre Vorlesungen in Studienfächern der Sozialwissenschaften wie Soziologie, Psychologie und Agogik. Im Rahmen des Studiums mussten auch einige englischsprachige Bücher gelesen werden. Somit bestellte ich mir sofort ein englisches Wörterbuch. Zum Glück mussten wir keine deutschsprachigen Lehrbücher lesen. Die kamen erst weitere zehn Jahre später, als ich die Theologie-Lehrerausbildung machte. Und weitere zehn Jahre später sollte ich mit Schulleitern und Vorständen am Tisch sitzen, um sie zu den Themen ‚Identitätsprobleme und –fragen' und ‚Wiedereingliederung in die Schule' zu beraten. Nochmals weitere zehn Jahre später sollte ich nach Deutschland auswandern, der Ruhe und Bezahlbarkeit wegen, nachdem ich nach einem Burnout aus dem Dienst ausgeschieden war.

Koordinator für Esoterik

Während meines Studiums der Sozialwissenschaften arbeitete ich ehrenamtlich im Jugendzentrum ‚Hippo' (Nilpferd) in Leeuwarden und koordinierte in diesem Zusammenhang das Kursangebot zum Thema ‚Esoterik': Yoga, Fasten, Astrologie, Tai Chi. Ich organisierte Lesungen zu alternativer Gesundheitslehre, gab tibetischen Mönchen ein Podium und organisierte indische Konzerte.

Hatha-Yoga

Ich hatte den Pfarrer Jogchum Dijkstra gebeten, Yoga-Unterricht in einem Raum, in dem Samstagabends Disco war, zu geben. Das bedeutete, dass wir zuerst die Kippen und Scherben von zerbrochenen Biergläsern wegfegen mussten, bevor wir anfangen konnten, doch niemand beklagte sich darüber. Die Hatha-Yogastunden von Jogchum bildeten die Basis für sein Lehrbuch. Dieses Buch wird noch stets gedruckt und wurde in viele Sprachen übersetzt. Das ist schon bemerkenswert, wenn man bedenkt, dass seitdem Dutzende Bücher pro Jahr zu Hatha-Yoga mit immer noch schöneren und noch bunteren Abbildungen erschienen sind bzw. erscheinen.

Als ich nachweisen konnte, dass ungefähr vierzig Kursteilnehmer pro Woche an den Vorlesungen teilnahmen, wurde mir ein wunderschöner Dachraum angeboten, in dem es viel Platz gab. Der Maler Pieter Torensma hat diesen Raum, der eine sehr feine Atmosphäre hatte, sehr schön mit indischen Symbolen ausgestaltet.

Während meiner ersten Yogastunde saß ich bei einer Übung auf meinen Knien und fühlte in meinem linken Oberschenkel einen Schmerz, von dem ich sofort wusste, mit welcher Angst er korrespondierte. Dies gab mir die Erkenntnis, dass sich Vieles von dem, was wir fühlen und denken, irgendwo im Körper festsetzt. Diese Verhärtungen können sich zu hartnäckigen Knoten auswachsen, die ihrerseits wiederum zu körperlichen Beschwerden führen.

Die Stelle des Unheils

Während meines Heilungsprozesses, der begann, als ich Hatha-Yoga praktizierte, kam ich in Kontakt mit meinem Schmerz und versuchte, durch ihn hindurch zu atmen und kam so stets weiter und tiefer, denn auch Wunden kennen Schichten. Die erste Verbindung, die ich mit meinem Zwerchfell versuchte aufzubauen, ging mit einer Reaktion des Zurückweichens einher. Unser System reagiert instinktiv mit Fluchtreaktionen auf ein Schmerzzentrum, und dann ist Disziplin gefordert, um wieder aufs Neue mit all unserer Aufmerksamkeit zu ihm zurückzukehren.

Somit ist es im Grunde eine unnatürliche, eine widernatürliche Reaktion, gegen den Reflex anzugehen und hartnäckig mit Atem und Aufmerksamkeit bei diesem Schmerz zu verweilen – oder noch genauer ausgedrückt: den Atem aufmerksam an die Stelle des Unheils zu bringen.

Sehr schwer erziehbare Kinder

Nach meinem Studium an der Sozialakademie bekam ich eine Stelle in einem Internat für sehr schwer erziehbare Kinder als Leiter für kreative Gestaltung und Therapie. Das Internat war mitten im Wald, und ich hatte dort meinen eigenen Raum, in dem ich mich mit diesen ‚sehr schwer erziehbaren Kindern' ausleben konnte, unter anderem mit Ton, Holz, Papier, Puppenstuben, Farbe, Schlagzeug, Gitarre und Orgel. Doch das Motto vieler Kollegen hieß leider: „Sie haben keine Probleme, sie *sind* ein Problem!"

Zwei Engel

Um zu meiner Arbeit zu kommen, musste ich sehr früh mit dem Zug fahren. Eine Zeitlang las ich die Bibel, und dabei schlief ich auch ein, doch dann geschah etwas Schönes:

Im Schlaf erschien vor meinem geistigen Auge das Bild zweier Engel, die zwischen sich eine auf hebräisch geschriebene Bibel hielten. Immer, wenn ich eine Seite gelesen hatte, nickte ich im Halbschlaf, und dann blätterten sie die Seite um. Noch merkwürdiger war, dass abends auf dem Nachhauseweg (als ich auch wieder eingeschlafen war) dasselbe Bild mit der Seite, auf der ich stehengeblieben war, vor meinem geistigen Auge erschien. Das ging eine Zeitlang so weiter, ungefähr ein oder zwei Wochen, bis ich nicht mehr nickte, sondern einnickte, und das war wohl auch für die Engel das Zeichen, dass es nun genug war und sie auf der Suche nach einem weiteren empfänglichen Herzen mit dem magischen, heiligen Buch unter ihren Flügeln weiterzogen.

Es war eine Art Einsicht in die *Akasha-Chronik*. Praktisch, wirst du sagen, im Schlaf zu lernen, und ja, das stimmt.

Da ich allerdings nur begrenzte Kenntnis vom alten Hebräisch besaß, auch wenn ich einige Kurse zur Interpretation der Thora nach Professor Weinberger belegt hatte, denn ich war fasziniert von dieser alten Schrift, wollte ich mich eingehender mit ihr beschäftigen. Und so setzte ich mich in den folgenden Jahren vertiefend mit der Übersetzung und Auslegung der Thora mit Hilfe von Büchern, Lesungen, Filmen, Verwandten, Lehrern, Träumen, Visionen, Studien, Arbeit und Selbstreflexion auseinander.

Mein erstes Buch, das ein paar Jahre danach unter dem Titel „Es strömt ein Jordan durch mich hindurch" mit dem Untertitel „eine mystische Bibellesung" erschien, ist hieraus entstanden.

Nach der Veröffentlichung wurde ich (von denselben Klöstern und Kirchen, die ich früher um Rat gefragt hatte) gebeten, meine mystische Interpretation der Bibel mit ihnen zu teilen.

Ich habe auch viele berührende Briefe bekommen, vor allem von älteren Frauen, die in meiner Interpretation endlich eine Auslegung der Bibel gefunden hatten, die ihrem Empfinden gleichkam, und die sie vorher vergeblich gesucht hatten.

Im Nachhinein kann ich sagen, dass es ein ziemlich großer Kontrast war, morgens früh mit dem Zug zur Arbeit zu fahren, im Halbschlaf die hebräische Bibel unter Anleitung zweier Engel zu lesen, tagsüber mit schwer erziehbaren Kindern zu arbeiten und dann abends wieder im Zug auf dem Weg nach Hause im Halbschlaf dort weiterzulesen, wo ich morgens aufgehört hatte. Doch in dem Moment habe ich das nicht so empfunden.

Genau vierzig

In den vergangenen vierzig Jahren habe ich in mir Offenheit, Stille und Liebe gefunden. Dies habe ich unter anderem der Liebe und Aufmerksamkeit meiner unermüdlichen Lehrer zu verdanken, die ich im Laufe der Zeit für mein Buch „Willkommen im Satsang“, mit dem Untertitel „Sieben Gespräche über die Essenz“, interviewen durfte.

So kann es einem Menschen ergehen. Darum gib nie auf! Und so lautet denn auch der Schlussaufruf des Buddha in beinahe allen seinen wunderbaren Predigten: ‚Gaté Gaté!‘ Mach weiter, mach weiter!

Es ist nicht so, dass ich vierzig Jahre lang irgendwo gesessen habe und darauf wartete, dass irgendetwas mit mir geschieht – im Gegenteil.

Die Satsangs bei Alexander Smit waren Gold wert, doch auch die vielen Satsangs danach bei Hans Laurentius, Djihi Marian, Susan Prajnaparamita, Han-Marie Stiekema und letztlich bei meinem letzten Lehrer Douwe Tiemersma. Er flüsterte mir sein Mantra zu, und auch das erfüllt mich seit dem Moment immer mit Liebe und Dankbarkeit. Dankbarkeit für ihren unermüdlichen Einsatz, ihre Aufmerksamkeit, ihre Liebe und ihr Geschenk, bei ihnen gewesen sein zu dürfen.

Schwarze Einsamkeit

Wenn ich meine eigenen depressiven Phasen betrachte, kann ich sagen, dass es sich manchmal so anfühlte, als ob eine starke Macht gegen meinen Willen von mir Besitz ergriff. Dafür gibt es verschiedene Erklärungen: Alles in der Natur, auch in unserem System, sucht nach Ausgleich. Wenn ich zu sehr im Außen war und mir Gewalt angetan hatte, konnte es passieren, dass mein System mit einer radikalen, gegensätzlichen Reaktion antwortete, die dann die Regie übernahm.

Wie eine Art Pendelbewegung. Es kann zudem sein, dass ich aufgrund meiner Eltern und Vorväter genetisch vorbelastet bin und dass diese Vorbelastung ausgelebt werden wollte.

Doch sind dies alles Erklärungen, die letzten Endes nichts bringen und keinen Pfifferling wert sind, wenn du morgens wach wirst und fühlst, dass du gefangen bist in deiner Isolation.

Während einer Depression, so wie ich sie erlebt habe, gibt es kein Morgen, darum erreicht einen die Bemerkung „Morgen ist es bestimmt wieder vorbei“ nicht. Ich habe sie wie eine Form von Autismus erlebt – kein Gefühl, kein Kontakt, keine Verbundenheit, massive Abgeschlossenheit. Das Nichts in negativem Sinne. Dem willst du entkommen, und so können denn auch suizidale Gedanken in einem aufsteigen. Doch es geht nicht darum, das

Leben an sich beenden zu wollen, sondern diesen toten, unlebendigen und abgestorbenen Seins-Zustand. Den möchtest du beenden und nicht dein Leben! Bei mir war diese Einsicht wie ein Augenöffner. Darum bin ich wohl noch hier.

Der freie Wille

Ich konnte nicht voraussagen, wann ich wieder in eine Depression abgleiten würde, doch nach einiger Zeit konnte ich ein bestimmtes Muster erkennen. Denn mir fiel auf, dass ich kurz nach einem Lichtdurchbruch wieder in die Dunkelheit abrutschte. Von Offenheit nach Isolation. Wenn das alltägliche Leben nur ab und an von einer kurzen depressiven Phase unterbrochen wird, lässt sich damit vielleicht leben. Doch wenn du das strahlende Licht kennst, in all seiner Öffnung und Freude, dann ist ein Rückfall in Abgeschlossenheit und Leblosigkeit besonders schwer. Das sind zwei sehr große Extreme.

Es schien, als ob die darauffolgenden Depressionen umso stärker waren, je heller und offener ich wurde. Als ob das Maß an zunehmendem Licht meine Frustration, Wut und Angst sowie meinen Schmerz stets tiefer beleuchtete. Als ob das Licht sich durch alle Verschleierungen bis zum ersten Schleier brannte, dem Urschmerz und Urtrauma, meiner *Mula Maya*, doch das konnte ich erst später erkennen.

Shunyam Shunyata

Ich war nie selbst in Puna, doch Anfang der Achtziger Jahre habe ich mich schriftlich in einem Brief an Bhagwan Shree Rajneesh Osho als Sanyassin beworben und erhielt den Namen *Shunyam* und darunter hinzugefügt die englische Übersetzung ‚emptiness' – Die Leere. Shunyam ist Sanskrit, die heilige Sprache des Hinduismus. Im Buddhismus ist dieser Begriff auch im Pali, der ältesten Sprache, die auf Buddha zurückgeht, bekannt; da heißt er *Shunyata*.

Jahrelang habe ich meinen Sanyassin-Namen in meinen Meditationen rezitiert, und es fühlte sich jedes Mal wie ein Wiedererkennen an. Für mich ist die Leere in der Tat mein Zugang, und das, obwohl ich ein sehr beweglicher, kreativer Mensch bin mit einer sehr lebendigen Fantasie und vielen

Ideen. Wahrscheinlich deshalb.

Amrito Jan Foudraine & Alexander Smit

Mitte der Achtziger Jahre landete ich durch meinen Psychiater Amrito Jan Foudraine bei Alexander Smit, der ein paar Häuser weiter in Baarn im Haus von Rama Polderman Satsangs gab.

Obwohl Alexander mir gleich zu Anfang alle Ecken und Kanten zeigte und meine verletzlichsten Stellen offenlegte, wusste ich, dass ich hier sein sollte. Ich wusste, dass dies das war, was ich gesucht hatte und dass es irgendwo zu finden sein musste – das ‚Etwas', das mich berühren und öffnen würde. Ich erinnere mich auch, dass ich diesen Ort in wiederkehrenden Träumen als Feuerplatz mitten im Wald gesehen habe, an dem jemand sprach und wo ich dann hinlief.

Ich hatte das Tor zu meinem inneren Licht gefunden, davon war ich überzeugt.

Darum blieb ich, und ich weiß noch, wie ich in den Pausen manchmal weinend durch die Wälder in Baarn lief; auch sah ich manchmal Shiva, wie er lachend in einem Baum saß oder Krishna in blau, wie er Flöte spielte, und andere Wesen.

Die Bäume sind wahrscheinlich bevölkerter, als wir es vermuten. Bin ich früher vielleicht darum so gerne in Bäume geklettert? Und machen wir nicht all diese himmlischen Wesen heimatlos, wenn wir so gleichgültig mit den Rodungen fortfahren? Wir vernichten immer mehr, als wir wahrnehmen können.

Später, als ich meinen Platz in der spirituellen Familie gefunden hatte, der *Sangha*, flüsterte mir Alexander einmal ins Ohr: „You have the power of an elephant", und das habe ich behalten.

Später realisierte ich, dass dies für uns alle gilt. Wir alle haben tief in uns die Kraft eines Elefanten! Nur ist diese unsere Urkraft durch Fehlinformationen und schmerzliche Erfahrungen implodiert, wurde blockiert und invalide.

Darum fürchten wir uns vor unserer immensen, innerlichen Kraft, wir misstrauen uns selbst. Wir haben unsere ‚Kraft eines Elefanten' narkotisiert.

Leider sind Douwe, Alexander, Osho und Han-Marie inzwischen verstorben. Darum vergeude keine Zeit. Schmiede das Eisen, solange es heiß ist, denn aus verschoben wird aufgehoben.

Ein Mönch des Theravada-buddhismus

Nach einigen Jahren spürte ich, dass das mystische Band zwischen mir und Alexander verschwunden war. Ich fand das sehr traurig, denn ich wollte noch weiter wachsen. Nach einigem Suchen ging ich ein paar Jahre in die Lehre bei einem Mönch des Theravada-Buddhismus, der wunderschöne Reden zur Lehre von Buddha hielt. Ich habe dort einige Vipassana Meditations-Retreats mitgemacht. Es ist sehr lehrreich, die eigenen Handlungen einem ‚slowing-down process' zu unterziehen, insbesondere, weil unser Denken einem Schwungrad gleicht.

Doch dieser im Zölibat lebende Mönch unterhielt mit mehreren Frauen aus der Sangha im Geheimen sexuelle Beziehungen. Natürlich kam das ans Licht. Und viele Frauen und Männer, die Haus, Beruf und Vermögen aufgegeben hatten, um ihm und der Lehre zu dienen, blieben mittellos zurück. Der große, kostbare Gebäudekomplex, zu dem jeder bis zum Äußersten beigetragen hatte, war, wie sich hinterher herausstellte, nur auf seinen Namen eingetragen. Später sah ich ihn noch hin und wieder, doch wandte ich mich schnell und schüchtern ab. Er hatte mich mit dem schönen buddhistischen Namen ‚Passika' initiiert, was so viel heißt wie ‚Der, der klar sieht', und doch waren mir diese sexuellen Ausschweifungen nicht aufgefallen.

Meine zweite Frau und ich haben in Steenwijk ein Haus mit einem schönen großen Yoga-Raum gebaut, in dem sie Yoga–Stunden gab. Ich war inzwischen Reiki-Meister und hielt dort Reiki-Heilsitzungen und Einführungen in Reiki ab. Doch nach einer glücklichen Periode des Arbeitens und Lebens dort, bekam ich aufgrund meiner Hochsensitivität immer mehr Beschwerden wegen der elektromagnetischen Strahlung von den vielen Sendemasten, die überall in den Niederlanden aufgestellt wurden. Die Niederlande haben das dichteste Netzwerk an Sendemasten der Welt, und das ist für Hochsensitive eine Katastrophe. Es gab keine andere Alternative, als nach Deutschland ‚zu flüchten', wo wir seit nun mehr als fünfzehn Jahren kurz hinter der Grenze in einem relativ strahlungsarmen Naturgebiet wohnen. Während ich dieses Buch schreibe, wurden in den Haag bereits Pläne für den Ausbau des 5 G-Netzes vorgestellt, das zu noch mehr Strahlungsbelastung führen wird – leider auch in Deutschland.

Vom Erlös des Buchverkaufes gehen 30 % an die INTERNATIONAL CAMPAIGN FOR TIBET.

Paul Blok, Ammerland, Deutschland, 2022

Literaturliste

der verwendeten Prophezeiungen aus Schritt 8 und der Lichtzitate aus Schritt 9

Bhagwan Shree Rajneesh: *Het Zen manifest.* Osho Publicaties, Amsterdam 1992.

Bhagwan Shree Rajneesh: *Volg mij. Over de uitspraken van Jezus Christus.* Ankh-Hermes, Deventer 1982.

Blok Jr., J. A.: *Oepanisjads.* N. Kluwer, Deventer 1950.

Borchert, B.: *Mystiek.* J. H. Gottmer, Haarlem 1994.

Bucke, R.: *Kosmisch bewustzijn.* Gnosis, Amsterdam 1934.

Buning Werumeus, J. W. F.: *Jacob en de engel.* Querido, Amsterdam 1951.

Buskus (Dr.), J. J.: *Gedichten die mij vergezellen.* Kok-Kampen, 7de druk 1988

Bijbel: *De nieuwe bijbelvertaling.* NBG Heerenveen, KBS, Den Bosch 2004.

Cleary, T., Grasman, G. (Übersetzung): *Aandachtige geest.* Ankh-Hermes, Deventer 2000.

Cohen, J. M, Phipps, J. F.: *De mystieke ervaring.* Ankh-Hermes, Deventer 1994.

Conway, T. (Ph. D.): *Woman of Power and Grace.* Wake Up Press, Santa Barbara 1994.

Dante, A.: in *'Vita Nuova'* De Nieuwe Uitgeverij, Baarle-Nassau 1997.

Dargyay, Pieterse, A. : *Het Tibetaans dodenboek.* Kosmos, Utrecht 1992.

Dijkstra, J.: *Als een helder kristal van Patanjali.* de Toorts, Haarlem 1980.

Eeden, F. Van: *Gedichten en bloemlezing.* Wereld-Bibliotheek, Amsterdam 1963.

Ferguson, J., S. Vinkenoog, S. (Übersetzung): *Encyclopedie van de mystiek en de mysteriegodsdiensten*. Het wereldvenster, Baarn 1979.

Feuerstein, J.A: *Handboek voor yoga.* Ankh-Hermes, Deventer 1978.

Kornfield, J.: *De leringen van de Boeddha.* Altamira, Heemstede 1994.

Khayyam, O. R., Kramers (Prof. Dr.) J. H.: *De Koran.* Wereld-Bibliotheek, Elsevier, 11de druk,Amsterdam 1988.

Krishna Menon: *Atmananda.* Upanishaden, Urk 1994.

Krishnamurti, J:. *Het licht in jezelf.* Elmar, Rijswijk 2000.
Krishnamurti, U.G.: *De mystiek van verlichting.* Mirananda, Den Haag 1982.
Kuijper J.: *Dit is poëzie.* Querido, Amsterdam 1990.
Lao–tseu, Remy Saint (Übersetzung): *Lao te King.* Soethoudt, W., Antwerpen 1975.
Lindenberg, W.: *Meditatie & gebed.* Ankh-Hermes, Deventer 1978.
Long J. A.: *Mens, vonk der eeuwigheid.* Mirananda, Wassenaar 1967.
Rafic, A., Swierenga, A. C.: *Woorden van het Paradijs.* Ten Have, Baarn 2001.
Ramakrishna: *Gesprekken.* Mirananda, Wassenaar 1974.
Ramesh, B.: *Parels uit de Bhagavad Gita.* Altamira-Becht, Bloemendaal 2002.
Renard, R. (Ph. D.): *Upanishad.* Servire, Utrecht 1999.
Ruysbeek, E. Van: *De eeuwigheid is nu.* Servire, Utrecht 1998.
Sai Baba: *leringen.* Ankh-Hermes, Deventer, 4de druk 1995.
Sri Ramana Maharshi: *Gesprekken.* de Driehoek, Amsterdam 1982.
Smit, A. , Bruins, B.: *Bloesems van Sri Parabrahmadatta Maharaj.* Amsterdam 1998.
Suzuki, D. T.: *De Boeddha van het Oneindig Licht.* Ankh-Hermes, Deventer 2003.
Swedenborg, E.: *De Coelo de Inferno.* Swedenborg, Baarle-Nassau 1972.
Swierenga, A. C.: *Het leven voorbij de zinnen Jacob Böhme.* Altamira, Heemstede 1989.
Tagore Rabindranath: *Vuurvliegen.* Wereld-Bibliotheek, Amsterdam 1963.
Thomas–Evangelie: *Over Jezus Christus kosmisch bewustzijn.* Ankh-Hermes, Deventer 1993.
Tahisz Buluga *Wijsheden uit de woestijn.* Ankh-Hermes, Deventer 1986.
Williamson, M.: *Terugkeer naar Liefde.* Ankh-Hermes, Deventer 2010.
Walters. J. M.: *Zarathoestra. Het transcendente zien.* Servire, Den Haag 1989.